Patrick Castel, Léonie Hénaut, Emmanuelle Marchal (Dir.), *Faire la concurrence. Retour sur un phénomène social et économique,* Paris, Presses des Mines, Collection Sciences sociales, 2016.

60, boulevard Saint-Michel - 75272 Paris Cedex 06 - France
presses@mines-paristech.fr
www.pressesdesmines.com

ISBN : 978-2-35671-388-9

Dépôt légal : 2016
Achevé d'imprimer en 2016 (Paris)

Faire la concurrence

MINES
ParisTech

Collection Sciences sociales

Responsable de la collection : Cécile Méadel
Centre de sociologie de l'innovation (www.csi.ensmp.fr)

Michel Peroni, *Devant la mémoire. Une visite au Musée de la mine «Jean-Marie Somet» de Villars*

Alaric Bourgoin, *Les Équilibristes. Une ethnographie du conseil en management*

Catherine Rémy et Laurent Denizeau, *La Vie, mode mineur*

Florian Charvolin, Stéphane Frioux, Méa Kamour, françois Mélard, Isabelle Roussel, *Un air familier. Sociohistoire des pollutions atmosphériques*

Francesca Musiani, *Nains sans géants. Architecture décentralisée et service Internet*

Michel Callon *et al.*, *Sociologie des agencements marchands. Morceaux choisis*

Emmanuel Kessous et Alexandre Mallard, *La Fabrique de la vente. Le travail commercial dans les télécommunications*

Jérôme Michalon, *Panser avec les animaux. Sociologie du soin par le contact animalier*

Jérôme Denis et David Pontille, *Petite sociologie de la signalétique. Les coulisses des panneaux du métro (nouvelle édition)*

Madeleine Akrich, Michel Callon et Bruno Latour, *Sociologie de la traduction. Textes fondateurs*

Nathalie Darène, *Fabriquer le luxe. Le travail des sous-traitants*

Liliana Doganova, *Valoriser la science. Les partenariats des start-up technologiques*

Geneviève Teil, Sandrine Barrey, Antoine Hennion, Pierre Floux, *Le Vin et l'environnement. Faire compter la différence*

Dominique Boullier, Stéphane Chevrier, Stéphane Juguet, *Événements et sécurité. Les professionnels des climats urbains*

Jérôme Bourdon, *Histoire de la télévision sous de Gaulle*

Cyril Lemieux, *Un président élu par les médias ?*

Fabien Granjon et Julie Denouël (dir.), *Sociologie des usages des TIC*

Anne-France de Saint Laurent-Kogan et Jean-Louis Metzger (dir.), *Où va le travail à l'ère du numérique ?*

Alexandre Mallard, *Petit dans le marché. Une sociologie de la Très Petite Entreprise*

(suite des titres de la collection à la fin du livre)

Sous la direction de :

Patrick Castel

Léonie Hénaut

Emmanuelle Marchal

Faire la concurrence

Retour sur un phénomène social et économique

Postface Denis Segrestin

Introduction

Travailler (sur) la concurrence

Patrick Castel, Léonie Hénaut, Emmanuelle Marchal

A la lecture de la presse et de travaux de sciences sociales, dans les reportages télévisés ou radiophoniques, la concurrence semble s'intensifier chaque jour un peu plus dans les secteurs d'activité qui la connaissaient déjà, et s'inviter dans de nouveaux secteurs comme la santé, l'éducation ou la justice qui en étaient jusque-là préservés. Dans la sphère dite marchande, la libéralisation des échanges, la globalisation de l'économie et les impératifs de rentabilité, entre autres facteurs, sont réputés exacerber la concurrence entre agents sur le marché du travail, entre entreprises, produits ou services. Dans le secteur public, le *New Public Management* mise sur son efficacité supposée pour réformer les organisations administratives et professionnelles, présentées comme coûteuses et inefficaces. De telles évolutions, même s'il ne faut pas en exagérer la cohérence (Bezes, 2005, 2009), ont fait l'objet de nombreux travaux qui relèvent l'importance des réticences et résistances que leur opposent les professionnels. Ceux-ci se voient imposer de l'extérieur une discipline (Le Galès et Scott, 2008) qui bouscule leur identité (Stone, 1997). Les critiques sont particulièrement virulentes dans les domaines de la recherche et de la santé (Bruno, 2008 ; Pierru, 2007), où l'expertise des professionnels est considérée comme mise à mal par les réformes engagées. Chacun à leur manière, ces travaux montrent que la concurrence n'est en rien réservée à la sphère marchande. Ce faisant, ils confortent une idée que soulignait déjà Georg Simmel 2013 [1908] en son temps : il s'agit d'un mode de régulation central, et désormais privilégié de nos sociétés.

La sociologie économique met bien en évidence l'intérêt de prendre la concurrence comme prisme analytique des relations entre acteurs (François, 2008). On peut regretter néanmoins que l'essentiel des travaux soient focalisés sur l'étude du fonctionnement des marchés et des relations marchandes. L'existence de luttes concurrentielles y est parfois posée comme un préalable et donne lieu à l'analyse des contraintes qui s'imposent aux acteurs. L'accent est alors mis sur les stratégies visant à évincer des concurrents ou à coopérer avec eux, sur l'encadrement des relations concurrentielles par le droit, ou encore sur les règles qui favorisent certains acteurs (Fligstein, 1996). De leur côté, les travaux voisins de science politique ou d'économie politique sur la libéralisation des économies (Palier, 2005 ; Woll, 2008 ;

Thelen, 2014) s'intéressent plus volontiers aux «politiques de la concurrence» (Combe, 2008), privilégiant pour ce faire une perspective macro(socio)logique. Qu'elle soit conçue comme une force quasi inexorable ou comme le résultat de stratégies politiques, la concurrence apparaît donc principalement comme extérieure aux acteurs qui la subissent ou cherchent à lui résister.

Notre objectif, dans cet ouvrage, est de renouveler le regard porté sur ces questions en mettant davantage en évidence le caractère processuel, instable et controversé des relations concurrentielles, et en ouvrant l'horizon des domaines d'activités étudiés. Pour cela, il a fallu renoncer à se donner une définition préalable de ce que recouvre «la concurrence», pour s'intéresser à la façon dont les acteurs eux-mêmes appréhendent et travaillent le phénomène. Adoptant une posture pragmatique, l'identification des concurrents et de l'angle sous lequel sont comparées les activités, le choix des différentes manières d'organiser la concurrence, apparaissent d'abord comme des préoccupations pour les acteurs engagés dans les situations. L'ouvrage est né d'une série de séminaires dans lesquels les participants ont accepté de se prêter à cet exercice sur leurs terrains d'enquête respectifs. Ils se sont efforcé de faire attention à la façon dont les relations concurrentielles se fabriquent et se transforment au cours du temps, au rôle que jouent des acteurs très divers dans ces évolutions, et aux méthodes qu'ils emploient pour parvenir, ou non, à leurs fins. Les différentes contributions donnent à voir les marges de négociation plus ou moins étroites dont ils disposent pour qualifier les situations et définir leur travail, et les querelles ou luttes autour de ces qualifications. La concurrence apparaît alors comme relevant d'une construction collective à laquelle de multiples acteurs prennent part, et qui mobilise un arsenal de dispositifs beaucoup plus large que les outils dits de «mise en concurrence», comme les appels d'offre ou les indicateurs de performance dont il va être question.

La variété des terrains explorés dans l'ouvrage découle de notre démarche consistant à ne pas non plus définir *a priori* les secteurs, les organisations ou les groupes professionnels qui sont en concurrence les uns avec les autres, pour voir qu'une grande variété d'activités et de situations se prêtent à des analyses en ces termes. Des auteurs s'intéressent aux conditions d'attribution ou d'obtention de financements dans le secteur associatif (Magali Robelet, Malka Older) et dans celui de la recherche et de l'enseignement supérieur (Jérôme Aust, Julien Barrier et Audrey Vézian, Mathieu Cloarec et Stéphanie Mignot-Gérard). D'autres étudient la façon dont les membres de différentes organisations – un groupe multinational (Fabien Foureault), un réseau de magasins de produits biologiques (Guilhem Anzalone), des associations professionnelles (Léonie Hénaut) – s'attachent à marquer des différences entre leurs pairs et les autres concurrents. Des auteurs analysent la façon dont l'organisateur d'un salon de programmes télévisés s'efforce de discipliner les activités des vendeurs et des acheteurs (Julien Brailly, Guillaume Favre et Emmanuel Lazega). D'autres, enfin, repèrent comment on s'y prend, dans les hôpitaux (Hugo Bertillot) et les écoles de commerce (Benoit Cret), pour admettre que des prestations sont comparables à celles de leurs homologues tout en préservant leurs spécificités.

En somme, nous n'appréhendons pas la concurrence comme un phénomène morphologique, à l'instar des économistes ou de certains sociologues, mais comme un problème social (Spector et Kitsuse, 1973; Gusfield, 1981) auquel les acteurs donnent sens et qu'ils contribuent à construire tout en cherchant à y échapper. Loin de gêner l'analyse, la forte hétérogénéité des activités étudiées permet de faire émerger de nombreux points communs sur lesquels nous aimerions insister dans cette introduction. Nous allons d'abord revenir sur les ambivalences et les tensions qui caractérisent de façon générale le travail de la concurrence et qui traversent tous les chapitres. Puis nous présenterons les deux principaux infléchissements réalisés par rapport à la littérature existante et autour desquels s'organisent les deux parties de l'ouvrage.

Les ambivalences de la concurrence

Lutter et coopérer

Dans sa célèbre étude du conflit, Simmel 2013 [1908] souligne le caractère ambivalent de la concurrence, ou plutôt de la relation concurrentielle. D'un côté, il la décrit comme une «lutte indirecte» entre individus – indirecte, car ils cherchent à l'emporter en interpellant non pas le concurrent mais des tiers (par exemple, la clientèle) – ayant parfois des «effets corrupteurs, destructeurs et dévastateurs» sur la société. Le caractère antagoniste de la concurrence est du reste ce que les sociologues mettent le plus volontiers en avant, même quand ils ne se réclament pas de l'analyse séminale du sociologue allemand. Or, dans le même texte, Simmel insiste aussi sur les «fonctions socialisantes» et «intégratrices» du conflit:

> «Personne ne niera qu'il y a quelque chose de tragique dans le fait que les éléments de la société travaillent les uns contre les autres, et non ensemble [...]. Mais dans le bilan social, tous les aspects négatifs de la concurrence ne viennent qu'après l'immense force de synthèse que représente le fait que dans la société, la concurrence reste malgré tout une concurrence pour l'homme, une lutte pour plaire et pour rendre service [...]; bref, un tissu de milliers de fils sociologiques, du fait que la conscience se concentre sur la volonté, le sentiment et la pensée des autres» (Simmel, 2013 [1908], p. 301-302).

L'existence de luttes et d'affrontements ressort largement des cas étudiés dans ce livre. Mais les auteurs insistent aussi sur le caractère socialisateur de la concurrence. Nous l'apercevons par exemple à travers les appels à projets lancés pour « structurer » le monde de la recherche. Ils amènent les acteurs à s'intéresser de près à ce que font les autres et parfois à nouer de nouvelles alliances. Les situations de mise en concurrence apparaissent souvent comme des moments où les professionnels en viennent à réfléchir à leur identité collective, à ce qui les unit et à ce qui les distingue d'autres individus, et à s'interroger sur la nécessité de renforcer les frontières de leur groupe ou au contraire de les élargir. Il en va ainsi des responsables des magasins Biocoop qui rediscutent régulièrement de la pertinence des règles fondant leur affiliation au réseau, car il est difficile de maintenir une rentabilité économique sans sacrifier les valeurs militantes. Dans la même veine, Léonie Hénaut montre qu'en France, les restaurateurs d'œuvres d'art sortent de leur isolement et s'organisent en profession quand ils se voient imposer de nouvelles règles d'accès au marché des musées par le ministère de la Culture. Ils se regroupent moins sur la base d'intérêts économiques communs que du fait de multiples attachements, professionnels et amicaux, noués au cours du temps.

C'est donc bien « un tissu de milliers de fils sociologiques » qu'il convient d'identifier et d'étudier pour saisir la dynamique de la concurrence. S'il est acquis que le phénomène comporte à la fois des effets destructeurs et intégrateurs, les auteurs du présent ouvrage tiennent à souligner les tensions qu'ils génèrent à tout moment chez les acteurs. L'attention minutieuse portée à l'analyse des activités et des interactions laisse apparaître l'ambivalence des relations, variables au cours du temps, qui peuvent être concurrentielles au regard de telle activité et non concurrentielles au regard de telle autre. Une bonne illustration est fournie par le secteur de l'aide d'urgence étudié par Malka Older, dans lequel les associations jugent positivement les efforts de coordination sur les lieux des catastrophes tout en se livrant par ailleurs à d'intenses luttes non seulement pour capter les fonds des donateurs, mais aussi dans l'accès aux bénéficiaires pour dépenser ces fonds sur un territoire et dans un temps limités.

Les études de cas présentées dans ce livre révèlent la porosité des frontières entre la concurrence et la coopération. Plus que les états intermédiaires empruntant à l'un et à l'autre modèle, que les spécialistes de sciences de gestion nomment parfois « coopétition », ce sont les ambiguïtés des situations qui nous paraissent clés pour décrire et comprendre les phénomènes étudiés. Dans de nombreux secteurs, les acteurs font face à des injonctions potentiellement contradictoires, avec d'un côté des incitations à être plus performants économiquement ou scientifiquement (« soyez les meilleurs ! »), et de l'autre des injonctions à plus de collaboration (« coopérez, partagez les informations ! »). Avant nous, Emmanuel Lazega (2009) a commencé à explorer de telles ambiguïtés en s'intéressant à « la coopération entre concurrents». Nous poursuivons sa démarche de deux manières: d'une part, nous nous intéressons au vécu de l'ambiguïté pour d'autres acteurs que les seuls entrepreneurs ou professionnels, et montrons qu'on peut les retrouver à tout niveau hiérarchique; d'autre part, nous nous intéressons aux fluctuations spatiales et temporelles de telles qualifications, dans la mesure où, à chaque moment, les mêmes acteurs peuvent être partenaires et concurrents et jouer des rôles différents. Les professionnels ont en effet de multiples appartenances et plusieurs référents possibles à chaque moment ou dans chaque situation.

Ainsi, les chercheurs sont incités par les pouvoirs publics à créer et à appartenir à de multiples organisations pour accroître les coopérations scientifiques, mais ces organisations sont souvent redondantes et parfois concurrentes. Surtout, comme le montrent Julien Barrier et Audrey Vézian à propos de la cancérologie et du secteur des nanotechnologies, les nouveaux dispositifs qui visent à accroître la coopération entre équipes de chercheurs sont au service d'une compétition scientifique. Même quand les «décideurs» privilégient une modalité d'organisation des relations à une autre, il n'est pas rare que les acteurs concernés ne les suivent pas. C'est le cas des commerciaux travaillant dans les différentes unités d'un groupe multinational, étudiés par Fabien Foureault, à qui l'on demande de coopérer. Mais contre ou malgré les recommandations de la présidence, ils privilégient les intérêts de leur unité et contribuent finalement à exacerber la compétition au sein du groupe. L'approche historique privilégiée dans certains chapitres révèle aussi la façon dont les relations concurrentielles sont remodelées en différentes occasions, ainsi que le rôle joué par les outils mis en place pour les réguler au cours du temps.

Etre comparable et faire valoir ses singularités

La seconde source d'ambivalence concerne le processus de mise en concurrence, qui implique deux mouvements contradictoires rappelant, à certains égards, la dynamique des «normes de marché» observée dans d'autres travaux (Segrestin, 1997): l'un ouvre vers davantage de possibilités de comparaison entre les individus, les services ou les produits; l'autre vers un accroissement de la mise en valeur de leurs singularités. Considérer que deux entités sont en concurrence suppose en effet d'identifier ces entités comme semblables au regard de quelques particularités, autrement dit de les reconnaître comme comparables. Or, une telle reconnaissance ne va pas de soi. Elle réclame de réaliser des opérations de classification et de catégorisation, qui suscitent des résistances de la part des acteurs qui préfèrent mettre en avant leurs spécificités pour mieux se distinguer de leurs concurrents.

L'analyse des recensements et du travail statistique a mis en évidence, de longue date, les difficultés qu'il y avait à comparer des emplois et à les regrouper au sein de catégories homogènes (Thévenot, 1983 ; Desrosières et Thévenot, 1983 ; Desrosières, 1993, 2014). Les opérations de codage réalisées à cette occasion sont à l'image de celles du taxinomiste. Elles consistent à mettre en forme les connaissances, à créer un espace de commune mesure, des classes d'équivalence et des nomenclatures, justifiant de regrouper certaines entités et d'en écarter d'autres, non sans arbitraire pour les éléments frontières (voir aussi, pour la classification, Bowker et Star, 1999). Les connaissances chiffrées produites sur les individus, les activités ou les entreprises, apparaissent dans ce cadre comme le résultat de multiples opérations de regroupement et de comparaison, qui ne sauraient être passées sous silence sans occulter les compromis et négociations auxquelles elles donnent lieu et les critiques dont elles font l'objet.

L'une des tensions importantes qui émergent en ces occasions a trait aux exclusions inhérentes au processus. La notion de *commensuration*, telle qu'elle est développée par Espeland et Steven (1998) souligne cet aspect en mettant en évidence tout ce qui disparaît à l'occasion des opérations de chiffrage, tout ce qui est rendu non pertinent et sans valeur. Nous le verrons sur les différents terrains étudiés, la transformation de qualités en quantités suppose de réduire ce qui fait la richesse d'un service hospitalier, d'un projet de recherche, d'un produit biologique ou d'un programme de télévision, au regard de quelques caractéristiques considérées comme significatives par certains acteurs, tout en occultant éventuellement ce qui fait la fierté des auteurs, des professionnels ou des producteurs des biens et des services en question. Les chiffrages permettent aussi d'ordonner les services, les équipes de recherche et les produits au regard de leur taille, de leur performance ou de leur coût. Toutes sortes de comparaisons devenant possibles, ces opérations contribuent à créer une concurrence entre entités davantage qu'elle ne la révèle. Elles suscitent à leur tour une résistance de la part de ceux qui, mis en comparaison, en compétition ou en concurrence, se refusent à voir leur identité réduite à quelques indicateurs.

Trop comparables, les biens apparaissent en effet comme substituables, réduisant d'autant les avantages économiques des producteurs. De tels phénomènes ont été observés dans le secteur des médicaments où l'introduction des « génériques » a suscité de fortes réticences (Nouguez, 2009). C'est pourquoi les producteurs cherchent à se soustraire à la compétition en créant des situations de concurrence monopolistique (Chamberlin, 1953) ou en s'installant sur des niches (White, 1981). C'est le cas de ces chambres funéraires ouvertes à proximité immédiate des hôpitaux, qui permettent aux agences funéraires de capter leurs clients avant leurs concurrents (Trompette, 2005). D'autres producteurs travaillent à rendre leurs produits originaux et personnalisés, autrement dit à les doter de qualités incommensurables (Karpik, 2007). La mise en évidence des qualités singulières des individus, des produits ou des entreprises n'est pas seulement une stratégie de résistance à la concurrence : elle fait pleinement partie du phénomène. L'adoption de cette perspective, qui s'inspire de l'économie des singularités et des qualités, conduit à reléguer au second plan l'importance reconnue aux prix dans les relations concurrentielles, pour s'intéresser plus globalement aux jeux sur la « qualification » des produits et du travail et sur les processus d'attribution des qualités (Thévenot et Salais, 1986). De loin en loin, la concurrence signale moins l'existence d'une lutte entre entités comparables, que celle d'une lutte pour imposer sa propre définition des biens et de leurs qualités (Callon, 2013 ; Callon *et al.*, 2000).

C'est de là que les acteurs tirent une grande partie de leur marge de manœuvre : de la possibilité de requalifier les biens, en réalisant des opérations de détachements et d'attachements qui mettent en évidence de nouvelles singularités et ressemblances (Callon *et al.*, 2000). Le périmètre des entités, l'épaisseur à leur donner, leurs définitions, sont donc considérés comme éminemment questionnables ainsi que les possibilités de les comparer et de les différencier sur la base de nouveaux « qualculs » (Cochoy, 2002). Pour autant, la possibilité de redéfinir les biens n'est pas nécessairement infinie et ne s'effectue pas en dehors de tout cadre normatif, *a fortiori* lorsqu'il s'agit de prestations devant offrir des garanties. Les services délivrés par les professionnels des hôpitaux, par les commerciaux de firmes à haute technologie, par le personnel des associations humanitaires ou par les chercheurs, dont il est question dans cet ouvrage, tout en pouvant faire l'objet de qualifications alternatives, ne sont pas totalement malléables et doivent satisfaire à certaines exigences. Le courant de l'économie des conventions a particulièrement travaillé ces questions en insistant, dans la lignée des travaux sur les Economies de la grandeur (Boltanski et Thévenot, 1991) sur la nécessité de s'accorder sur ce qui fait la valeur des activités et sur leur légitimité (Eymard-Duvernay *et al.*, 2006).

Au fil de l'ouvrage, apparaissent ainsi les âpres négociations auxquelles se livrent les acteurs pour déterminer les « bonnes » conventions de mesure à adopter et ainsi définir les modalités légitimes de mise en concurrence. Les directeurs des écoles de commerce ont par exemple créé ensemble leur propre système d'accréditation pour atténuer les effets des *rankings* produits à l'extérieur. Mais, comme le montre Benoit Cret, ils utilisent aussi ces accréditations pour différencier leur école. Le travail de la concurrence est ainsi caractérisé par une tension constante, perceptible dans les actions des individus, entre l'affirmation d'un souci de singularité et le souhait de produire des catégories et des échelles de mesure permettant de se comparer.

La dynamique de la concurrence

La structure de l'ouvrage s'est imposée tardivement dans le processus d'écriture et doit être envisagée comme une proposition de lecture parmi d'autres. Dans la première partie, nous avons réuni les chapitres qui montraient avec force le caractère éminemment collectif et outillé de la concurrence, tandis que ceux de la seconde partie mettent plus particulièrement en évidence la réflexivité des acteurs et son rôle dans la dynamique de la concurrence. Mais cela n'exclut pas que les chapitres regroupés dans une partie viennent aussi en appui des questions traitées dans l'autre.

Un processus collectif et outillé

A la lecture de nombreux travaux, s'inscrivant dans des perspectives parfois très différentes, il semblerait que seuls certains acteurs soient impliqués dans la construction des règles et des outils de la concurrence : les entreprises exerçant leur domination sur un champ, les entrepreneurs, les autorités de régulation ou encore les Etats. Ces acteurs sont alors considérés comme plus « stratégiques » (e.g. Beckert, 1999, 2010 ; Fligstein et McAdam, 2012) ou plus avantageusement positionnés (e.g. Burt, 1992) que d'autres pour mener le jeu et en tirer parti. L'adoption de cette perspective présente l'inconvénient d'occulter la participation de nombreux autres participants. Les terrains abordés dans cet ouvrage révèlent la dimension collective des jeux concurrentiels auxquels participent, en plus des dirigeants et des producteurs, les consommateurs et les intermédiaires spécialisés des marchés auxquels la sociologie économique a consacré de nombreux travaux (Cochoy et Dubuisson, 2000). Toutes sortes de professionnels travaillent la concurrence, contribuent à la rendre possible et à la limiter. Le chapitre d'Hugo Bertillot accorde ainsi une attention particulière au patient travail politique des « experts de la qualité » qui tentent d'introduire localement les indicateurs qualité à l'hôpital. Ces indicateurs n'ont pas pour vocation initiale – ou officielle – de susciter ou d'encadrer la compétition entre les différents services de l'hôpital ni entre les établissements. Mais ils permettent aux acteurs qui s'en saisissent de construire silencieusement les conditions d'une mise en concurrence acceptable là où il n'y en avait pas. A l'instar des directeurs des écoles de commerce déjà évoqués, les experts de la qualité jouent sur l'ambiguïté des outils pour faire accepter l'idée qu'un référentiel est souhaitable et utile, tout en échappant à la logique d'un classement univoque.

Les contributions de cette partie soulignent toute l'importance du travail de classement réalisé – classement des produits, des individus, des tâches, des organisations, des services – sans lequel aucune comparaison, aucune compétition, et par conséquent aucune mise en concurrence n'est possible, comme nous l'avons vu plus haut. Ce travail prend appui sur des dispositifs sociotechniques qui transforment les organisations ou les individus en concurrents aux yeux des clients ou des détenteurs de ressources auxquels ils s'adressent. Un bel exemple d'analyse de telles transformations a été réalisé en prenant appui sur les guides à destination des consommateurs qui cherchent à se faire une opinion sur les restaurants (Karpik, 2000 ; Eloire, 2010). Ce faisant, ce ne sont pas seulement les choix des consommateurs qui sont facilités, mais aussi la concurrence entre restaurants qui apparaît au grand jour, grâce au recensement opéré et aux indicateurs choisis pour mener la comparaison. Il en va de même sur le marché du travail, où les CVthèques apparaissent comme de gigantesques réservoirs de main d'œuvre dans lesquels les candidats sont mis en compétition au regard de leur niveau de diplôme, de langue ou d'expérience, grâce aux rubriques mises en place pas les gestionnaires de sites (Marchal, 2015). Dans le présent ouvrage, l'importance de ces dispositifs est mise en évidence par Julien Brailly, Guillaume Favre et Emmanuel Lazega, qui décrivent comment un organisateur de salon déploie un arsenal d'outils destinés à faciliter les rencontres entre acheteurs et vendeurs : depuis la distribution des stands et des badges servant à identifier les participants *in situ*, jusqu'à la plateforme numérique de mise en relation et de suivi des rendez-vous, en passant par le catalogue des programmes. A côté de ces outils destinés à classer et comparer les entités, on relève également l'importance d'autres dispositifs, dont la vocation n'est pas tant d'organiser la concurrence que de la maîtriser ou de l'atténuer là où elle se déploie.

La participation des acteurs à la création de nouveaux dispositifs de comparaison ou de mise en compétition est souvent motivée par la critique d'autres outils dont les effets sont jugés indésirables. Tel est le cas des indicateurs de « qualité » introduits dans les hôpitaux et des accréditations des *business schools*, créés respectivement en réaction aux palmarès hospitaliers et aux *rankings*, perçus comme imposés de l'extérieur et peu satisfaisants dans leur contenu. A l'instar de Marshall Meyer (Meyer, 1994 ; Meyer et Gupta, 1994) qui a montré qu'il fallait s'intéresser à l'écologie des indicateurs de performance, certains tombant en désuétude au profit de nouveaux indicateurs, d'ailleurs appelés à être supplantés à leur tour, il faut être attentif à la concurrence entre dispositifs de comparaison. L'histoire des appels à projets mis en place dans le secteur de la recherche médicale, retracée dans le chapitre de Jérôme Aust, est révélatrice d'une dynamique propre aux outils de la concurrence et à leurs usages. Nous apprenons en effet qu'à l'origine, ils sont conçus pour contrer les pratiques de clientélisme dans l'attribution des ressources, pour faire émerger de nouvelles thématiques scientifiques à côté des disciplines dominantes, et pour donner des opportunités de financement à de jeunes chercheurs qui aimeraient s'émanciper de la tutelle de leurs « patrons ».

La mise en concurrence peut ainsi constituer une réponse proposée pour allouer des ressources de manière plus équitable et, notamment, atténuer les inégalités d'allocation dues à des capacités politiques de négociation – des rapports de pouvoir – structurellement et historiquement déséquilibrées. Il est tentant de relever ici l'analogie avec certaines analyses de Michel Foucault. Dans son cours sur la *Naissance de la biopolitique* (2004), il s'est intéressé au libéralisme comme «opérateur critique, un principe d'inquiétude» par rapport à l'hypothèse d'un Etat qui gouvernerait trop (Gros *et al.*, 2013). Il analyse le marché chez les penseurs libéraux comme un «principe de limitation» de la gouvernementalité alternatif au droit. Foucault, sans être dupe de ses dangers et de ses effets potentiellement pervers, prenait au sérieux l'idée que le néolibéralisme puisse avoir des «potentialités émancipatrices» (p. 12) ou des «vertus libératrices» (p. 8) par rapport aux pouvoirs dominants et puisse porter la défense d'une pluralité sociale. Si l'on admet volontiers que les appels d'offres ou les appels à projets sont des instruments au service d'une logique marchande, il peut être fructueux d'explorer aussi l'idée selon laquelle ils sont conçus comme des sources d'émancipation et de liberté pour les acteurs.

De telles observations, on le verra, n'obligent pas à être naïfs. Dans le chapitre de Magali Robelet consacré aux associations offrant des services aux personnes en situation de handicap, le lecteur pourra constater que l'introduction d'une procédure d'appels d'offres n'a d'effets redistributifs que partiels et que les rapports de pouvoir préexistants se trouvent *in fine* renforcés. Mais ne retenir que cela, sans analyser tout le processus qui y mène, peut conduire à trois erreurs (Bergeron et Castel, 2014). D'abord, cela peut amener à réduire à tort les ambitions d'une action (ou d'une réforme, d'un instrument, etc.) à son résultat: l'observation selon laquelle tel dispositif de mise en concurrence bénéficie aux acteurs qui étaient déjà en position favorable avant son introduction ne suffit pas à conclure, sans autre investigation, qu'il a été introduit dans ce but précis. C'est notamment pour éviter ce type d'erreur que la perspective diachronique doit être privilégiée pour étudier la concurrence, comme le montre le chapitre de Magali Robelet. Ensuite, cela empêche d'identifier les mécanismes précis qui conduisent à l'éventuelle reproduction des rapports de pouvoir. Enfin, cela obère les possibilités de repérer les éventuels micro-déplacements et autres petits changements par rapport à la situation antérieure qui peuvent s'avérer être un préalable à des changements plus profonds dans la durée, et conduit à conclure que, décidément, «rien ne change». Julien Barrier et Audrey Vézian, dans leur chapitre, illustrent de façon exemplaire l'intérêt d'un examen approfondi des pratiques des acteurs pour comprendre les effets des injonctions managériales auxquelles ils sont soumis. Poussés à constituer une multitude de groupements pour être davantage compétitifs, les directeurs de laboratoire s'adonnent en effet à un travail rhétorique et cognitif de «mécano institutionnel» qui leur permet finalement de se repositionner ou de renforcer leur rôle dans le champ académique. Ils doivent toujours être sur le pied de guerre et travailler, même pour que rien ne change.

… aux mains d'acteurs réflexifs

Les contributions réunies dans la seconde partie de l'ouvrage montrent que réfléchir à la nature et aux effets de la concurrence n'est pas l'apanage des auteurs de sciences sociales qui étudient ces phénomènes. D'une manière générale, la concurrence représente un problème pour nombre d'acteurs qui s'interrogent sur la teneur et l'opportunité des situations auxquelles ils sont confrontés. Notre rôle n'est pas de déterminer à leur place s'ils ont raison ou tort de considérer telle situation comme concurrentielle ou non concurrentielle, ou telle dynamique concurrentielle comme souhaitable, juste ou faussée. Il s'agit de souligner qu'une telle analyse ne va pas de soi et fait parfois l'objet de luttes de sens. Fabien Foureault analyse ainsi les dilemmes moraux des commerciaux d'un grand groupe capitaliste qui se demandent envers quelle entité ils doivent être loyaux en priorité : envers le groupe ou envers leur entreprise d'origine ? Tout l'art de ces professionnels est alors de naviguer entre des attentes contradictoires et de jouer avec un nouveau dispositif de gestion, créé (vainement) pour limiter la concurrence entre les unités du groupe. Les membres du réseau des magasins Biocoop, eux, s'interrogent fréquemment sur les règles de la « bonne » et de la « mauvaise » concurrence : avec les représentants de la grande distribution bien sûr, mais aussi entre Biocoop et les autres magasins de produits biologiques, entre la centrale d'achat et les petits producteurs locaux… Ils ont même dessiné une organisation pour discuter collectivement de ces questions. Dans le secteur de l'aide d'urgence, Malka Older montre à quel point les experts critiquent à longueur de rapports ce qu'ils perçoivent comme une concurrence entre associations, une concurrence jugée non souhaitable et inefficace.

Issu d'une exploration microsociologique des ressorts de la mise en concurrence dans des domaines d'activité fort variés, l'ouvrage souligne la dimension réflexive, active et créative des personnes impliquées. Il montre qu'il faut leur reconnaître une capacité à résister et à négocier, comme le fait la sociologie de la critique (Boltanski, 2009). S'il est certain que les contextes organisationnels et socio-économiques pèsent sur leurs actions et limitent parfois leur marge de manœuvre, il est tout aussi important d'admettre que les acteurs ne sont pas mis en concurrence, de façon passive, par le jeu des forces économiques ou sous le coup d'une réforme, mais participent activement à sa construction et à la définition de ses conditions de possibilité. Ici aussi, on pourra trouver quelque analogie avec les analyses ayant montré que la mise en œuvre des normes ISO était des processus éminemment collectifs et négociés, et, partant, contingents, à rebours des sombres présages qui y voyaient l'avènement inéluctable d'un « ordre planétaire » (Segrestin, 1997).

Reconnaître aux acteurs une capacité à négocier – certes inégalement distribuée – permet de rendre mieux compte des dynamiques de la concurrence. Cette perspective rejoint l'invitation que formulent Philippe Bezes et Didier Demazière (2011), lorsqu'ils suggèrent aux chercheurs de prendre leurs distances avec l'idée que l'introduction d'outils et de principes gestionnaires dans les organisations du secteur public serait à la source du déclin de l'autonomie professionnelle voire d'une « déprofessionnalisation ». L'analyse des relations que certains segments professionnels entretiennent avec des managers ou gestionnaires de leur secteur, et de la part active que prennent certains professionnels dans l'introduction, la définition, le dosage, ou l'accentuation de dispositifs concurrentiels dans la régulation de leurs activités, révèle qu'il n'est pas pertinent d'opposer frontalement et de façon systématique les professionnels et les réformes néo-managériales. Mathieu Cloarec et Stéphanie Mignot-Gérard montrent ainsi que les universitaires jouent un rôle actif dans la construction des conditions d'une « course à l'excellence scientifique ». Lors de l'appel d'offres du Programme d'Investissements d'Avenir, plus particulièrement étudié dans leur chapitre, les équipes présidentielles des universités s'emparent dans un premier temps de la définition des règles du jeu, puis les équipes candidates elles-mêmes obligent à repenser les conditions de la compétition.

Le chapitre de Léonie Hénaut révèle, enfin, que les professions sont loin d'être passives dans la construction des règles de la concurrence, mais que leur action ne peut pas non plus être réduite à la recherche d'une protection juridique de leur activité. Les restaurateurs d'œuvres d'art se mobilisent quand il est question de changer les règles d'accès au marché des musées et fournissent aux pouvoirs publics une nouvelle définition du droit à concourir, fondée sur le diplôme. Ce processus demande des discussions et des négociations avec les conservateurs de musées mais plus encore entre restaurateurs qui ne sont pas toujours d'accord sur les critères d'inclusion et d'exclusion à promouvoir. A travers ce cas, on voit une fois encore que l'introduction de nouvelles règles de marché ouvre la possibilité de rétablir une certaine égalité des chances entre les participants, ou bien de leur fournir de nouvelles opportunités auxquelles ils n'avaient pas accès. C'est cet équilibre difficile à trouver et à maintenir, entre pertes et gains occasionnés par les mises en compétition, entre ce qui pourrait être considéré comme une bonne ou une mauvaise concurrence, qui donne matière à réflexion aux acteurs étudiés, aux auteurs de cet ouvrage et, nous l'espérons, à ses lecteurs.

Partie I

La fabrique des règles et des instruments de la concurrence

Chapitre 1

Les indicateurs qualité : l'essor discret d'une dynamique concurrentielle à l'hôpital

Hugo Bertillot

Introduction : des indicateurs en milieu hostile

Dans un contexte général de prolifération des pratiques d'évaluation, de quantification, d'audit et de traçabilité, l'hôpital est travaillé depuis plus de vingt ans par de multiples projets de rationalisation, portés par une succession de réformes et incarnés dans une panoplie d'instruments, dont le déploiement d'indicateurs d'activité constitue l'avatar le plus visible et le mieux étudié (Abena-Tsoungui, à paraître ; Juven, 2013 ; Moisdon, 2000 ; Pierru, 1999). Cette dynamique n'est pas neutre : comme le suggèrent des auteurs qui se sont intéressés au cas emblématique du *National Health System* (NHS) au Royaume-Uni, l'intense déploiement de dispositifs de contrôle et d'évaluation peut transformer profondément les acteurs sociaux, pour en faire des individus davantage optimisateurs, calculateurs et stratèges (Le Galès et Scott, 2008). Plus généralement, en permettant la « commensurabilité », sur une échelle unidimensionnelle, d'organisations auparavant considérés comme incommensurables (Espeland et Stevens, 1998), la quantification créée de l'équivalence et de la comparabilité[1]. Si l'on suit certains auteurs (Benamouzig et Pierru, 2011 ; Pierru, 1999), le déploiement de la tarification à l'activité, des nouveaux outils de contractualisation régionale et la multiplication des fusions ou des rapprochements d'établissements depuis le début des années 2000 s'accompagne de l'essor d'une concurrence économique accrue entre les établissements français. Sous l'impulsion des institutions publiques mais aussi de leurs fédérations, hôpitaux et cliniques se sont progressivement équipés en outils et en compétences pour analyser leur activité, comparer leurs parts de marché, les « taux de fuite » de patients, et le positionnement des établissements concurrents. Pourtant, la capacité

1 Le fait de se comparer à d'autres professionnels ou d'autres établissements n'est pas nouveau. Dans une « économie de la qualité » comme celle de la médecine (Robelet, 2002), la curiosité pour les pratiques des autres, les jeux de réputation et d'information jouent depuis longtemps un rôle central. Ce qui est en train de changer, c'est l'ancrage progressif de ces comparaisons dans des systèmes d'information davantage formalisés et rationalisés.

de cette dynamique à se faire accepter à l'intérieur des hôpitaux est loin d'aller de soi : l'autonomie traditionnellement forte de la profession médicale (Hassenteufel, 1997) et les formes de contrôle particulières qui caractérisent ces bureaucraties professionnelles (Mintzberg, 1982) en font des contextes locaux organisés *a priori* peu favorables à ce type de dispositifs et aux logiques dont ils se font les vecteurs (Gadrey, 1994).

Cette contribution soulève le problème de la dimension opérationnelle de cette dynamique concurrentielle à l'hôpital à partir du mouvement discret qui se déploie autour de l'évaluation de la qualité des soins depuis la fin des années 1990. Hybridant les figures de la rationalisation industrielle et professionnelle, il s'incarne dans une forme de « compromis institutionnel » entre représentants de la profession et pouvoirs publics en charge de la régulation de l'hôpital (Castel et Robelet, 2009 ; Robelet, 2002 ; Setbon, 2000), qui a donné naissance à une multiplicité de dispositifs comme la certification des hôpitaux ou l'évaluation des pratiques professionnelles. Depuis le milieu des années 2000, les pouvoirs publics ont généralisé des indicateurs de qualité (IQ), dont l'institutionnalisation est loin d'être anodine. Elaborés dans le prolongement de ce compromis institutionnel, ils impliquent une inflexion subtile mais décisive de cet équilibre, puisqu'ils portent une dimension-clé de la dynamique concurrentielle, en introduisant un recours croissant à la quantification et à la comparaison entre établissements. A partir d'une enquête sociologique qualitative consacrée au déploiement des indicateurs qualité en France, ce chapitre montre comment la comparaison se fait discrètement une place à l'hôpital[2]. Parce que ces instruments ont des usages variés – bureaucratiques, professionnels, concurrentiels –, ils ne sont pas porteurs d'une « mise en concurrence » qui serait univoque. Certains acteurs sont tentés par l'usage possible de ces instruments pour positionner leur organisation vis-à-vis d'autres organisations appréhendées comme des concurrentes, ou pour réguler le secteur en jouant sur des dynamiques concurrentielles. D'autres résistent à de tels usages, ou minimisent leur importance. L'équivocité des instruments et la diversité des positionnements professionnels nourrissent le travail opérationnel de nouveaux acteurs au sein des organisations professionnelles qui, en véritables « missionnaires » de la qualité, portent les instruments de comparaison à l'hôpital. Dans ce processus non dénué d'ambivalence, le « spectre » de la concurrence n'est

2 Ce chapitre présente une sélection de résultats issus d'une thèse de sociologie qui analyse cette entreprise de rationalisation par les IQ depuis sa genèse institutionnelle jusqu'à ses effets les plus locaux (Bertillot, 2014). Mobilisant une méthodologie qualitative (analyse de sources écrites, observations et entretiens auprès des réformateurs, des experts de la mesure, des sociétés savantes, des fédérations hospitalières, des représentants des patients, et des acteurs du soin dans quatre hôpitaux), la thèse établit de quelle manière ces dispositifs d'évaluation transforment l'organisation des hôpitaux, leur régulation institutionnelle et les activités des professionnels du soin. Les quatre établissements dans lesquels a été menée l'enquête sont décrits en annexe de ce chapitre.

jamais très loin. C'est pas à pas et en douceur qu'il prend une certaine consistance dans les établissements de santé.

Les indicateurs d'une comparaison prudente

Pour saisir comment ces indicateurs ont pu affecter les établissements, il est d'abord nécessaire de revenir sur leur genèse institutionnelle, afin de montrer qu'ils ont été bâtis pour opérer une comparaison prudente de la qualité[3]. Les indicateurs d'État ont été négociés en amont avec les représentants des professionnels, de manière à éviter soigneusement toute conflictualité.

Une réponse institutionnelle aux palmarès hospitaliers

Dans la seconde moitié des années 1990, la question de la mesure de la qualité hospitalière s'est imposée comme un problème public en France, sous l'influence croisée de plusieurs dynamiques sociales, au premier rang desquelles le militantisme de l'association Le Lien, représentant les victimes d'infections nosocomiales (Naiditch, 2006) et la publication des premières listes noires et palmarès des hôpitaux. Comme l'a montré Frédéric Pierru (2004), ces publications sont apparues avec fracas. Elles ont suscité des prises de position tranchées de la part des fédérations hospitalières et des représentants des professionnels, qui ont dénoncé en chœur leur méthodologie jugée peu fiable et leurs effets en termes de stigmatisation d'hôpitaux ou de services médicaux. Face à ces démarches jugées brutales, les responsables administratifs et politiques, eux-mêmes mis en cause pour leur incapacité à évaluer et à contrôler la qualité des établissements, se sont mis en quête d'un système d'évaluation de la qualité plus légitime, élaboré sous l'égide de l'État, permettant de contrôler la qualité des établissements sans tomber dans les travers d'une comparaison d'autant plus contestée par les acteurs hospitaliers qu'elle se faisait sur des critères de mortalité ou de volume d'activité jugés insuffisamment robustes au regard des savoirs épidémiologiques et des raisonnements statistiques.

C'est largement pour répondre à ces palmarès conflictuels, véritables contre-modèles dans un contexte institutionnel marqué par les crises sanitaires, que les pouvoirs publics se sont mis en quête de mesures susceptibles d'évaluer la qualité des prises en charges et de livrer aux patients des classements des établissements de santé, à partir d'informations collectées dans les hôpitaux et les cliniques.

3 Il ne s'agit pas ici de décrire par le menu la sociogenèse de ces indicateurs qualité, traitée dans la thèse, mais de souligner à quel point leurs caractéristiques saillantes sont liées au contexte de leur construction institutionnelle en amont des dynamiques locales.

Délicat, ce travail d'élaboration a pris au tournant des années 2000 la forme d'un soutien institutionnel à la poignée d'experts-chercheurs en gestion ou en santé publique familiers des bases de données médico-administratives. Au cours des années 2000, cette expertise en métrologie s'est progressivement structurée pour élaborer des indicateurs qualité[4], à travers une méthodologie aboutissant à un panel d'une dizaine d'indicateurs acceptables pour les professionnels de santé, généralisés à partir de 2005 à l'échelle nationale et donnant lieu à une mise en comparaison publique.

Une comparaison maîtrisée de la qualité hospitalière

Le contexte institutionnel de leur construction a marqué les indicateurs qualité d'une approche prudente de la comparaison des établissements de santé en matière de qualité, qui apparaît nettement lorsque l'on observe de près les caractéristiques de quatre IQ typiques (Tableau 1).

La prudence se lit d'abord dans les dimensions de la qualité mesurée : ces indicateurs sont pour la plupart des indicateurs de processus, qui ne mesurent pas les résultats du soin, mais plutôt l'organisation ou la traçabilité de la prise en charge d'après les informations recueillies dans des documents administratifs (notamment le dossier patient). Si quelques IQ s'approchent davantage d'indicateurs de résultats dans le sens où ils mesurent la traçabilité de pratiques scientifiquement recommandées dans la prise en charge de pathologies spécifiques (comme la prise en charge de l'infarctus du myocarde dans sa phase aigüe), aucun n'est construit pour évaluer les résultats du soin en termes de mortalité, à la différence des critères mobilisés par les premiers palmarès hospitaliers. Cette prudence apparaît ensuite dans l'échelle de l'évaluation : les IQ mesurent la qualité à l'échelle de l'établissement de santé plutôt qu'à l'échelle des services ou des praticiens hospitaliers, de manière à ne pas mettre en cause directement des individus ou des équipes comme ont pu le faire les listes noires parues dans la presse à la fin des années 1990. Cette prudence apparaît enfin dans les conditions de collecte des données permettant le calcul des indicateurs, qui accordent une place importante aux professionnels de santé : la plupart de ces IQ requièrent un travail spécifique de vérification de critères à partir d'échantillons de dossiers patients aléatoirement sélectionnés ; d'autres impliquent la collecte de preuves administratives attestant de processus organisationnels.

4 Sous la forme d'un projet de recherche financé par le ministère de la Santé et la Haute Autorité de Santé mais reposant sur une participation active des représentants des acteurs hospitaliers, intitulé « coordination pour la mesure de la performance et l'amélioration de la qualité hospitalière » (COMPAQH).

Nom de l'IQ	Dimension	Type	Mode de calcul	Cible en 2012
ICSHA Indicateur de Consommation de Solutions Hydroalcooliques	Hygiène, organisation de la lutte contre les infections nosocomiales	Ressources	Combien de litres de solutions hydroalcooliques ont été achetées par l'hôpital en comparaison de la cible ?	100 % = 20 litres pour chaque 1000 jours d'hospitalisation
SURVISO Surveillance des Infections du Site Opératoire	Prévention des infections de site opératoire	Processus	Y-a-t-il une surveillance épidémiologique des patients après une opération, dans les différents services de chirurgie de l'hôpital, en comparaison de la cible ? (score/100)	100 % = surveillance dans tous les services pratiquant des activités de chirurgie
IPAQSS DAN Indicateurs pour l'amélioration de la qualité et de la sécurité des soins Dossier anesthésique	Qualité de la prise en charge anesthésique	Processus	Qualité de la prise en charge durant l'anesthésie, telle que tracée dans le dossier anesthésique. Trouve-t-on la traçabilité des informations jugées nécessaires ? (score de conformité / 100)	90 % de conformité dans les dossiers tirés au sort
IPAQSS IDM Indicateurs pour l'amélioration de la qualité et de la sécurité des soins	Infarctus du myocarde Qualité de la prise en charge de l'infarctus du myocarde	Processus/résultat	Qualité de la prise en charge des patients atteints d'infarctus du myocarde, telle que tracée dans le dossier patient. Trouve-t-on traçabilité de 6 critères de bonne pratique correspondant aux connaissances actuelles dans le dossier (score de conformité / 100)	90 % de conformité dans les dossiers tirés au sort

Tableau 1 : Caractéristiques de quatre IQ typiques

Prudents, les IQ n'en sont pas moins ouverts à de possibles usages d'ordre concurrentiel : ils sont bâtis de manière à mettre en équivalence les établissements sur les dimensions de la qualité qu'ils quantifient, et pour les hiérarchiser de ce point de vue. Ils alimentent une foule de supports matériels permettant la comparaison dans le temps, par rapport à des cibles de résultats, par rapport à des répartitions statistiques ou sous la forme d'un classement nominatif des établissements prenant en compte une marge d'erreur statistique (Figure 1).

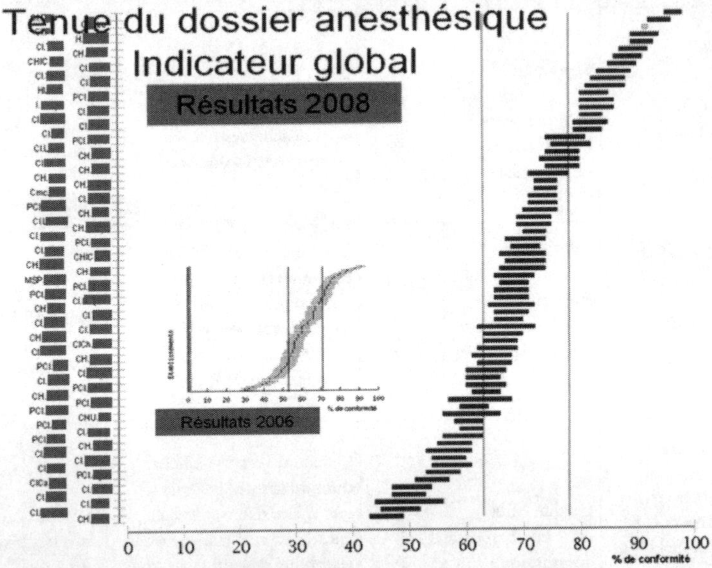

Figure 1 : Benchmarking régional en Aquitaine (2009)

Qualité de la prise en charge (MCO) - Année 2010

★★★ Classe A *Des Meilleurs...*	★★☆ Classe B *...aux...*	★☆☆ Classe C *...Moins bons*	☆☆☆ Classe D *Les non répondants*

Intitulé	Résultat de l'établissement (valeur + fouchette)	Évolution par rapport à l'année précédente	Positionnement par rapport à la moyenne nationale
Tenue du dossier patient	76 ± 4 ★★☆	Non Concerné	
Délai d'envoi du courrier de fin d'hospitalisation	64 ± 11 ★☆☆	→	
Evaluation de la douleur	48 ± 11 ★☆☆	→	
Dépistage des troubles nutritionnels	64 ± 11 ★☆☆	↗	
Tenue du dossier anesthésique	95 ± 2 ★★★	→	
Prescription médicamenteuse dans l'infarctus du myocarde (BASI) Afficher le détail des indicateurs composant le score BASI	Non concerné		

Figure 2 : Classement public d'un établissement (site ministériel, 2010)

La figure 1 illustre parfaitement cet usage possible des indicateurs qualité[5]. Chaque ligne horizontale représente le score d'un établissement (pourcentage de dossiers conformes), qui apparaît de manière nominative dans le graphique original[6]. On note que l'affichage prend en compte un intervalle de confiance statistique, permettant d'éviter une contestation du classement. Les deux lignes verticales représentent l'espace à l'intérieur duquel sont regroupés les 50 % des établissements de la norme (au sens statistique), permettant de faire apparaître des déviants (supérieurs ou inférieurs). A l'arrière-plan est projetée la courbe d'ensemble pour l'année 2006, ce qui permet de mettre en valeur un déplacement global de la courbe vers la droite, c'est-à-dire une amélioration générale des scores de conformité. En un mot, en tant que mesures reproductibles et permettant d'établir des comparaisons dans le temps et l'espace, ces IQ participent à un processus de commensuration (Espeland et Stevens, 1998) qui crée des équivalences entre plusieurs dimensions de la qualité des soins, et entre les différents établissements.

Plasticité cognitive et usages équivoques

Depuis la fin des années 2000, ces indicateurs qualité ont gagné le soutien des fédérations hospitalières et des sociétés savantes médicales. Affichés sur les sites du ministère de la Santé et de la HAS comme sur les pages web des hôpitaux, ils sont aussi repris dans les palmarès hospitaliers publiés dans la presse. Aujourd'hui légitimés par l'ensemble des acteurs de la régulation hospitalière, ils incarnent en fait le « consensus ambigu » (Palier, 2004) forgé au cours de leur élaboration, à l'origine de deux caractéristiques étroitement liées de ces indicateurs d'État.

En premier lieu, ces dispositifs sont remarquables de par leur plasticité cognitive, c'est-à-dire leur capacité à hybrider des types de raisonnements divers, appuyés sur une pluralité de savoirs, de techniques et de croyances. Non sans lien avec la polysémie fondamentale de la notion de qualité, ils s'appuient ainsi à la fois sur des référentiels pour la pratique clinique établis par certaines sociétés savantes médicales, sur des raisonnements statistiques et des techniques d'évaluation épidémiologiques permettant de construire des mesures « validées », sur des théories de l'action issues des sciences de gestion, ou encore sur des raisonnements économiques nourris de théorie de l'agence ou de théorie des contrats. Ces différents modes de raisonnement coexistent au sein des IQ, qui s'apparentent de ce fait à des motifs cognitifs (Benamouzig, 2005) composites dont l'ouverture est susceptible de donner prise à une pluralité de raisonnements et de pratiques.

5 Ce graphique a été établi par l'Agence régionale de l'hospitalisation (ARH) d'Aquitaine, en collaboration avec le Comité de coordination de l'évaluation clinique et de la qualité en Aquitaine (CCECQA).

6 Nous avons occulté le nom des établissements concernés afin de garantir leur anonymat.

En second lieu, ces IQ se distinguent par l'équivoque des usages sociaux dont ils peuvent faire l'objet. Ils ont été construits pour équiper trois modes d'usage non exclusifs les uns des autres, pouvant servir les objectifs des différents acteurs engagés dans le processus de leur construction. Tout d'abord, ils sont présentés comme un instrument de régulation du système hospitalier. À l'échelle nationale, les IQ sont intégrés depuis 2009 au processus de certification des établissements par la HAS, dans l'objectif de renforcer son objectivité. Selon leurs promoteurs, ils peuvent également être mobilisés par les Agences Régionales de Santé dans leurs contrats de gestion avec les hôpitaux, comme un outil d'aide à la décision et une incitation à l'amélioration du service. L'usage des IQ dans des mécanismes de paiement à la performance est également débattu et expérimenté depuis la fin des années 2000. Toutefois, autour de 2010, les sanctions institutionnelles en cas de non-conformation restent peu claires : si le décret d'application de la loi HPST prévoit que les établissements qui ne publieront pas les résultats de leurs IQ pourront être amputés de 0,1 % de leur budget, les conséquences en cas de publication de mauvais résultats restent floues. Les IQ sont ensuite présentés comme un levier interne pour l'amélioration de la qualité à l'échelle des établissements, pouvant équiper tous les acteurs mobilisés sur cette thématique : directeurs en charge de la qualité, acteurs en charge de la qualité et de la gestion des risques, médecins et infirmiers hygiénistes, professionnels de santé participant aux différents comités en lien avec la qualité. Enfin, ces indicateurs s'attachent à donner une information valide à propos de la qualité à tout patient devant choisir un hôpital, selon un principe de démocratie et de transparence : un site internet ministériel, PLATINES, a été créé en 2006 pour afficher publiquement ces informations, qui sont par ailleurs mises à disposition par tous les établissements et repris dans la plupart des palmarès hospitaliers (Figure 2).

Le tableau présentée dans la figure 2 est extrait du site ministériel public et gratuit qui présente les résultats d'un petit centre hospitalier de la région Rhône-Alpes aux indicateurs généralisés par la HAS, pour l'année 2010. Affichés sous leur forme numérique, ces résultats sont ensuite qualifiés par des éléments graphiques qui permettent de présenter de manière simple l'information concernant la qualité. L'accent est ici mis à la fois sur l'évolution des scores par rapport à l'année précédente et sur le positionnement par rapport à la moyenne nationale des établissements comparables.

En somme, leur construction a doté les IQ généralisés par l'État de caractéristiques qui leur permettent de véhiculer une dynamique de comparaison maîtrisée des établissements de santé. Prudence, plasticité cognitive et équivocité des usages se révèlent des caractéristiques très importantes pour le travail des acteurs qui font vivre ces indicateurs au quotidien dans les hôpitaux.

Le travail local des « missionnaires » de la qualité

Nous avons enquêté entre 2009 et 2011 à l'intérieur de quatre établissements de santé comparables, présentant une certaine variété de contextes et d'enjeux (voir annexe). Dans la seconde moitié des années 2000, ces établissements ont tous créé des structures spécialisées en qualité. Formalisées à un rythme qui diffère légèrement dans les quatre établissements, ces entités – « cellules » ou « services » qualité – se rejoignent dans leur composition : elles mobilisent des médecins hygiénistes, des cadres de santé, des personnes issues des fonctions de direction ou encore de responsables qualité issus de l'industrie. Au-delà de leurs différences, ces « experts » convergent fortement dans les activités qu'ils accomplissent au quotidien. Ils ont progressivement monopolisé la juridiction (Abbott, 1988) de la politique qualité. En véritables « missionnaires » de la qualité, ils négocient l'enracinement des IQ dans les contextes locaux et participent, ce faisant, à faire accepter une certaine forme de comparaison.

De nouveaux experts pour prêcher la qualité

Les démarches externes visant à collecter des données permettant de surveiller et de comparer les activités hospitalières suscitent traditionnellement de fortes réticences, dans la mesure où elles sont bien souvent interprétées par les professionnels comme une forme de contrôle bureaucratique ou de surveillance des pratiques synonymes d'effritement de la confiance vis-à-vis des soignants.

> « J'aime pas être ordinatisée, moi [rires] ! Ces gens-là qui font des statistiques, moi, je trouve qu'ils perdent leurs temps ! […] Tous ces gens qui viennent voir comment on fait, ils croient sincèrement que c'est pour avoir un meilleur fonctionnement. Moi je veux bien. Mais enfin on a eu une formation, et on sait travailler ! » (Infirmière expérimentée, clinique privée 1)

Dans ces conditions, les acteurs qui ont pris en charge l'évaluation de la qualité ont tous fait face à une hostilité forte de la part de nombreux soignants, voyant dans leurs activités un gaspillage de ressources et une ingérence administrative dans les pratiques médicales.

> « Moi je me rappellerai toujours… La première réunion, le premier jour, […] d'entrée, la réflexion qui a été faite c'est en gros "embaucher encore quelqu'un au 6ème étage [administratif] alors qu'on manque de bras en bas". Donc c'était le mot d'accueil… » (Gestionnaire des risques, établissement ESPIC)

> «Au départ, les médecins n'acceptaient pas tellement l'idée qu'on puisse aller voir dans leurs dossiers… […] Quand on a pris les dossiers [dont l'analyse est nécessaire au calcul des indicateurs qualité] pour les amener en bas pour l'évaluation, il y a des médecins qui nous interdisaient de le faire!» (Directrice qualité, hôpital public)

Le destin des experts locaux de la qualité est étroitement lié à celui des dispositifs institutionnels d'évaluation en général, et de ces indicateurs qualité en particulier: en un mot, les IQ sont prégnants (Boussard, 2001) pour ces «missionnaires» de la qualité. Si chacun a sa perception propre des différents IQ, tous s'appuient d'une manière ou d'une autre sur ces dispositifs pour légitimer leur action et constituer des «leviers» de mobilisation des autres acteurs.

> «On vous présente la politique qualité… [Il regarde au plafond]. […] "C'est pour les auditeurs", "c'est du pipeau"… N'empêche que quand en face, on dit "voilà les indicateurs, et voilà ce qui a été fait, c'est mesuré, les résultats sont là, là c'est bon on a tenu les objectifs", les gens ils ne peuvent pas contrecarrer!» (Gestionnaire des risques, établissement ESPIC)

Le recours à la quantification et aux représentations graphiques permet de rendre concret le résultat des activités des comités et groupes de travail chargés de la qualité. Les experts des différents établissements sont engagés dans la construction de tableaux de bord qui intègrent les indicateurs d'État aux côtés d'indicateurs «maison». Au sein de l'hôpital public, les scores de consommation de solutions hydro-alcooliques sont par exemple déclinés par service et comparés sous la forme ludique de graphiques; ceux-ci alimentent un concours permettant de valoriser les pratiques de désinfections des mains par les soignants. Par ailleurs, les usages institutionnels sans cesse réaffirmés de ces indicateurs ont donné de l'importance aux activités internes de gestion de la qualité.

> «C'est une valeur ajoutée énorme… […] Ça apporte une preuve tangible. Les résultats sont publiés chaque année… Il y a la presse aussi… […] Les gens commencent à connaître… […] Le site de la HAS s'est étoffé, on a pour nous les décrets qui sortent… […] Tout ce maillage se fait et lentement se resserre un petit peu… Tout ça va vraiment dans notre sens!» (Attachée de direction responsable qualité, établissement ESPIC)

Les différents experts qualité s'adonnent à un intense travail de «prêche», favorisé par leur profil bien souvent hybride, qui leur permet de parler aussi bien le langage des fonctions managériales que celui des fonctions soignantes. Connectés au sein de réseaux régionaux de qualité et participant aux démarches nationales d'évaluation, chacun de ces acteurs est capable de mobiliser des connaissances et de savoirs *ad hoc* relatifs à la démarche qualité: les experts qualité connaissent bien le cadre institutionnel dans lequel sont encastrés les instruments d'évaluation ; ils ont une connaissance précise des doctrines de la qualité et des outils méthodologiques qui permettent de gérer et d'évaluer la qualité ; ils sont formés à la pratique de l'audit, maîtrisent les outils informatiques permettant de calculer des scores d'indicateurs, sont capables de les interpréter, de les agencer, de les manipuler. Au fil du temps, certains des qualiticiens ont aussi développé une expertise en matière de communication : ils ont appris comment « mettre les formes », au double sens du terme, lors de leurs échanges avec les acteurs hospitaliers : les formes techniques et cognitives (indicateurs, graphiques, tableaux de bord) sont omniprésentes dans les informations concernant la politique qualité diffusées auprès de l'ensemble du personnel et dans les transparents utilisés par les experts lors des réunions.

Plutôt que l'utilisation d'un levier hiérarchique direct par rapport aux professionnels du soin que leur positionnement hiérarchique ou leur appartenance professionnelle rend difficile, les missionnaires de la qualité négocient le déploiement de la politique qualité « en douceur », en neutralisant les aspects les plus controversés des IQ et en diluant les usages concurrentiels dans un ensemble d'autres usages plus légitimes aux yeux des acteurs hospitaliers. La prudence, l'équivocité et la plasticité des indicateurs prennent ici tout leur sens, en permettant aux experts qualité de jouer sur plusieurs tableaux, de parler plusieurs langages pour enraciner les IQ dans des strates organisationnelles inégalement favorables à l'épanouissement des pratiques de comparaison. Evidemment, ce travail stratégique n'a rien d'uniforme : il est décliné localement en fonction des positionnements plurivoques des acteurs hospitaliers. Pour saisir en action la pluralité de stratégies par lesquelles les qualiticiens cadrent cognitivement (Goffman, 1974) la manière dont les différents acteurs hospitaliers font l'expérience des indicateurs qualité et de leurs logiques de comparaison, il est utile d'examiner les relations qu'ils nouent avec quatre ensembles typiques d'acteurs hospitaliers entretenant des rapports contrastés à l'évaluation de la qualité.

Jouer sur les usages concurrentiels

Certains gestionnaires des fonctions de direction et certains médecins responsables de pôles, membres du directoire ou présidents de commission médicale d'établissement (CME) se montrent fortement sensibilisés aux usages concurrentiels de la politique qualité.

Auprès de ces acteurs « convertis » au cours des années 2000 avec lesquels ils entretiennent le plus souvent de bonnes relations, les qualiticiens jouent surtout de l'effet potentiel des IQ sur la réputation de l'établissement auprès de l'Agence régionale de santé, des médecins généralistes ou des patients-clients. Loin d'occulter la logique de comparaison, les experts l'accentuent en se servant des enjeux propres à chaque établissement comme d'autant de leviers pour convaincre les dirigeants de leur donner les moyens de répondre de manière conforme aux IQ. Au sein de l'hôpital public périphérique qui se sent menacé de nouvelles restructurations, l'équipe d'hygiène a profité des mauvais scores initiaux aux indicateurs de lutte contre les infections nosocomiales pour négocier des moyens supplémentaires auprès de la direction. Au sein de l'établissement privé d'intérêt collectif marqué par de lourds déficits et une activité insuffisante, l'attachée de direction pousse la directrice à communiquer au sujet des scores valorisants obtenus aux indicateurs d'État dans la perspective d'un recrutement de patients, la directrice se montrant très sensible aux usages concurrentiels de la qualité malgré des propos peu enthousiastes au sujet d'une « contrainte bureaucratique » qui lui « donne des boutons ». Dans les deux établissements privés à but lucratif, les directeurs soutiennent d'autant plus fortement l'équipe en charge de la qualité qu'ils se montrent sensibles aux usages des résultats des IQ d'Etat dans les palmarès hospitaliers. Par exemple, pour ce directeur, critiquer vertement l'indice de consommation de solutions hydro-alcooliques (ICSHA) en raison de son mode de calcul ne l'empêche pas de prendre très au sérieux les conséquences possibles de mauvais scores sur les décisions de certains patients bien informés de la clinique.

> « [ICSHA], c'est une vaste connerie… Quand il y a eu la grippe aviaire, on a consommé, et maintenant, les gens consomment toujours autant. Ça prouve bien qu'il y a des flacons qui partent pour allumer des barbecues le dimanche. Donc c'est un indicateur PERVERS […] mais on l'a fait pour être bon. […] On n'a pas envie d'être B ! Personne n'a envie d'être B ! Donc tout le monde achète ! Ils l'affichent et ils s'en servent. […] Vous l'avez dans le Figaro, vous l'avez partout. » (Directeur, clinique 2)

Sous l'influence cumulée des missionnaires de la qualité, des sites institutionnels et des palmarès hospitaliers, les IQ font aujourd'hui partie des éléments, parmi d'autres, qui sont pris en compte dans l'analyse concurrentielle menée par les dirigeants.

> « Aujourd'hui, on est plus dans la comparaison par rapport aux autres établissements, en parts de marché par exemple. On regarde dans le bassin, comment on se situe en termes de résultats… […] On a regardé dans les palmarès, l'ICALIN[7], par exemple, on a regardé les cliniques qui sont au-dessus de nous, c'est assez facile avec les codes couleur… On regarde aussi dans ces palmarès les lignes qui sont au-dessus de nous et au-dessous de nous, le nombre de séjours ou d'actes… » (Chirurgien digestif, membre du directoire, clinique 2)

7 Indice composite des activités de lutte contre les infections nosocomiales.

Certains regardent les scores des établissements avec lesquels ils se considèrent en concurrence ; mais ils se comparent aussi avec les établissements « au-dessus » et « au-dessous » de la clinique dans les palmarès, en ayant recours aux données issues des bases de données médico-administratives.

Jouer sur le benchmarking professionnel

Certains professionnels de santé se montrent particulièrement engagés dans les démarches d'évaluation de leurs établissements : personnels infirmiers membres du comité de lutte contre la douleur (CLUD), cadres de santé membres du comité de lutte contre les infections nosocomiales (CLIN), médecins anesthésistes-réanimateurs ou cancérologues engagés précocement dans les démarches d'évaluation des pratiques professionnelles de leurs services, ou encore volontaires participant aux groupes de travail de préparation de la certification de leur établissement. Composant un « premier cercle » de la qualité, ces acteurs adhèrent fortement aux logiques d'évaluation dans une perspective de rationalisation professionnelle, sans pour autant se faire les chantres d'une « mise en concurrence » de leurs établissements.

A ces acteurs soignants du premier cercle avec lesquels ils entretiennent des relations d'alliance, les missionnaires de la qualité « vendent » plus volontiers les usages soignants des IQ et ont tendance à occulter leur caractère réglementaire obligatoire ou leurs usages concurrentiels. Ils déclinent les IQ auprès des professionnels susceptibles d'être concernés par les différentes pratiques évaluées : l'indicateur de tenue du dossier anesthésique (DAN) est communiqué auprès des anesthésistes, qui se servent de bons résultats pour valoriser leur démarche d'équipe et la qualité de leurs pratiques vis-à-vis des chirurgiens ; d'autres indicateurs (traçabilité de la douleur, indicateurs de lutte contre les infections nosocomiales) suscitent plutôt des engagements du côté des personnels infirmiers en raison du lien avec leur pratique ; les indicateurs d'infections de site opératoire (ISO) permettent quant à eux de faire participer les rares chirurgiens intéressés par la qualité à l'échelle de leur établissement, qui s'appuient sur ces mesures pour suivre leurs infections et analyser leurs causes. Auprès de ces acteurs, les IQ sont volontiers présentée comme une démarche de benchmarking, congruente avec les pratiques de comparaison entre professionnels et visant davantage l'amélioration des pratiques soignantes qu'une mise en concurrence forcenée des établissements. C'est tout particulièrement visible dans les propos tenus par cette cadre de santé de la maternité de l'un des établissements privés, qui mobilise les indicateurs du réseau périnatal régional dans la rivalité qui l'oppose au principal établissement concurrent de la clinique. Le réseau « mouline » les données de toutes les maternités membres, et diffuse les résultats au cours d'une réunion, en identifiant nominativement «le meilleur» établissement, le «moins bon» ainsi que les moyennes par types d'établissements (privé ou public) et par niveaux de maternité.

> «On est toujours très satisfaits, parce qu'on est toujours cité dans les meilleurs privés, et [le principal établissement concurrent], ils sont dans les moins bons privés [rires]. Et comme on est concurrents, je peux vous dire qu'on est relativement fiers ! Par exemple notre taux de césariennes il est plus bas que le niveau national, et que les maternités publiques du réseau... Nous, on est les meilleurs en taux de césarienne, et [le principal établissement concurrent] ils sont les plus mauvais ! [...] Nous, on le perçoit bien parce qu'on est fier... Parce qu'on travaille bien... [Le principal établissement concurrent], j'imagine qu'ils doivent être dans leurs petits souliers...» (Cadre de santé, maternité, clinique 2)

Ces démarches de benchmarking au sein du premier cercle ne sont pas neutres : à travers la fierté que suscite la comparaison chez les meilleurs, et l'anxiété que ressentent les moins bons, la comparaison a bien une dimension affective qui joue fortement dans la capacité de la quantification à auto-discipliner les acteurs (Sauder et Espeland, 2009, p. 64) : ces acteurs professionnels sont ceux qui apprennent le plus à tracer, à mesurer, à comparer, à évaluer certains aspects de leurs pratiques, à les modifier pour les rapprocher des critères mesurés.

Jouer sur l'inexorabilité de la mesure

De nombreux acteurs professionnels entretiennent une relation assez distante aux démarches qualité de leurs établissements, sans pour autant adopter un positionnement ouvertement critique. Une majorité de médecins et de chirurgiens connaissent assez mal les outils d'évaluation de la qualité et ne saisissent pas clairement leurs différents usages professionnels, institutionnels ou concurrentiels. «Agnostiques» voire méfiants, ces acteurs du deuxième cercle de la qualité constituent une population cible pour les experts qualité, qui font feu de tout bois pour essayer de les engager davantage dans l'évaluation, tout en évitant qu'ils ne se positionnent ouvertement contre leur action.

C'est en particulier vis-à-vis de ces acteurs du deuxième cercle que les missionnaires de la qualité s'adonnent à un véritable travail de négociation : leur expertise leur permet de maîtriser une zone d'incertitude (Crozier et Friedberg, 1977 ; Crozier, 1963) qui prend de l'importance à l'intérieur des organisations de soin, autour des formes techniques, des enjeux institutionnels et du sens local de la politique qualité. Les qualiticiens peuvent mettre leurs compétences méthodologiques en matière de qualité à la disposition des professionnels qui se retrouvent obligés de procéder aux démarches d'évaluations réglementaires. La plupart des soignants, pris « dans la course » du rythme de leurs activités professionnelles, cherchent à passer le moins de temps possible dans les activités d'évaluation. L'efficacité méthodologique des experts leur permet de faire gagner du temps aux autres professionnels lorsque ces derniers sont obligés de se soumettre à des évaluations externes, en « prémâchant » le travail, en traduisant en amont les exigences réglementaires. Le caractère hybride des profils des experts qualité les dote également en ressources annexes par rapport à l'expertise purement indexée à la qualité : ils peuvent mettre à disposition d'autres compétences ou responsabilités en échange d'une participation des acteurs à la démarche qualité. Par exemple, l'attachée de direction et responsable qualité de l'établissement ESPIC a des responsabilités hiérarchiques en matière de gestion des plaintes et des litiges : elle peut « convoquer » les professionnels mis en cause par des patients, et s'appuyer sur cette autorité pour obtenir une participation à des audits ou des évaluations, notamment de la part de médecins concernés par des litiges. Dans les deux cliniques privées, la directrice qualité et la directrice des soins utilisent leur autorité hiérarchique directe sur les personnels paramédicaux pour faire comprendre à certains d'entre eux qu'il est bien vu de participer aux démarches qualité. Au sein de l'hôpital public, c'est au cours d'échanges de bons procédés que se négocie l'investissement de certains professionnels réticents dans la démarche qualité : le médecin hygiéniste s'est par exemple appuyé sur son expertise relative à la gestion des problèmes liés aux bactéries multi-résistantes pour se rendre nécessaire vis-à-vis de certains médecins chefs de services exposés à ce problème. Il est aujourd'hui en mesure de s'appuyer sur l'aide qu'il leur apporte, couplée à un argumentaire autour de l'amélioration des pratiques, pour obtenir la participation de certains praticiens au recueil des IQ.

> « J'ai "imposé" [sourire] aux chefs de service de venir faire l'évaluation des dossiers. [...] Le fait que je sois là depuis 2003, le fait que quelque part j'ai trouvé ma place, quand il y a une gale ils m'appellent, quand il y a un problème, ils savent que je ne les laisserai pas tomber, donc ils reconnaissent mon expertise et ils peuvent s'appuyer sur moi... Cette relation-là fait qu'ils m'entendent. Et du coup quand je leur dis "j'ai besoin que vous participiez", il y a du retour. » (Médecin hygiéniste, hôpital public)

A travers ces négociations avec les professionnels du deuxième cercle, les experts qualité articulent le caractère réglementaire des IQ et leurs divers liens avec les enjeux concurrentiels, de manière à mettre en exergue l'inexorabilité de la mesure. Ils tentent également de « séduire » ces professionnels en leur faisant la démonstration de l'intérêt des indicateurs pour les pratiques du soin. Le message véhiculé est finalement qu'il vaut mieux anticiper cette évolution inexorable, l'accompagner, s'en accommoder, faire de la contrainte (bureaucratique) une ressource (professionnelle) plutôt que de la subir. Les soignants du deuxième cercle sont ainsi de plus en plus exposés aux comparaisons par les indicateurs qualité. Certains s'engagent plus avant, et se convertissent pour rejoindre le premier cercle de la qualité ; ceux qui restent méfiants perçoivent la comparaison comme une dynamique de plus en plus inexorable à laquelle il faut se conformer, ne serait-ce qu'a minima.

> « Sur les indicateurs nationaux je n'ai pas d'état d'âme, je veux dire, bon, ils existent, ils ont été décidés, imposés, je ne suis pas dans les commissions qui réfléchissent à leurs indicateurs, donc je prends ce qu'on me dit de faire… […] ICALIN, ça vaut ce que ça vaut, mais c'est une façon quand même d'évaluer si les gens se lavent les mains ! » (Chirurgien orthopédiste, chef de service et membre de la CME, établissement ESPIC)

Contenir et contourner l'hostilité

Pour autant, les relations avec les experts qualité restent loin d'être iréniques. Dans les quatre établissements, il existe un certain nombre de professionnels, notamment parmi les médecins et les chirurgiens, qui se positionnent encore de manière ouvertement critique par rapport à la démarche d'évaluation portée par les IQ d'État. Pour ces professionnels du « dernier cercle » de la qualité, les indicateurs s'inscrivent dans un ensemble d'instruments néo-managériaux imposés de l'extérieur et déconnectés des pratiques de soin, porteurs aussi bien d'un contrôle bureaucratique accru que d'une mise en concurrence perverse des établissements de santé. Ce chirurgien orthopédiste critique par exemple durement les indicateurs généralisés par la Haute Autorité de santé, qui évaluent la qualité des prises en charge à partir de la traçabilité des informations dans les dossiers.

> « C'est pervers. On peut être un excellent opérateur, faire tous les papiers qui concernent le patient et avoir zéro traçabilité dans le dossier. Tout simplement parce qu'on a autre chose à faire. Et on passe pour un mauvais élève, alors que les patients sont contents de vous, les interventions se passent bien, vous avez un bon relationnel, sauf qu'il n'y a pas les fameux indicateurs. » (Chirurgien orthopédiste, clinique 2)

Les missionnaires de la qualité se font peu d'illusions sur leur capacité à faire adhérer ces incrédules du dernier cercle. L'enjeu principal est alors d'éviter le conflit avec cette minorité de personnes qualifiées de « moutons noirs », de « rebelles », ou d'« indécrottables ». Dans la mesure du possible, les experts qualité laissent ces acteurs du dernier cercle en-dehors de la démarche dans leur établissement.

Lorsque leur concours est absolument nécessaire, ils prennent des pincettes, s'adaptent à leurs situations, tout en s'appuyant sur le caractère réglementaire et obligatoire des démarches. Les indicateurs sont notamment présentés comme un moindre mal par rapport aux palmarès hospitaliers. Le risque médico-légal est également fortement mis en avant pour faire comprendre à ces médecins qu'à défaut d'adhérer à la qualité, leur intérêt bien compris réside dans la conformité et la traçabilité de leurs pratiques.

> « Lorsqu'on essaye d'argumenter les choses, on a toujours en face de nous le discours "mais enfin, ça fait 20 ans que je travaille, j'ai toujours fait comme ça, j'ai jamais eu aucun problème". Moi je réponds toujours "oui, d'accord. Sauf que si par hasard il survenait un problème, il va falloir qu'on puisse prouver qu'on a bien fait. Et là, quand même, avec votre lavage à la Bétadine qui n'est plus préconisé, devant un tribunal, il va falloir argumenter". » (Infirmière cadre hygiéniste, hôpital public)

Au-delà de ce discours prudent tenu aux soignants du troisième cercle, la connaissance fine que les qualiticiens ont de leur établissement leur permet de contourner cette hostilité, en jouant stratégiquement de certaines relations de pouvoir entre acteurs hospitaliers. Non sans une certaine forme de ruse, il s'agit de jouer des tensions pour tisser une toile d'alliés susceptibles de relayer la démarche qualité. Les experts qualité s'appuient ainsi sur des soignants du premier cercle capables de véhiculer les instruments et leurs logiques auprès de leurs collègues, en trouvant les mots et les usages susceptibles de convaincre, ou de séduire leurs pairs plus réticents. Selon l'adage maintes fois entendu sur le terrain, ils recourent à « des médecins pour parler aux médecins » : à l'hôpital public, c'est le médecin hygiéniste qui prend en charge directement cette mission, alors que les experts des trois autres établissements ont construit des relations privilégiées avec un ou plusieurs médecins – souvent des anesthésistes – susceptibles de se faire les vecteurs de la qualité auprès de leurs pairs. Les experts qualité s'allient également avec des cadres de santé et des personnels infirmiers pour obliger les médecins à se conformer aux règles de traçabilité des informations et prescriptions médicales dans le dossier patient. Ce type de jeu organisationnel est tout particulièrement visible à l'hôpital public, où experts qualité et paramédicaux se retrouvent lors des réunions consacrées aux indicateurs de tenue du dossier patient. Le groupe de travail sur le dossier patient est devenu un véritable espace d'échanges permettant aux différents professionnels concernés (cadres, faisant fonction de cadres, infirmières pour l'essentiel) de s'organiser collectivement pour faire pression sur les médecins (qui n'ont pas souhaité participer à ce groupe) afin de les obliger à se conformer aux obligations en termes de prescriptions.

«Le responsable qualité : Bon, "nom du prescripteur". Qu'est-ce qu'on peut faire pour sensibiliser le corps médical là-dessus ? Encore les paramédicaux qui vont faire "tampon" ?

Une IDE : Que voulez-vous faire ? On en a marre, mais c'est la seule solution ! [...]

Le médecin hygiéniste : Est-ce qu'on ne pourrait pas couper la poire en deux ? Les infirmières peuvent marquer le nom et la date, et demander au médecin de signer ?

Une IDE : Ah mais moi, il va dire "je ne peux pas !"

Une FFC : Il faut faire tous bloc face aux médecins. Nous, dans mon service, on fait ça et ça marche. C'est un travail de longue haleine, mais au bout d'un moment, il n'a pas le choix car sinon on refuse de faire !

Le responsable qualité : Donc je note sensibilisation des médecins par les cadres lors de la visite. Et présentation en amont en CME [...] Donc "les cadres font bouclier de leur corps et les infirmières sont en soutien derrière" ! [Rires partagés dans l'assemblée] » (Observation d'une réunion du groupe de travail « dossier patient », hôpital public)

Les experts qualité parviennent ainsi à amortir en bonne partie les conflits autour de la qualité, en les limitant à des formes de tension isolées, ne donnant pas lieu à des formes de mobilisation collective de la part des opposants. Ces acteurs réticents finissent par se retrouver eux-mêmes exposés à la comparaison, et certains finissent par s'y résigner. Cet urologue, s'il ne mâche pas ses mots pour critiquer les palmarès hospitaliers et leurs effets pervers, explique bien l'importance d'apparaître parmi « les meilleurs » dans les résultats des indicateurs liés aux infections nosocomiales.

« Quand ces palmarès sont sortis il y a 10 ans, on a tous rigolé... Mais le problème, c'est qu'il faut faire avec ! On est devenu un marronnier, ça sort tous les deux mois... Et mine de rien, les patients ils vous l'amènent à la consult, hein ! [...] Bon, quand on apparaît dans ces conneries de palmarès merdiques, on est plutôt bien placés en nosocomial. C'est un élément qui est important pour le public, et globalement on a réussi, on est parti de C, on est passé en A. Le résultat, c'est que maintenant, dans les palmarès, même si les critères sont ce qu'ils sont, on n'a pas de souci à se faire sur la colonne "lutte contre les infections nosocomiales" ! » (Médecin urologue, établissement ESPIC)

Comme lui, de très nombreux professionnels expliquent que les « palmarès merdiques » et les indicateurs qu'ils incorporent font aujourd'hui partie du paysage. Dès lors qu'ils donnent lieu à un usage par les patients-clients, il devient difficile de ne pas en tenir compte.

Conclusion : la discrète transformation de l'hôpital

Parce que de nombreux professionnels résistent aux instruments porteurs de comparaison, leur emprise ne va pas de soi. Plutôt que de postuler leurs effets, il est crucial de s'intéresser aux mécanismes sociaux par lesquels ils peuvent se faire une place dans les organisations. En dépit d'une hostilité largement partagée par les professionnels de santé, une démarche d'évaluation quantitative de la qualité est parvenue à s'imposer en une petite décennie au sein du paysage hospitalier, par l'intermédiaire de ces indicateurs équivoques, plastiques et porteurs d'une comparaison maîtrisée. Dans les quatre établissements où nous avons mené l'enquête, des experts qualité ont discrètement œuvré à l'implémentation de ces IQ ; un petit ensemble de professionnels a commencé à les adopter et à les utiliser avec plus ou moins de conviction et de ferveur ; leurs opposants se sont la plupart du temps contentés de les tenir à distance sans véritablement empêcher leur progression.

Incrémentale et négociée, cette dynamique est loin d'être neutre : ces indicateurs instillent leurs logiques de comparaison, dont la perception et l'acceptation par les acteurs hospitaliers constitue une étape importante dans le déploiement d'une vaste dynamique concurrentielle à l'hôpital. Les IQ viennent s'ajouter à un ensemble de dispositifs qui ont fait leur place dans les établissements, et qui acclimatent progressivement les acteurs professionnels à équiper leurs comparaisons en nombres produits par des acteurs transversaux, qu'il s'agisse des institutions publiques, des fédérations hospitalières ou encore des réseaux de soin. Les IQ portent en eux l'idée que les hôpitaux et les cliniques, en dépit de leur hétérogénéité, sont suffisamment semblables pour être comparés sur les mêmes critères. Ces instruments portent un modèle implicite très normatif de l'établissement de santé moderne et rationnel, stratège et évaluable, informatisé, maîtrisant son activité et sa qualité, reposant sur un processus de prise en charge davantage pensé, justifié, organisé, coordonné, formalisé et tracé. En favorisant, à leur niveau, l'essor de pratiques de comparaison, les IQ contribuent à une homogénéisation en puissance des organisations de soin, déjà bien visible dans la convergence des supports matériels des activités de soin qui en viennent à se ressembler davantage dans les quatre établissements. Ce mouvement, initié par les institutions publiques nationales, n'est sans doute pas près de s'arrêter : la Haute Autorité de santé continue à généraliser de nouveaux indicateurs[8] et ambitionne de rapprocher la mesure du cœur des pratiques soignantes hospitalières, alors

8 En 2014, l'affichage de 20 indicateurs est obligatoire pour les établissements français.

que le ministère de la Santé a décidé en 2015 de généraliser une première «tarification à la qualité» reposant sur ces indicateurs. A la lumière de la discrète transformation de l'hôpital par les indicateurs qualité, on comprend à quel point l'épanouissement de dynamiques concurrentielles repose sur un intense travail relationnel, stratégique et cognitif, déployé tant lors de la construction des instruments de comparaison que lors de leur implémentation locale à l'intérieur des organisations professionnelles.

Annexe : les quatre établissements d'enquête

	Hôpital Public	**Clinique Privée 1**	**Etablissement ESPIC**	**Clinique Privée 2**
Région	Aquitaine		Rhône-Alpes	
Taille	170 places MCO	110 places MCO	210 places MCO	200 places MCO
Situation Socio-spatiale	Petite ville Périphérique Issu de la fusion de trois hôpitaux locaux Patientèle «captive»	Bordeaux Centre-ville Beaux quartiers Concurrence importante	Lyon Centre-ville Beaux quartiers Concurrence importante	Banlieue privilégiée de Lyon Concurrence restreinte
Patientèle	Diversifiée, dont personnes âgées dépendantes	Diversifiée, dont patientèle «haut de gamme»	Diversifiée, dont patientèle précarisée en centre-ville.	Diversifiée, dont patientèle «haut de gamme»
Spécialisation	Urgences et gériatrie	Chirurgie et cancérologie	Urgences et grands brûlés	Chirurgie et gynéco-obstétrique (maternité)
Situation économique	Léger déficit, attentes de difficultés liées au passage à 100% de la T2A	Après une période de croissance régulière, léger déficit inquiétant	Etablissement historiquement sur-doté. Déficit majeur, plans sociaux récurrents.	Croissance sur les dernières années, en ralentissement.
Enjeu-clé	Garantir l'activité pour garantir la pérennité des services et des emplois	Garantir une prospérité et une indépendance menacées notamment par l'évolution tarifaire	Augmenter l'activité avec moins de personnel, afin de redresser un déficit ancien et profond	Diversifier l'activité, négocier les urgences pédiatriques pour relancer une croissance économique en ralentissement

Chapitre 2

Les accréditations : déplacements et extension du domaine de la lutte

Benoit Cret

> «La concurrence entre les *Business Schools* – au moins pour celles qui entendent jouer en "première division" – est désormais mondialisée. Pour elles, il n'y a plus vraiment de marchés nationaux protégés. Si une école n'est pas reconnue mondialement, elle ne peut revendiquer de figurer parmi les établissements de premier plan. Nous n'avons guère le choix» (B. Ramanantsoa, directeur général d'HEC, Le Monde de l'Éducation, 12 novembre 2013).

La mise en scène de la concurrence entre *Business Schools* lie ici trois figures imposées : elle induit mécaniquement un système de hiérarchisation des acteurs ; elle ne connaît plus de frontières ; elle s'impose car c'est le sens de l'histoire. L'intensification de la concurrence s'explique *a priori* par l'hétérogénéité croissante de l'offre de diplômes de gestion (Kogan et Hanney, 2000). Alors que le nombre de diplômes de gestion délivrés en Europe augmente de façon exponentielle au cours des années 1980 (Engwall et Zamagni, 1998), d'innombrables MBA[1] (Full Time MBA, Part Time MBA, Modular MBA, Executive MBA, etc.) voient le jour (Carter, 1998). L'explosion de leur nombre, conjuguée à la diversité de leur mise en place (Djelic, 1998), rendent ainsi compte d'un paysage de l'enseignement de management éclaté, protéiforme et hautement concurrentiel.

La structuration du champ des *Business Schools* s'accompagne en parallèle d'une explosion du nombre de systèmes de classements (Bowker et Starr, 1999), d'évaluation et de standards (Brunsson et Jacobson, 2000). En insérant des mécanismes de sanction et de hiérarchisation sur le marché des diplômes et des établissements, les classements des *Business Schools* proposeraient un système de comparaison qui permettrait aux étudiants de se repérer plus facilement (Elsbah et Kramer, 1996). Ces dispositifs de jugement auraient ainsi pour fonction de réduire l'incertitude sur le marché (Karpik, 2007) en fournissant une photographie de l'espace concurrentiel des formations. Nous verrons que les acteurs des *Business Schools* ne restent pas inertes face à ces dynamiques. L'apparition et la stabilisation

1 MBA : Master of Business Administration.

des accréditations peuvent être interprétées comme des réponses collectives aux systèmes de classement. A l'instar de ce qui se passe dans le domaine de la santé (voir le chapitre d'Hugo Bertillot), la concurrence entre dispositifs vient redoubler et déplacer les enjeux de la concurrence entre établissements.

En s'appuyant sur le cas de la diffusion des trois accréditations AACSB[2], AMBA[3] et EQUIS[4] au sein du champ des *Business Schools* (Encadré 1, Tableau 1), l'objectif de ce chapitre est de montrer que les acteurs cherchent à contrôler les conditions de leur mise en concurrence. Alors que les accréditations sont présentées comme un facteur d'homogénéisation du champ qui intensifierait la compétition entre établissements et les standardiserait, nous montrerons que ces derniers ne subissent pas la concurrence ; ils la « travaillent ». Établissements et agences d'accréditation sont des acteurs réflexifs intelligents : ils entretiennent un jeu stratégique qui consiste à jouer sur l'ambiguïté entre nécessité de convergence et de différenciation.

Encadré 1. L'accréditation : définition

Une accréditation institutionnelle ou par programme se déroule en quatre étapes : l'agence d'accréditation entreprend une visite de reconnaissance de l'établissement demandeur ; ce dernier produit un « *self evaluation document* » à partir de standards définis par l'agence ; une équipe de pairs effectue une visite sur site et rend ses recommandations ; l'agence publie sa décision (refus d'accréditation, accréditation inconditionnelle ou accréditation conditionnelle).

Trois agences d'accréditation apparaissent en Europe en 1997 et stabilisent un oligopole en 15 ans. L'AACSB, née en 1917 aux États-Unis, accrédite une première *Business School* européenne (ESSEC Business School) en 1997. En 2014, 714 *Business Schools* étaient accréditées (contre 551 en 2006). 74 *Business Schools* européennes sont accréditées (contre 525 institutions américaines). Les établissements anglais (21) et français (19) représentent plus de la moitié des établissements européens accrédités AACSB. EQUIS naît en 1997 ; 87 établissements sont accrédités en 2007 et 150 en 2014, dont 77 en Europe. Plus encore que pour l'AACSB, les établissements français (17) et britanniques (25) sont surreprésentés (quasiment le tiers des établissements accrédités par l'agence). Enfin, l'AMBA, fondée en 1967, est britannique ; elle accrédite des programmes dans 137 institutions. Les agences vendent leur accréditation au même prix, entre 12187 euros et 26800 euros pour une accréditation initiale AACSB selon le périmètre, 13700 euros pour une accréditation AMBA, 13500 euros pour une accréditation EQUIS inconditionnelle.

2 AACSB : Association to Advance Collegiate Schools of Business.

3 AMBA : Association for MBAs.

4 EQUIS : European QUality Improvement System.

	EQUIS-EFMD	AACSB
Nombre d'établissements accrédités	**150**	**714**
Amérique du sud	12	15
Amérique du Nord	35	525
Asie	26	61
Europe	77	74
Nombre d'établissements membres	**805**	**1361**
Amérique du sud	31	72
Amérique du Nord	61	716
Asie	108	184
Europe	476	224

Tableau 1 : Les établissements accrédités et les établissements membres en 2014[5]

Ce chapitre repose sur une thèse de doctorat soutenue en 2007. 130 entretiens ont été menés avec le personnel de trois Grandes Écoles (ESSEC Business School, ESCP-EAP[6], ICN Business School[7]) et de trois *Business Schools* anglaises (Warwick Business School, Manchester Business School et Saïd Business School d'Oxford). 60 entretiens ont été menés avec les membres des trois agences d'accréditation.

Les établissements utilisent les accréditations pour amortir les effets des dispositifs alternatifs et intensifier la concurrence entre ces derniers (première partie). Les agences et les établissements membres développent des stratégies pour éviter toute concurrence directe (deuxième partie). Enfin, l'utilisation opportuniste des accréditations modifie la structure du jeu concurrentiel entre *Business Schools* (troisième partie).

Reprendre la main sur les dispositifs de classement

Alors que les accréditations viennent concurrencer les dispositifs d'évaluation déjà existants, les établissements mettent en œuvre une stratégie de construction et de contrôle des agences (Cret, 2013). En créant leur propre producteur de standards, les établissements travaillent la concurrence entre dispositifs.

5 L'agence d'accréditation EQUIS dépend de l'EFMD (*European Foundation for Management Development*). Les établissements sont membres de l'EFMD ; ils sont accrédités par EQUIS.

6 L'établissement change de nom pour devenir ESCP Europe en 2009.

7 ICN : Institut Commercial de Nancy.

Accréditations *vs. Rankings*

Les accréditations s'insèrent dans un champ où les dispositifs de classement se diffusent rapidement. Agences d'accréditation et *Business Schools* partagent un même point de vue sur les *rankings*: ce sont les principaux concurrents des agences.

Les *rankings* mesurent la qualité d'un diplôme MBA particulier et/ou d'une *Business School* à travers un système de notation. En janvier 1999, le *Financial Times* publie le premier *ranking* d'écoles américaines, européennes, et de leurs diplômes MBA associés. En mai de la même année, le journal publie un *ranking* concernant l'*Executive Education.* Un an plus tard, les critères d'évaluation sont élargis et complétés. C'est ensuite au tour de *Business Week* de publier son palmarès en 2000, qui inclut pour la première fois des établissements non américains (canadiens et européens) sur une liste séparée. En avril 2001 le *Wall Street Journal* publie son premier *ranking.* La diffusion des *rankings* s'intensifie, se diversifie et se complexifie rapidement (Hedmo *et al.*, 2004) : le nombre de publications augmente de façon exponentielle ; les *rankings* se limitent de moins en moins à la « simple » mesure de la qualité des MBA et/ou d'une *Business School*; les critères d'évaluation se raffinent, se subdivisent et se diversifient d'une publication à l'autre (Wedlin, 2004).

A contrario, les membres des agences et le personnel enseignant des *Business Shools* mettent en avant le caractère organique des accréditations et insistent sur son exclusivité, impliquant par là-même une hiérarchisation des dispositifs. Les accréditations viseraient à échapper à la logique de classement individuel des *rankings*:

> « Vous savez, il y en a très très peu, des éléments qui permettent de dire si une école est bonne de façon externe. Donc elles [les agences d'accréditation] se sont imposées là-dedans, justement pour des écoles qui avaient envie assez rapidement de sortir des logiques de classement. » (Personnel ICN)

> « L'accréditation n'est pas un *ranking.* Enfin, je ne crois pas qu'on puisse les assimiler. Pourquoi ? Eh bien, une accréditation, ça me paraît...plus solide, plus sérieux. Ça veut vraiment dire quelque chose. Les *rankings*, pas vraiment, c'est tellement variable. [...] Attention hein, ça veut pas dire que je fais pas attention aux *rankings.* Mais justement, les accréditations ont permis de désenclaver un peu tout ça. » (Personnel ESCP-EAP)

Les membres des agences entretiennent et diffusent la distinction entre accréditations et *rankings* en plaçant les premières dans un monde « à part ». Alors que les accréditations seraient «solides», les *rankings* seraient par nature aléatoires, volatiles et partiaux:

> «Les *rankings* ne sont souvent que des jugements subjectifs. Ils ne reposent pas sur des critères solides et objectifs. Du coup les accréditations et les *rankings* ne sont pas vraiment la même chose, ils ne se recoupent pas. Et nous n'en avons aucune intention.» (Personnel AACSB)

Paradoxalement, ce discours est également relayé par les journaux spécialisés qui insistent de la même manière sur la hiérarchie et sur l'incompatibilité entre les deux dispositifs d'évaluation:

> «Les *rankings* consistent à comparer les *Business Schools* entre elles et ils sont construits par les journalistes. L'accréditation est un processus d'évaluation de la qualité, conduit par des pairs, sous la supervision d'associations professionnelles. Les *rankings* ne vous diront qu'une chose: selon tel journal, une *Business School* est numéro 1, numéro 2, numéro 3, etc. Mais une accréditation vous dira si la *Business School* en question est conforme à des standards internationaux bien précis. En terme de mesure de la qualité, une accréditation est bien plus importante qu'un *ranking*.» (The MBA Tour, e-bulletin[8])

Les *rankings* sont également perçus comme trompeurs. Alors que la plupart mesurent la qualité du *Full Time MBA* offert par les établissements, les journaux opèreraient un glissement en diffusant l'idée implicite que leur dispositif mesure la qualité générale de la *Business School*. Cet effet métonymique fonde leur crédibilité alors même que ce type de programme devient de moins en moins important en termes d'effectifs et de revenus engrangés:

> «L'accréditation est bien plus importante qu'un *ranking* sur quelques programmes très spécifiques. Parce nous évaluons tous les programmes.» (Personnel AMBA)

> «Les *rankings* et les accréditations ne se recoupent pas. Ils n'ont d'ailleurs pas été conçus pour. Les *rankings* se concentrent exclusivement sur un programme, c'est leur problème.» (Personnel AACSB)

Une accréditation ne viendrait donc pas brouiller la lisibilité du champ déjà balisé par de nombreux dispositifs de classement concurrents: elle se rajouterait à ces derniers. Elle est conçue comme un tout insécable, parallèle aux logiques de classement comptables. Elle viendrait présenter une alternative aux *rankings* en complexifiant les comparaisons d'établissements et de diplômes.

8 http://www.thembatour.com/ebulletin/200705_accreditationrankings_.html

Si les accréditations viennent concurrencer les *rankings,* les établissements ne subissent pas pour autant l'apparition de ces dispositifs. Les *Business Schools* contrôlent les agences d'accréditation et mettent ainsi à distance les systèmes de classement alternatifs.

Adhérer pour contrôler ?

Les agences d'accréditation sont des associations dont les parties prenantes sont les *Business Schools* elles-mêmes. L'EFMD (*European Foundation for Management Development*) est un réseau d'établissements fondé en 1971. En 1994, ses adhérents créent une table ronde qui regroupe les principales agences nationales et qui débouche sur la création d'EQUIS en 1997. Les membres de l'AACSB sont quasiment tous des *Business Schools*. L'AMBA est quant à elle composée d'individus membres. Nous délaissons volontairement l'étude des jeux de pouvoir à l'intérieur même des agences pour nous concentrer sur les relations entre établissements membres et agences d'accréditation.

Concrètement, les associations offrent une gamme étendue de services à leurs membres. Elles organisent des conférences, des rencontres et des événements communs pour faire émerger leurs «bonnes pratiques» et pour les diffuser. Elles construisent également des systèmes d'information extensifs. Le personnel de l'AMBA passe ainsi beaucoup de temps à rédiger un *guidebook* qui liste des informations sur ses membres (noms, adresses personnelles et professionnelles, secteur de travail, école dont ils sont diplômés, année d'obtention de leur MBA, etc.).

> «Nos membres valorisent beaucoup notre agenda. Il liste tous les membres de l'association, dans le monde entier. C'est certainement ce qui est le plus apprécié. Cela veut dire que n'importe quel membre peut aller n'importe où dans le monde et trouver un MBA [qui lui convienne].» (Personnel AMBA)

Ces établissements adhèrent la plupart du temps aux deux associations (rappelons que les adhésions à l'AMBA sont individuelles). En 2014, l'EFMD compte 805 membres répartis dans 83 pays, l'AACSB 1361 répartis dans 85 pays. Le nombre de membres communs aux deux associations (*interlock*s) est extrêmement élevé : 337 établissements, soit plus d'un tiers des établissements membres de l'EFMD, sont membres à la fois de l'EFMD et de l'AACSB. Dans les pays où plus de 20 établissements sont membres d'une association, la proportion d'*interlocks* est très élevée[9], de même que dans les pays où plus de 20 établissements sont membres

9 Plus de la moitié des établissements allemands, hollandais et suisses membres de l'AACSB sont également membres de l'EFMD. Réciproquement, plus de 60 % des établissements canadiens et indiens membres de l'EFMD sont également membres de l'AACSB.

de l'AACSB et de l'EFMD[10] (les Etats-Unis sont un cas à part sur lequel nous reviendrons par la suite). Lorsque les associations pénètrent conjointement un pays, il y a de très fortes chances (plus d'un tiers) pour qu'elles comptent un nombre très élevé d'*interlocks*[11]. Les mêmes établissements sont membres des associations dont dépendent les agences d'accréditation.

Cette fonction de mise en réseau est la raison centrale pour laquelle les établissements adhèrent aux associations. Leur structure financière en est un bon indicateur. Pour l'année 2003-2004, l'AACSB fait par exemple état d'un revenu net de 8M$ et d'un montant net de dépenses s'élevant à près de 7M$, soit un bénéfice net d'1M$[12]. 76 % du revenu net provient du paiement des droits par les membres de l'AACSB. Symétriquement, les coûts générés par les services offerts aux membres représentent 79 % des dépenses totales, alors que les coûts directs et indirects des accréditations ne s'élèvent qu'à 20 % des dépenses totales. Le paiement des droits des membres est ce qui rapporte le plus à l'organisation, et c'est le poste (coté revenu) qui connaît la plus forte progression. L'accréditation est une activité accessoire : elle n'est ni ce qui rapporte le plus, ni ce qui coûte le plus.

L'intérêt d'adhérer à une agence est de pouvoir contrôler la définition des standards d'accréditation. Le cas de l'AACSB illustre bien cette possibilité. Les établissements membres de l'association ont modifié les standards en 1990 et en 2003. Dans les deux cas, ils ont créé une structure *ad hoc* pour mettre en place les recommandations. Le directeur du service Accréditation de l'agence a monté une équipe de directeurs d'établissements membres. En 1990 l'équipe est sélectionnée selon des critères géographiques circonscrits aux États-Unis ; en 2003 le critère géographique est étendu et des directeurs d'école européennes sont invités (HEC, ESSEC, etc.). L'équipe est ensuite sélectionnée selon des critères d'influence (« *key leaders* » et « *key representatives* » du monde de l'enseignement supérieur). Dans les deux cas, cette équipe produit les propositions de changement de standards en trois temps. Elle recueille d'abord les propositions des établissements, puis les propose lors des séminaires organisés par l'AACSB. Un personnel de l'AACSB cite ainsi le rejet d'une proposition de modification de standards d'accréditation. Enfin le conseil d'administration de l'AACSB entérine les propositions sans les discuter. Les établissements membres contrôlent ainsi toutes les étapes du

10 Plus de 60 % des établissements chinois et australiens membres de l'EFMD sont également membres de l'AACSB ; réciproquement plus de 65 % des établissements français et britanniques membres de l'AACSB sont également membres de l'EFMD.

11 La proportion d'*interlocks* diminue principalement à cause de l'inégale répartition géographique des membres. Par exemple, 7 établissements norvégiens sont membres de l'EFMD alors que l'AACSB n'en compte aucun.

12 Report to the members of AACSB International including Audited Financial Statements, April 2005, *Accountant's Report and Financial Statement.*

processus de création/modification des standards d'accréditation : ils forment l'équipe chargée d'émettre les propositions qu'ils sanctionnent.

Deux conclusions générales ressortent. En premier lieu les agences d'accréditation sont des associations d'établissements qui se regroupent pour coopérer ; elles sont une opportunité de se rencontrer, d'échanger et d'intensifier leurs relations (Simmel, 2013 [1908]). En second lieu, les *Business Schools* créent leur propre dispositif pour diminuer l'incertitude née de la prolifération de dispositifs alternatifs comme les *rankings*. Elles sont conçues comme un instrument de régulation de la concurrence entre dispositifs et permettent de mettre en œuvre une stratégie de « mise sous contrôle » du champ organisationnel (Brunsson et Jacobsson, 2000). Les *Business Schools* créent donc leur propre système d'évaluation pour « amortir » la concurrence et mette à distance les dispositifs alternatifs comme les *rankings*. Cependant les agences d'accréditation sont en concurrence entre elles ; les agences et les établissements membres travaillent également pour régler la forme de cette concurrence.

Contrôler la concurrence entre agences : un travail ambigu

Quel est l'impact de la multi-appartenance des établissements sur le jeu concurrentiel entre agences ? Si les premiers contrôlent la production des standards, la coopération entre agences d'accréditation n'est pas naturelle pour autant. Ces dernières sont en concurrence les unes vis-à-vis des autres et construisent progressivement un positionnement stratégique non conflictuel et stable.

Nous mettons en avant deux niveaux concurrentiels entremêlés : la concurrence entre agences d'accréditation (et plus largement, entre les dispositifs de classement), ainsi que les efforts des établissements membres des associations pour réguler la concurrence entre agences d'une part, entre dispositifs de classement d'autre part.

Entre luttes directes et indirectes

Comment les trois agences parviennent-elles à s'imposer vis-à-vis de leurs concurrents ? Les temps de lancement des processus d'accréditation oscillent entre conflits et arrangement locaux.

L'AACSB attend trente-deux ans avant d'officialiser la création de son service d'accréditation en 1949, sous la pression de la majorité de ses écoles membres qui soutiennent que le processus de sélection des membres s'apparente de plus en plus à un service d'accréditation. Pour s'imposer, l'agence va développer une stratégie faite de coopération et d'évitement. La NCA (*North Central Association of Colleges and Secondary Schools*) est une des six agences régionales d'accréditation reconnue par le *United States Department of Education* et par le *Council for Higher Education Accreditation.* Elle est incontournable car elle détient le monopole public légal de l'accréditation au niveau régional et constitue le prescripteur le plus important au niveau national. Deux séries de conflits prennent place, le premier dans les années 1950 et le second dans les années 1960.

La première série d'affrontements porte sur la possibilité même de mener une telle activité. En 1950, le premier trésorier de la NCA envoie une lettre aux présidents de plus de six cents institutions d'enseignement membres de son organisation pour leur demander de refuser toute accréditation qui émanerait d'une agence non reconnue officiellement. La NCA exige alors des agences d'accréditation privées qu'elles se mettent sous les ordres directs des agences d'accréditation régionales et qu'elles abandonnent toute activité d'accréditation distincte. Elle entend également interdire à l'AACSB de se faire rémunérer pour son activité. Le combat est frontal et l'AACSB ne dispose alors d'aucune ressource pour négocier. Par défaut, les membres de l'agence s'engagent dans un processus de coopération minimale avec les agences régionales d'accréditation et attendent. Cependant la NCA éprouve immédiatement des difficultés de coopération avec ses homologues régionaux (toutes n'ont pas la même pratique d'accréditation, ni le même âge). Au bout d'un an d'essai, elle ne peut que desserrer sa politique de restriction et elle se voit contrainte de reconnaître officieusement l'AACSB en abandonnant l'interdiction de rémunération. L'AACSB continue sa politique de coopération en organisant des séminaires communs ; la NCA n'a alors d'autre choix que de reconnaître l'association comme l'agence d'accréditation officielle pour le *Collegiate Education for Business.*

Le changement d'équilibre au profit de l'AACSB est visible lors du second affrontement entre les deux organisations. La reconnaissance de l'AACSB n'est en effet valable qu'au niveau *undergraduate.* Mais elle aimerait pouvoir accréditer également des établissements au niveau *graduate.* En 1963, une première liste d'établissements accrédités au niveau *graduate* est publiée. À aucun moment le personnel de l'AACSB n'a prévenu la NCA, qui gèle immédiatement la liste des établissements accrédités. Pour l'AACSB, il n'est cependant plus question de coopérer : non seulement le manque de coordination entre agences régionales est toujours patent, mais les écoles membres de la NCA elles-mêmes font pression pour annuler le gel de la procédure afin de bénéficier de l'accréditation AACSB. Cette stratégie d'attentisme qui exclut toute forme de combat direct et même incite plutôt à une forme de coopération minimale, combinée à la faiblesse de l'alliance entre NCA et agences régionales, débouche sur une situation où l'AACSB n'a qu'à attendre pour être en mesure de dominer le jeu.

De son côté, l'EFMD organisait des *strategic audits* dès le début des années 1980 dans le cadre de projets de coopération entre établissements, sans que ces audits soient très formalisés. L'extension lente mais régulière de la demande de telles évaluations par les *Business Schools* membres de l'EFMD conforte progressivement deux personnes clés[13] dans l'idée que la création d'une agence d'accréditation devient nécessaire. Ils cherchent à convaincre les membres du conseil d'administration :

> « Alors d'abord on m'a dit : [...] c'est pas le rôle de l'EFMD de faire ça, si on se lance dans l'accréditation, on va perdre tous nos membres, et puis c'est pas une association de certification... J'étais vraiment seul dans mon coin. » (Personnel EQUIS)

En 1995, les membres de l'EFMD créent cependant un réseau[14] pour étudier la possibilité de lancer une agence d'accréditation. Celui-ci réunit les plus grandes agences nationales européennes en charge de l'évaluation de la qualité de l'enseignement dispensé en *Business School* : une agence espagnole, le Chapitre des Grandes Écoles en France, la *Quality Assurance Agency*, l'AMBA, etc. L'EFMD décide de lancer ce réseau au moment où les rapports de force au sein de l'association s'inversent. C'est ce même basculement qui explique la participation des agences nationales au réseau. Jusqu'au milieu des années 1990, les membres anglais dominent le jeu à l'intérieur de l'EFMD en raison de leur expérience en évaluation de la qualité de l'enseignement (les directeurs généraux de l'organisation étaient par exemple tous anglais). Sur pression des membres italiens, français et espagnols, la nouvelle directrice générale est élue sur un programme qui vise à déplacer le centre de gravité de l'organisation vers le continent. Le réseau est alors le lieu d'affrontements violents entre les différentes agences nationales, dont l'AMBA.

> « Bref, les réunions qu'on avait [au sein du réseau] étaient un peu bizarres. Chacun venait avec son système d'accréditation, et chacun essayait de le vendre. » (Personnel EQUIS)

Si les conflits opposent les anglais aux membres continentaux de l'EFMD, ils se doublent également d'une concurrence entre agences anglaises :

> « Il y avait ces deux- là : l'ABS [ancêtre du Quality Assurance Agency] et AMBA. Tous les deux voulaient faire partie de ce groupe. L'AMBA disait qu'ils faisaient vraiment de l'accréditation, ce qui est vrai, ABS ne faisait pas d'accréditation, ils s'occupaient des standards de qualité des vocationals [enseignement technique] ou

---

13 La future directrice générale de l'EFMD et le doyen d'une Grande École française, élu au conseil d'administration de l'AACSB en 1994 et membre du conseil d'administration de l'EFMD.

14 EQUAL : European Quality Link

quelque chose dans le genre. AMBA refusait la légitimité d'ABS à faire partie du round table.» (Personnel EQUIS)

Affaibli par ces dissensions, divisé face à la coalition des représentants des agences du continent, le personnel de l'AMBA quitte le réseau, ce qui officialise la perte d'influence des anglais au sein de l'EFMD.

«À un moment AMBA est sortie, parce qu'ils avaient refusé les concepts. [...] Ils n'ont pas joué le jeu. Ils ont joué un jeu très anglais : "ou c'est nous qui prenons la direction, ou on ne joue pas". Et ils sont sortis.» (Personnel EFMD)

En sortant du réseau, l'AMBA conforte sa stratégie de niche qui joue sur deux niveaux : l'agence n'accrédite que des programmes et se tient à distance des accréditations institutionnelles ; ses membres sont en majorité individuels. La mise à l'écart de l'AMBA permet aux membres de l'EFMD de proposer une première version des critères et des processus d'accréditation. Objet de luttes internes, l'accréditation est construite par l'EFMD qui domine le jeu entre agences nationales, celles-ci étant trop faibles individuellement pour se coordonner et exercer un droit de veto collectif.

«On avait tous le même poids [au sein du réseau]. Mais la vérité, c'est que seul l'EFMD avait la force et la structure pour pouvoir gérer ça. La plupart des autres étaient tellement petits, ils n'avaient que deux ou trois employés, c'étaient vraiment des toutes petites structures. Mais il fallait pas le dire, évidemment tout le monde était jaloux. Il fallait pas dire que l'EFMD avait le leadership, donc on disait que l'EFMD "assumait le secrétariat". C'est seulement comme ça que ça pouvait fonctionner.» (Personnel du réseau)

Cette logique interne seule aurait été insuffisante à inciter les membres des agences nationales à participer activement à la création de l'agence d'accréditation. L'élément déclencheur est l'annonce par un des deux initiateurs que l'AACSB souhaite exporter son processus d'accréditation en Europe. L'argument de la menace américaine est alors mobilisé pour convaincre les membres de l'EFMD d'accélérer la création des critères et processus d'accréditation EQUIS. Mais ce discours n'est «que» le déclencheur de la création d'EQUIS : il permet aux membres de l'EFMD de poursuivre la modification des rapports de force en leur faveur au sein du réseau et de s'assurer de la coopération des membres des agences nationales.

«[L'exportation du processsus AACSB] n'était donc pas la cause profonde du processus. On avait déjà travaillé sur le sujet. Mais de là à faire le pas et créer le système, il y avait une marge. Sans la pression américaine, ça aurait pris vraiment beaucoup plus de temps. Ça a vraiment mis de la pression.» (Personnel EQUIS)

S'imposer sur le marché de l'accréditation n'est pas aisé ; l'opération suppose de mettre en œuvre des stratégies délicates. Pour s'imposer vis-à-vis des agences existantes ou sur le point de naître, les membres de l'EFMD, de l'AACSB et de l'AMBA cherchent à éviter, autant que possible, l'affrontement direct. Les membres de l'AACSB mettent en œuvre une stratégie d'évitement et de coopération ; ceux de l'EFMD choisissent d'intégrer la plupart de leurs concurrents potentiels ; ceux de l'AMBA choisissent une stratégie de niche qui consiste à se singulariser en différenciant le processus d'accréditation et la structure même de l'agence.

Éluder la concurrence : (se) rendre comparable et (se) différencier à la marge

Ces luttes indirectes ne doivent pas masquer un travail commun mis en œuvre par les établissements membres des associations. Ces derniers définissent précisément le positionnement stratégique réciproque des agences d'accréditation et ils évitent ainsi d'autant plus les conflits.

Les établissements membres des associations travaillent et modifient les standards pour les rendre commensurables. Concrètement, les standards EQUIS, AACSB et AMBA ont tendance à s'assouplir de plus en plus et à converger. Nous prendrons exemple sur l'AACSB pour illustrer ce changement. La réforme de ses standards en 1990 a pour but d'adosser les critères d'accréditation sur une « mission d'établissement » rédigée par les *Business Schools* (Castile et Davis-Blake, 2002, Durand et McGuire, 2005). Celle-ci est explicitement construite comme un plan stratégique de l'institution à court et moyen terme ; le « *self evaluation document* » est entièrement rédigé en fonction de cette mission. Les établissements doivent montrer que leur prise de décision est cohérente et surtout planifiée. Le versant stratégique des accréditations est ainsi mis en avant : la condition d'obtention d'une accréditation est la construction d'une stratégie organisationnelle cohérente au niveau local. Cette évolution n'est pas spécifique à l'AACSB. Le personnel de l'AMBA adopte rapidement cette ligne directrice. Les standards EQUIS sont centrés dès la création de l'agence sur la notion d'ajustement. Les premiers standards développés en 1996 sont en effet inspirés de l'AACSB. Lors de la mise en place du réseau, l'une des deux personnes qui a introduit l'accréditation au sein de l'EFMD propose aux membres des agences nationales une version courte des différents critères d'accréditation inspirés de l'AACSB. L'argument de la « menace américaine », mobilisé pour tenter de décider les membres de l'EFMD à s'investir dans le processus d'accréditation, n'a donc pas empêché que la liste des premiers critères ait été inspirée du modèle américain.

Ce travail intensif qui vise à faire converger les standards d'accréditation n'empêche pas un travail complémentaire de différenciation à la marge. Contrairement à EQUIS et AMBA, l'AACSB a, par exemple, conservé deux standards quantitatifs non négociables. Tous deux concernent la qualité du corps professoral. Le standard 9 (« *faculty sufficiency* ») fait référence à la façon dont les professeurs s'engagent dans la vie collective de l'établissement. Il les divise en deux catégories : les « *participating faculty* » participent activement à la vie administrative de l'établissement alors que les « *supporting faculty* » se contentent de faire cours (la catégorie inclut notamment les vacataires). Le standard 10 (« *faculty qualification* ») distingue monde universitaire (« *academically qualified* » : le salarié doit avoir un PhD et montrer qu'il publie dans des revues internationales à comité de lecture) et monde professionnel (« *professionnally qualified* » : le salarié doit avoir une expérience professionnelle de plusieurs années dans « une grande entreprise »). Le standard 9 exige qu'au moins 75 % du corps professoral soit classé dans la catégorie *participating faculty*, et le standard 10 exige qu'au moins 90 % du corps professoral soit *academically qualified* (au moins 50 %) et *professionnally qualified* (au moins 40 %). Ce rapport évolue à 60/30 au cas où l'établissement offre des cours au niveau *graduate*, ce qui est le cas de la majorité des établissements demandeurs de l'accréditation AACSB. Au final, les deux ratios de 90 % et de 75 % ne sont pas flexibles. L'AACSB met en avant ces standards quantitatifs pour insister sur leur solidité et différencier son processus d'accréditation de celui d'EQUIS. De façon réciproque, EQUIS prend prétexte de ces standards pour discréditer l'AACSB, trop « américano-centrée ». Ces différences marginales permettent ainsi aux agences de construire des positionnements stratégiques différenciés.

Les agences homogénéisent le cœur du processus d'accréditation en faisant converger leur standard tout en les différenciant à la marge. Ce double travail a des effets immédiats sur la forme de la concurrence. Adosser les standards sur la mission permet aux agences d'accréditer des établissements hors de leur pays d'origine. Les critères ont été explicitement modifiés afin de faciliter l'exportation du processus à l'étranger :

> « Les standards reposaient sur le modèle américain. Maintenant que nous allons dans d'autres pays, nous devons modifier nos standards. Nous devons intégrer comment les choses se font dans les pays étrangers, pour ne pas rester américano-centrés. » (Personnel AACSB)

Il ne s'agit pas tant d'une reconnaissance des spécificités nationales pour atténuer la concurrence internationale, qu'une décontextualisation des standards (par exemple, les références aux « *credit hours* » américains sont supprimées). Surtout, la convergence des standards se traduit par une augmentation sans précédent du nombre d'établissements et de programmes accrédités dès 1997. Concrètement, les agences accréditent majoritairement dans les mêmes pays. Plus encore, ils accréditent dans les mêmes proportions les établissements des mêmes pays. La double accréditation est davantage le produit de la convergence des standards et le signe d'une entente entre établissements accrédités et établissements membres, que le résultat d'une «course aux labels» et d'une lutte de prédation entre *Business Schools*. La stratégie de différenciation territoriale joue à la marge: les agences se positionnent dans des interstices géographiques. EQUIS accrédite seul des établissements en Autriche ou en Russie alors que l'AACSB accrédite seul des établissements en Croatie, Egypte, Israël, Arabie Saoudite, Thaïlande, au Koweït, etc. (seule exception d'importance: les Etats-Unis restent la «chasse gardée» de l'AACSB qui y a accrédité la majorité de ses établissements. EQUIS n'a pour l'instant accrédité que trois établissements américains. L'agence retourne la contrainte en opportunité et réalimente la même stratégie qu'elle porte vis-à-vis des standards quantitatifs en formalisant un discours axé sur «EQUIS, agence européenne»).

Alors que les établissements membres des associations maîtrisent la production des critères d'accréditation, ils travaillent sur la concurrence entre agences de deux façons. D'une part, ils font converger le «centre» de ces agences, d'abord en travaillant les standards pour les homogénéiser d'une agence à l'autre, ensuite en «saturant» les mêmes pays voire les mêmes établissements. D'autre part, ils différencient les agences à la marge, d'abord sur les standards (standards plus quantitatifs dans le cas de l'AACB) et ensuite sur certains pays choisis.

Si les établissements membres coopèrent pour réguler la concurrence entre dispositifs d'une part, entre agences d'autre part, ils restent en lutte indirecte (Simmel, 2013 [1908]) et utilisent de façon opportuniste la mise en œuvre de ces processus, ce qui structure paradoxalement la forme de la concurrence entre établissements.

Travailler la concurrence entre établissements

La construction de la stratégie d'accréditation et la mise en œuvre opportuniste des processus ouvre des possibilités de jeu à l'intérieur des établissements, mais aussi entre eux. La concurrence ne s'en trouve pas mécaniquement intensifiée, mais cette utilisation modifie les règles du jeu.

La course aux accréditations, une lutte indirecte ?

Si les établissements membres contrôlent les processus d'accréditation, cela n'exclut pas pour autant des jeux stratégiques opportunistes axés sur un travail de différenciation. Les stratégies d'accréditation révèlent alors des formes de lutte indirecte. Pour les écoles de commerce, le jeu sur la différenciation/ressemblance entre établissements relève d'un travail d'équilibriste. Nous prendrons deux exemples de primo-accréditations (Cret, 2007).

L'ESSEC est la première institution européenne accréditée par l'AACSB en 1997, mais elle n'est accrédité EQUIS « qu'en » 2003· Ce long délai s'explique par un affrontement indirect entre écoles. En 1995, le directeur de l'ESSEC est contacté par le directeur d'une *Business School* canadienne qui vient d'être accréditée AACSB. Ce collègue prend des contacts en Europe pour sonder le terrain.

> « Et un jour, [...] le doyen de X [...] me téléphone, en me disant, j'aimerais bien vous rencontrer, nous on vient de passer l'accréditation AACSB, l'AACSB est en train de se demander s'il n'y a pas des universités, des écoles dans d'autres pays qui seraient intéressés d'aller dans cette démarche. Donc est-ce que vous ça vous intéresserait ? Donc moi j'ai sauté dedans immédiatement, en disant oui bien sûr, ça nous intéresse, on veut à tout prix y aller. » (Personnel ESSEC)

Cependant, les dirigeants de l'AACSB discutent encore fin 1995 - début 1996 de l'opportunité d'exporter leur modèle d'accréditation en Europe. Voulant minimiser les risques, ils proposent aux membres de l'EFMD de construire un système de co-accréditation. Mais les relations entre l'AACSB et EQUIS se dégradent peu à peu ; toute volonté de co-accréditation disparaît rapidement et les membres de l'EFMD décident de proposer leur propre système d'accréditation en construisant EQUIS (voir *supra*). Le directeur modifie donc sa stratégie d'accréditation unique et cherche à cumuler les deux accréditations.

> « Donc nous on décide d'aller à ce truc, en faisant toutes les lettres possibles à l'EFMD, en disant –ce qui devait être fait à l'époque, la volonté de l'EFMD, c'était d'y aller avec l'AACSB. Donc nous on a envoyé les lettres à [la Directrice générale de l'EFMD], en lui disant : "eh bien nous on est prêt". Le discours officiel, c'est que vous y allez ensemble... Nous on est prêt ! Soit vous y allez ensemble, soit vous nous dites que c'est différent, et à ce moment-là, c'est les deux qui nous intéressent. » (Personnel ESSEC)

L'évolution des relations entre écoles membres contraint progressivement le directeur à revenir sur cette stratégie. L'ESSEC est peu à peu marginalisée au sein de l'EFMD par les directeurs des autres Grandes Écoles, alors que les rapports entre l'EFMD et AACSB se radicalisent. L'argument concernant la menace de l'invasion américaine est mis en avant :

> « [Le directeur du groupe HEC] disant à l'époque, "eh ben, c'est évident qu'il faut résister aux Américains, qu'il faut pas aller avec eux !". D'ailleurs je me ferai traiter un peu plus tard, en public, par quelqu'un d'HEC, de traître... C'était assez chaud. » (Personnel ESSEC)

La lutte entre les agences d'accréditation se double progressivement d'une lutte entre Grandes Écoles françaises. À ce jeu, l'ESSEC est perdant d'avance : non seulement c'est le seul établissement à s'être engagé dans le processus d'accréditation AACSB, mais il se trouve également privé de toute influence à l'EFMD.

> « On n'était pas très influents au niveau de l'EFMD. Les français influents, c'étaient HEC, Lyon... [...] Donc cette espèce de club, on n'en faisait pas partie. Par contre on savait très bien que bon, il y avait des choses qui avaient démarré [...]. Bon nous on était un petit peu en dehors de ce truc-là. » (Personnel ESSEC)

L'ESSEC transforme la contrainte en opportunité et choisit de retarder l'accréditation EQUIS jusqu'en 2003 pour se distinguer des autres écoles. Cette stratégie n'en reste pas moins dépendante des jeux entre écoles et agences. Deux niveaux d'affrontements s'entremêlent pour inciter le directeur à privilégier l'AACSB et à construire un positionnement différencié. La lutte entre agences est ici un prétexte à affrontements entre établissements membres.

L'ESCP-EAP appartient quant à elle au groupe pilote des premiers établissements accrédités par EQUIS en 1998 et le sera par AACSB en 2003. L'établissement était beaucoup plus engagé que l'ESSEC dans les discussions au sein de l'EFMD. En 1997, les membres de l'EFMD choisissent les établissements européens qui « testeront » l'accréditation EQUIS. Ils tentent d'inclure dans ce groupe pilote les établissements les plus prestigieux, en fixant la limite d'un à deux établissements par pays. Seuls l'ESSEC et HEC semblent donc concernés. Mais le désengagement de l'ESSEC ouvre des opportunités aux « *outsiders* » ; Audencia et l'ESCP-EAP sont alors intégrés dans le groupe et les deux *Business Schools* sont accréditées en 1998.

La stratégie de l'ESCP-EAP n'est pas construite sur la même logique que celle de l'ESSEC. Il ne s'agit pas tant de se démarquer des écoles « dominantes » que d'intégrer cette catégorie et de se différencier des écoles de réputation moyenne. L'accréditation AACSB « tardive » relève de cette logique. La majorité des Grandes Écoles françaises ayant opté pour EQUIS, l'ESCP-EAP ne voulait pas jouer un rôle de franc tireur qui aurait risqué de marginaliser l'établissement au sein des « outsiders », et va donc attendre qu'HEC et plusieurs écoles passent l'accréditation AACSB pour la demander. Il s'agit moins cette fois de s'accréditer en même temps que les « top-*rankings* » que de suivre le mouvement, de ne pas prendre d'initiative tout en restant dans la même classe d'établissement.

> « Cinq ans plus tard, pourquoi on est passé AACSB ? C'est que l'ESSEC avait l'AACSB, HEC entre-temps, qui avait eu EQUIS, en 2000-2001 est passé AACSB. On s'est dit ça y est… » (Personnel ESCP-EAP)

Si les stratégies d'accréditation des établissements sont hétérogènes et locales, ces derniers peuvent jouer sur les différentes accréditations pour se livrer des luttes indirectes et des « guerres de position ». Cependant ces luttes restent transitoires et toujours sous contrôle, comme en témoignent les démarches de l'ESSEC et d'HEC qui parviennent à leur fin.

Une ressource mobilisée en interne

Les directeurs d'établissements profitent du processus d'accréditation pour faire évoluer les configurations de relations internes. La structure même de la concurrence entre établissements s'en trouve modifiée.

Les directeurs utilisent les dispositifs (Segrestin, 1997) comme des outils de gestion pour développer deux types de politique interne : remodeler la structure des programmes et gérer le personnel enseignant. D'une part, la rédaction du *self evaluation document* offre l'opportunité d'inclure ou d'exclure des programmes du périmètre de l'accréditation. Une fois la visite sur site terminée, les directeurs prennent appui sur les recommandations des pairs pour justifier les nouvelles orientations pédagogiques :

> « La manipulation des données [obtenues avec l'accréditation] est une opération assez complexe et subtile. De même que la façon dont vous les utilisez pour poursuivre votre stratégie – stratégie que de toute façon vous voulez poursuivre, quoi qu'il arrive.
> – Qui vouliez-vous convaincre ?
> – […] Le vice-président de l'Université. » (Personnel Warwick Business School)

D'autre part, l'accréditation est mobilisée pour gérer les enseignants-chercheurs en incitant les « anciens » à internationaliser leur recherche ou leur cours ou pour appuyer la nécessité d'internationaliser le recrutement. Concrètement, les directeurs jouent principalement sur le renouvellement des contrats des professeurs en place et sur la répartition des cours en début d'année suite aux restructurations continues d'offre de diplômes :

> « [L'accréditation] nous a permis de renforcer notre stratégie de changement au sein de l'organisation. Sans elle, cela aurait été plus difficile. À cause de l'université, ou en interne.
> – En interne ?
> – Je veux dire, on voulait insuffler du changement à l'intérieur de l'école. Concrètement, on voulait bouger un peu nos collègues professeurs ! Comme l'équipe de pair était là et nous avait dit qu'on devait le faire, ça a renforcé la position du directeur. Parce que l'équipe de pairs, elle revient dans cinq ans ! »
> (Personnel Warwick Business School)

Les moyens utilisés par les directeurs pour gérer les professeurs et l'offre de formation ne sont ni nouveaux ni inhabituels ; ils auraient pu les mobiliser indépendamment des accréditations. Pourtant ils associent systématiquement ces réformes aux accréditations en reconnaissant qu'elles n'auraient pu réussir sans elles. Les accréditations sont présentées comme des conditions nécessaires mais pas suffisantes pour l'introduction de réformes au sein des établissements.

Les accréditations ouvrent un processus de différenciation stratégique du champ. A l'instar des *rankings*, leur mise en œuvre est généralement analysée comme une opération de mise en comparaison des établissements qui se « disciplineraient » en intériorisant des pressions institutionnelles (Sauder et Espeland, 2009). En posant qu'elles émettent un signal de qualité qui aide les consommateurs (étudiants principalement) à se repérer sur un marché opaque, on suppose que les opérations d'accréditation séparent les concurrents en deux classes : une première classe homogène d'établissements aux qualités comparables (l'accréditation) et une deuxième classe qui rassemble des éléments incomparables et hétérogènes (les établissements non-accrédités). Au contraire, la mise en œuvre des accréditations repose sur la visée d'une incommensurabilité croissante des établissements au sein du champ organisationnel. D'une part, le contrôle des établissements membres sur les processus se traduit par la construction de standards qui permettent de mettre en avant des caractéristiques et des stratégies d'établissement contextualisées et locales plutôt que la reconnaissance de qualités communes et minimales. Les *Business Schools* ne doivent plus montrer qu'elles remplissent des critères universaux, mais mettre en avant la cohérence de leur stratégie d'établissement. D'autre part, les directeurs qui utilisent les accréditations de façon opportuniste affirment encore plus la singularité stratégique de leur établissement. Les accréditations sont construites et utilisées pour renforcer cet effet différenciateur. En d'autres termes, les accréditations ne reposent pas sur un principe de commensurabilité, mais d'incommensurabilité.

Ce constat pose deux problèmes liés : celui de la tension entre homogénéisation et différenciation du champ organisationnel et celui de l'efficacité des accréditations (Callon *et al.*, 2000). Dans la mesure où le nombre d'établissements accrédités augmente, le champ organisationnel ne subit-il pas une forme d'isomorphisme institutionnel (Heugens et Lander, 2009) ? L'analyse de l'origine et de la mise en œuvre des accréditations infirme cette hypothèse : dès leur création, les accréditations ne sont pas tant construites pour homogénéiser le champ que pour créer un cadre institutionnel qui favorise leur utilisation stratégique locale et indirectement, la différenciation du champ organisationnel au fur et à mesure de leur diffusion. L'efficacité des accréditations réside précisément dans leur utilisation différenciée et hétérogène.

Conclusion

Les établissements sont en mesure de jouer sur et avec les accréditations. Les membres des associations AACSB, AMBA et EFMD contrôlent les agences ; cette configuration a des répercussions profondes sur la forme de la concurrence entre établissements et sur la forme de la concurrence entre agences. Plus précisément, les établissements membres définissent le processus de construction et de modification des standards. Le jeu stratégique consiste à entretenir en permanence une ambiguïté entre ce qui fait l'unité et la différence entre les établissements. Les *Business Schools* prennent la main sur la définition des standards pour les faire converger sur les missions d'établissement, tout en les différenciant à la marge (standards plus quantitatifs *vs* standards plus qualitatifs, standards « européens » *vs* standards « américains »). Deux conséquences émergent de ce processus.

D'une part, les *Business Schools* peuvent utiliser les accréditations pour échapper à la pression institutionnelle des *rankings* ; elles peuvent aussi les utiliser de façon opportuniste pour fluidifier la mise en œuvre de réformes stratégiques. Une telle utilisation se traduit plus par la différenciation du champ que par sa standardisation. Les accréditations ne sont pas une simple photographie de l'espace des positions des établissements et de leur hiérarchisation ; elles sont le produit de négociations, de compromis, voire de luttes politiques entre acteurs stratégiques et réflexifs.

D'autre part, les agences d'accréditation sont elles-mêmes en concurrence les unes avec les autres, et développent des stratégies qui consistent à en jouer: alors qu'elles ont tendance à accréditer les mêmes établissements (ou programmes) dans les mêmes pays, elles se différencient à la marge. De la même manière elles sont un système de classement qui se différencie des *rankings*. Les agences d'accréditation sont des outils hybrides construits par les acteurs qu'elles sont censées mettre en concurrence. Pour les *Business Schools*, il ne s'agit pas tant de freiner celle-ci que de la contrôler en la construisant et en se l'appropriant. Étant donnée la structure particulière des agences, l'hybridation est contenue dans les outils eux-mêmes, pensée en amont ; mais ce sont les acteurs qui donnent sens à cette hybridation, toujours locale.

Chapitre 3

Organiser la concurrence sur un salon : soutien, discipline et laisser-faire

Julien Brailly, Guillaume Favre, Emmanuel Lazega

En dépit du développement des nouvelles technologies de communication, les acteurs des marchés internationaux se réunissent toujours au sein de lieux physiques et temporaires tels que des salons de professionnels ou des foires commerciales[1]. Dans bien des industries, ces espaces jouent un rôle important : ils réunissent durant quelques jours les membres d'une profession sur un même lieu, ce qui est censé permettre aux participants d'avoir une compréhension globale, rapide et précise du marché dans son ensemble (Bathelt *et al.*, 2004 ; Aspers et Darr, 2011). Or, ces lieux sont construits. La place marchande est organisée par un acteur privé, un professionnel du marché (Cochoy et Dubuisson-Quellier, 2000) dont l'activité économique consiste précisément en la réalisation de ces espaces. Il participe à la construction et à la définition du marché : d'une part, il construit concrètement l'espace en proposant des stands aux participants et met en place des dispositifs d'intermédiation marchande tels qu'une plateforme internet de prise de rendez-vous facilitant la rencontre entre vendeurs et acheteurs ; d'autre part, en amont de la manifestation et sur place, il joue le rôle de « conseiller » pour beaucoup de participants (Favre et Brailly, 2015).

Ce chapitre vise à étudier comment l'organisation d'une place de marché façonne la concurrence, autrement dit comment l'organisation de la rencontre entre vendeurs et acheteurs pèse sur les relations entre vendeurs. Nous montrerons que malgré les efforts de l'organisateur du salon pour discipliner le comportement des participants, ces derniers tentent de s'extraire du cadre du salon de manière à se différencier les uns des autres, et à remodeler et redéfinir à leur avantage les relations de concurrence. L'organisateur tente de délimiter l'espace et le cadre des interactions entre acteurs qui en retour « débordent » et redéfinissent ce cadre. Notre analyse entend ainsi alimenter les travaux qui soutiennent que

1 Nous tenons à remercier Guilhem Anzalone, Ana Sofia Campos, Patrick Castel, Alexandre Coulondre, Léonie Hénaut et Emmanuelle Marchal pour leurs commentaires. Nous remercions aussi l'Agence Nationale pour la Recherche (programme Multi-Level Social Network) d'avoir financé l'enquête de terrain.

les marchés doivent être vus comme des formes d'organisation qui ont une vie propre et qu'un acteur seul ne pourrait prétendre contrôler (Dupuy et Thoenig, 1986 ; White, 1984 ; Lazega et Mounier, 2002). Les places de marché ne sont pas que des dispositifs favorisant les rencontres entre partenaires de l'échange et permettant l'objectivation de la concurrence. Ce sont des organisations qui doivent gérer les dilemmes de leurs actions collectives en facilitant l'émergence de processus sociaux à la base de l'échange marchand, tels que la solidarité (limitée), le contrôle social, la socialisation ou encore la régulation (Lazega, 2009). Les places de marché résultent de compromis entre plusieurs acteurs aux logiques et intérêts contradictoires (Debril et Saint-Laurent, 2003). Pour l'organisateur par exemple, le salon constitue un bien économique en soi, dont la rentabilité et la survie doivent être assurées.

Nous proposons dans ce chapitre d'étudier le principal salon d'échange de programmes de télévision en Europe Centrale et Orientale : le *Promoshow East*[2]. L'histoire de ce salon est l'histoire d'une place marchande qui se met progressivement au service des plus puissants. Cependant, il ne s'agit pas non plus d'affirmer que le salon que nous étudions n'est qu'un agent au service de ces derniers. Par son action, et par les dispositifs qu'il met en place, il permet aussi aux plus faibles de résister. Comment contacter *TF1* quand on est un petit producteur hongrois en dehors d'un salon ? Comment négocier avec *Disney* quand on est une petite chaîne slovaque ? Tout cela est permis par les dispositifs et le travail de ces organisateurs pour donner forme au marchand. Mais tous n'ont pas intérêt à rentrer dans le jeu de l'organisateur du salon, et certains mettent en place des stratégies pour s'extraire de ces dispositifs de cadrage et tentent d'en contourner les règles. Nous allons montrer que l'organisateur du salon aide les acteurs les plus faibles en mettant en forme la concurrence, mais doit aussi tolérer le comportement déviant des plus forts sous peine de menacer la survie de l'évènement qu'il organise.

La première partie présente brièvement le marché des programmes de télévision étudié et montre l'apport méthodologique de l'entrée par les salons que nous proposons. La deuxième partie analyse le travail de l'organisateur du *Promoshow East*, et la manière dont il tente de mettre en forme la concurrence et de cadrer les comportements des participants au salon. La troisième partie, enfin, montre qu'il est contraint de tolérer les stratégies d'évitement des vendeurs de programme les plus puissants.

---

2 Nous nous basons sur quatre entretiens réalisés avec le fondateur de ce salon, quatre entretiens avec ses employés, la participation à six salons organisés entre 2010 et 2012 (trois en Europe de l'Est et trois en Afrique) et six mois d'observations non participantes dans les bureaux parisiens de cette entreprise (Brailly, 2014 ; Favre, 2014).

L'ÉCHANGE DE PROGRAMMES DE TÉLÉVISION ET LE SALON *PROMOSHOW EAST*

Plusieurs auteurs proposent de partir des salons pour étudier le secteur de la distribution de programmes de télévision (Rüling, 2011 ; Rüling et Strandgaard Pedersen, 2010 ; Havens, 2006, 2011). En effet, cette industrie se caractérise par une hétérogénéité extrême des produits échangés, qui peuvent aussi bien concerner des dessins animés, des documentaires, des films ou encore des séries. Or, dans la mesure où le support de l'échange est ici le droit de diffuser ou de revendre les programmes, à l'hétérogénéité de ces derniers s'ajoute celle des droits négociés et des clauses spécifiées (le nombre de programmes, le territoire, la durée, l'exclusivité, les canaux de diffusion ou encore le nombre de rediffusions). Ainsi, il n'est pas étonnant qu'un contrat fasse plus de 50 pages pour un seul programme[3]. Brian Moeran (2011) considère d'ailleurs que cette complexité des droits négociés dans les industries culturelles rend cruciales les rencontres en face à face lors d'évènements tels que les salons.

Sur les salons, et notamment sur le *Promoshow East*, deux types d'acheteurs désirant acquérir des programmes de télévision peuvent être distingués : les chaînes de télévision qui souhaitent les diffuser, et les acheteurs indépendants qui les revendront ultérieurement. Schématiquement, les vendeurs louent un stand afin de présenter les programmes qu'ils désirent vendre à des acheteurs se déplaçant de stand en stand. Certains de ces acheteurs, notamment les chaînes de télévision réalisant de fortes audiences, sont alors particulièrement courtisés par les vendeurs. En effet, les niveaux d'audience déterminent les recettes (publicitaires) de ces chaînes et donc leur pouvoir d'achat. D'un point de vue économique, la popularité des acheteurs auprès des vendeurs s'ordonne selon leur budget d'acquisitions : les chaînes de télévision privées sont les plus fortunées, puis viennent les chaînes de télévision publiques, les chaînes de télévision par satellite, et enfin les acheteurs indépendants.

De manière symétrique, la population des vendeurs est elle aussi structurée. Provenant des cinq continents, ils peuvent être des producteurs, des distributeurs ou des groupes médias qui produisent, achètent, revendent et diffusent des programmes. La plupart du temps, les groupes médias sont adossés à un ensemble de chaînes de télévision et réalisent un chiffre d'affaires important. Six groupes américains dominent ce marché : *Walt Disney, News Corporation, Viacom, Sony Pictures, Time Warner*, et *NBC Universal*. Ces puissants groupes medias, que les acteurs appellent de manière très symbolique les *Majors*, se partagent la majorité

3 Cela explique notamment que les prix sont très volatiles d'un pays à l'autre et relèvent d'une véritable construction sociale (Favre, 2014).

du marché[4]. Du fait du succès de leurs programmes dans les différents pays, ils sont très populaires auprès des acheteurs. Le reste du marché se caractérise par des sous-segments spécialisés constitués d'entreprises, de taille beaucoup plus modeste, placées en situation de concurrence plus atomistique. En raison de cette organisation, les chercheurs en économie de la culture présentent souvent l'industrie de l'audiovisuel comme un «oligopole à franges» (Benhamou, 2004; Reynaud-Cressent, 1989).

L'existence d'une double échelle de popularité, l'une pour les acheteurs et l'autre pour les vendeurs, n'est pas sans effet sur le travail concret de l'organisateur d'un salon. En effet, l'enjeu pour celui-ci est d'assurer la participation à son salon des principaux groupes médias (et surtout les *Majors*) pour attirer les acheteurs les plus populaires, qui eux seuls peuvent attirer les autres vendeurs (Brailly et Coulondre, 2015). A cet égard, le cas de l'Europe Centrale et Orientale est particulièrement intéressant.

Si l'ouverture du marché des programmes en Europe Centrale et Orientale est relativement récente et remonte au milieu des années 1990, les acteurs de cette zone sont aujourd'hui rompus aux échanges internationaux. Mais il s'agit tout de même d'une zone de chalandise nouvelle pour les distributeurs internationaux, *a fortiori* pour les grands groupes médias qui n'ont commencé à s'intéresser à ce marché qu'à partir des années 2000 (Lustyik, 2013)[5]. L'histoire du *Promoshow East*, créé en 1991, est à replacer dans ce contexte historique.

Il convient aussi de prendre en compte la particularité de ce marché, qui est organisé par des tiers, les «faiseurs de marchés». Or ces derniers aussi évoluent dans un espace concurrentiel et ne sont pas en situation de monopole. L'histoire de ce salon est également à resituer dans l'évolution du «marché des faiseurs de marchés» (Brailly, 2014). Deux périodes sont ici à différencier. La première, qui s'étend de 1989 à 2009, correspond à la phase de croissance. Durant cette période, le *Promoshow East* était le seul salon ciblant cette zone. Certes, d'autres

4 Selon Havens (2011), ces six groupes représentent près de 60% des revenus au niveau mondial, d'un marché évalué en 2009 à 30 milliards de dollars.

5 La diffusion de programmes de télévision provenant d'Europe de l'Ouest ou des États-Unis dans ces pays ne date pas de la chute du mur de Berlin. Ainsi, comme le rappelle Štětka (2012), dans les années 1970, plus de 3000 heures de programmes provenant des pays capitalistes étaient diffusées chaque année, telles que Kojak, Mannix, ou encore des films allemands ou français (Louis de Funès eut beaucoup de succès en Union Soviétique). Mais la chute du mur de Berlin ouvrit complètement les frontières, et par exemple, en Tchécoslovaquie en 1992, Dallas réalisait plus de 75% des parts d'audience, quand dans le même temps, en Pologne, Dynasty faisait plus de 80% (Štětka, 2012). Mais il s'agit ici de chiffres anecdotiques. Le véritable tournant eut lieu au début des années 2000, une fois la phase de transition du soviétisme au capitalisme passée, avec l'arrivée du câble et la dérégulation massive des chaînes publiques (Havens, 2006, 2007; Imre *et al.*, 2013).

salons existaient (et existent toujours), tels que le *MIPTV*[6], le *MIPCOM*[7] ou le *NATPE*[8]. Cependant, le marché d'Europe Centrale et Orientale demeurait trop marginal en termes de revenus pour que les vendeurs internationaux portent attention aux acheteurs de cette zone durant ces salons. En raison du développement économique de l'Europe Centrale et Orientale, mais aussi à cause de la contraction de la demande en valeur du fait de la crise des *subprimes* et de l'évolution des pratiques de consommation télévisuelles, notamment l'essor du piratage et du visionnage en *streaming*, les acheteurs de cette zone ont commencé à intéresser les groupes médias internationaux. En conséquence, à partir du milieu des années 2000, les principaux groupes internationaux ont commencé à venir au *Promoshow*, et d'autres salons ciblant cette zone ont été créé (*Moscow Teleshow*, *World Content Market* ou encore *Kiev Media Week*). Si cela a contribué à la croissance du *Promoshow*, cela explique aussi son déclin de 2009 à 2013 et son rachat par un concurrent américain. Le comportement « déviant » des *Majors* que nous décrirons plus loin en est d'ailleurs l'une des raisons. Dans le reste du chapitre, cependant, nous concentrerons notre attention sur l'activité du salon lors de cette phase de déclin c'est-à-dire autour de 2010.

Matérialiser les frontières et les hiérarchies

Le salon *Promoshow East* a lieu dans un hôtel situé dans le centre de Budapest et jouit d'une vue directe sur le Danube. En réunissant l'ensemble des acteurs de la filière, les salons objectivent un milieu, le rendent visible (Entwistle et Rocamora, 2006). Les badges constituent certainement le principal dispositif contribuant à construire cet espace social. En effet, l'accès à ces évènements est bien souvent règlementé, et seule la possession d'un badge payant en permet l'accès. Le badge matérialise et rend visible une distinction entre les *insiders* et les *outsiders* (Skov, 2006). Mais il témoigne aussi d'une volonté de l'organisateur de classer les participants selon leur rôle dans la transaction commerciale : d'un côté les acheteurs et de l'autre les vendeurs, nommés *buyers* et *sellers* sur le *Promoshow*[9].

Pour une organisation, le choix de la catégorie du badge est fondamental. Il constitue un signal et préfigure les relations entre les acteurs. En effet, l'ensemble

6 Marché International des Programmes de Télévisions.

7 Marché International des Contenus Audiovisuels.

8 National Association of Television Program Executives.

9 À ces deux catégories s'ajoutent les salariés de l'organisateur du salon regroupé sous l'intitulé « staff ». De plus, parce que le salon doit entretenir une réputation dans son industrie et attirer de nouveaux participants, il existe une catégorie presse correspondant aux journalistes. Enfin, dans de nombreux salons, d'autres catégories sont créées selon les particularités de l'industrie ou les objectifs de l'organisateur du salon. Dans le *Promoshow* entre 2009 et 2011, il y avait une catégorie « producteurs locaux ».

du salon et de ses dispositifs (catalogue, site Internet, plateforme de prise de rendez-vous, etc.) est structuré par ces catégories. Le fait que la catégorie des acteurs soit inscrite sur les badges permet à ces derniers d'identifier les frontières du marché, facilite les interactions entre acheteurs et vendeurs. Il est alors frappant d'observer que lors de toutes les rencontres physiques sur un salon, le regard ne se pose pas en premier lieu sur le visage, mais sur le badge attaché au cou. Tout est fait pour que la catégorie de l'interlocuteur soit facilement identifiable. Après quelques minutes de présence, les participants intériorisent le code de couleur associé à ces catégories : rouge pour les acheteurs et bleu pour les vendeurs[10]. Sur ce badge figure aussi le nom de l'entreprise et sa nationalité. Cela permet de faire un premier tri et d'anticiper en partie les programmes recherchés ou disponibles à la vente. Enfin, le nom et prénom de la personne sont inscrits ce qui permet de personnaliser la première interaction.

Ce salon contribue à rendre visible l'ensemble de l'offre de programmes. Les catalogues des vendeurs sont mis en évidence et des extraits sont diffusés sur les écrans. Les acheteurs peuvent visionner en trois jours l'ensemble des programmes en un même lieu et comparer aisément les différents vendeurs. Le salon apparait ainsi comme un dispositif de mise à nu de la concurrence. Pour les vendeurs, la concurrence n'est jamais rendue aussi visible que lors de ces évènements où ils peuvent voir l'étendue du catalogue de programmes de leurs concurrents, et surtout discuter avec les acheteurs. Il en est de même pour les acheteurs qui peuvent voir le responsable d'une chaîne de télévision concurrente négocier avec les mêmes fournisseurs et donc potentiellement obtenir les droits de programmes convoités. Nous avons pu observer lors de différentes éditions du salon qu'il n'était pas rare que plusieurs offres soient faites pour un même programme et pour un même territoire à un vendeur durant la même journée. Bien entendu, tous les acteurs ne sont pas en situation de concurrence. Les acheteurs observent avant tout les chaînes diffusant des programmes sur les mêmes territoires, c'est-à-dire à destination des mêmes audiences.

Comme d'autres salons, *Promoshow East* est une place symbolique où la réputation se construit et où émerge un milieu social hiérarchisé (Skov, 2006). La taille des stands constitue un indicateur de l'importance des exposants sur le marché, et cela est corrélé avec leur localisation sur le salon. Au sous-sol de l'hôtel, deux espaces sont dédiés aux exposants. Le premier est composé de tables de rendez-vous entourées de tabourets ; le second de tables de visionnage disposant de quatre chaises et d'une télévision grand format. Le premier étage quant à lui comporte deux salles où sont installées des tables de visionnage, et plusieurs petites suites personnelles. Les étages suivants sont composés d'une vingtaine de chambres

10 Les autres types de badges sont gris pour les visiteurs, vert pour la presse, violet pour le staff et bleu foncé pour les producteurs locaux.

transformées en espaces privatisés de visionnage. Cet ordonnancement dans les étages, ainsi que le prix des emplacements allant de 300 à 13 000 euros, traduit la hiérarchie des stands sur le salon. En fonction de leur stratégie de pénétration du marché, les vendeurs choisiront des stands plus ou moins visibles et plus ou moins étoffés. L'emplacement des vendeurs matérialise aussi les différents espaces de concurrence. On trouvera par exemple au même étage l'ensemble des principaux producteurs de *telenovelas* sud-américaines.

À cela s'ajoutent nombre de manifestations annexes généralement mises en place par l'organisateur du salon, des cocktails et des soirées réservés à des invités. Faire partie de ce monde est déjà en soi une consécration (Moeran, 2011). Ces événements solidifient les hiérarchies de statuts et favorisent la création d'un entre soi (Entwistle et Rocamora, 2011 ; Moeran, 2011). Par exemple, en 2010, plusieurs manifestations exclusives étaient organisées le premier jour du *Promoshow* dans un hôtel situé à cent mètres du salon. L'une, centrée sur la coproduction, avait majoritairement pour public des producteurs et distributeurs d'Europe de l'Est. Dans le même hôtel, à l'étage, des projections privées (*screenings*) étaient également organisées. Seuls les acheteurs invités pouvaient y participer. La manifestation n'était pas annoncée sur le programme du salon. Durant cette édition, d'autres manifestations sélectives ont eu lieu : un « déjeuner-conférence » le matin où seuls certains participants étaient invités, l'après-midi une présentation de programmes serbes pour les acheteurs d'Europe de l'Est.

Une mise en ordre et une mise en forme du marché sont nécessaires aux intervenants pour comprendre ce milieu et repérer les bons interlocuteurs, que ce soit par la répartition des badges en catégorie économique ou bien à travers l'agencement géographique des différents stands dans l'hôtel. En plus de séparer les acheteurs des vendeurs, l'organisateur du salon hiérarchise ces sous-groupes au travers une multitude d'activités de sélection et de structuration. Il contribue ainsi à solidifier les différences de statuts entre ces entreprises.

Permettre la comparabilité et l'appariement

L'action de l'organisateur de la place marchande ne consiste pas uniquement à matérialiser et à rendre visible la concurrence : au travers de plusieurs dispositifs, il cherche à l'agencer et à l'organiser. Les dispositifs que propose l'organisateur du salon étudié, appelé dans la suite « Monsieur Promoshow » (MPS), sont à mettre en écho avec la conception qu'il a du travail des acteurs prêts à payer pour participer à son salon. De son point de vue, l'enjeu est qu'ils y voient un intérêt :

> « On a porté nos efforts sur ces sociétés, qui pour des raisons diverses et variées, n'ont jamais eu l'occasion de se rendre dans les pays d'Europe de l'Est, qui n'étaient

> pas équipées humainement pour prospecter ces territoires. On a essayé d'analyser au travers des réponses qu'elles nous faisaient, les obstacles au fait d'aller travailler dans ces pays. On s'est rendu compte que ce n'était pas toujours des problèmes d'argent, mais surtout des problèmes de ressources humaines pour pouvoir bien organiser le marché, pour pouvoir y participer et ensuite assurer le suivi après le marché. […] Si on leur montre 100, 200 ou 500 acheteurs, ça ne les intéresse pas. Ce qu'ils demandent […] c'est que l'on fasse un premier tri d'acheteurs qui correspondraient plutôt à leurs attentes. C'est là le point de départ, car à ce moment-là on se rend compte que lorsqu'on propose à de nouveaux venus cette possibilité-là en leur disant : "voilà, vous venez, vous avez bien sûr accès à notre base de données, mais on sait que cela ne vous sert à rien, parce que vous ne connaissez pas ces pays. Mais par contre ce que l'on vous propose en plus, une fois que l'on a récupéré quelques informations sur votre société, c'est une liste de 50, 60 ou 70 participants acheteurs qui, à notre sens, pourraient mieux travailler avec vous." »

La structure de la base de données du *Promoshow* mise à disposition des participants est conforme à cette perception des vendeurs. Elle est le produit d'un travail de mise en forme du marché. La logique est la suivante : les participants au salon sont invités à prendre leur rendez-vous sur la plateforme du site Internet de l'organisateur. Lors de leur inscription, ils doivent détailler les produits qu'ils désirent acheter ou vendre en matière de contenus et de droits, et certaines caractéristiques de leur entreprise telles que leur nationalité ou le type d'organisation. Ces informations servent alors de base à la recherche de rendez-vous potentiels. Il s'agit d'une construction dans lequel l'organisateur du marché tente de qualifier des programmes hétérogènes à l'extrême, de les classer, pour les rendre comparables et favoriser alors l'appariement[11]. Ces catégories recouvrent parfois des réalités très différentes. C'est le cas pour la catégorie « série » regroupant aussi bien des *Telenovelas*, des séries *Bollywood* que des séries américaines.

Si ces catégories sont floues, elles participent néanmoins à ranger les participants, à les rendre comparables ou non, et par conséquent à définir les situations de concurrence. Ces conditions construites de la comparabilité sont aussi des tentatives de cadrage (Callon, 1999) d'une offre et d'une demande hétérogènes nécessaires à l'objectif d'appariement du salon. Conscients de l'importance des catégories sélectionnées, de nombreux acteurs (surtout les plus faibles en termes de statut) ont tendance à exagérer l'étendue de ce qu'ils vendent ou achètent afin de ne pas limiter

11 De l'aveu même de l'organisateur, il s'agit d'un travail de classification : « C'est une prise de tête. Moi, notre dernière mouture en date, c'est "films", "finished tv programs", "live events", "formats", "packaged TV channels". Ça, c'est pour les formes, les types de produits qui sont vendus. Après il y a le genre, c'est-à-dire le parfum. […] Alors l'animation que ce soit une technique différente à ce moment-là, au-dessous de l'animation, il y aura les 3D, les films interactifs, un tas d'autres choses qu'on peut ajouter pour qualifier la nature physique du programme. […] Moi, ça fait vingt ans que je me pose cette question au moins trois fois par semaine. […] Ce n'est pas évident. »

leurs rencontres potentielles. Ainsi, un distributeur français déclarant vendre des produits d'animation nous expliqua qu'il n'avait plus de tels produits depuis trois ans, mais qu'il préférait ne rien changer « au cas où » cela lui procurerait davantage d'opportunités de vente. Certains distributeurs déclarent parfois détenir tous les types de programmes parmi la centaine possible alors qu'ils n'en ont qu'une dizaine.

Une fois que les vendeurs ont trouvé des acheteurs susceptibles d'être intéressés par leurs produits – ou inversement, une fois que les acheteurs ont trouvé les vendeurs disposant des produits qu'ils recherchent – ils sélectionnent l'individu auquel envoyer une demande de rendez-vous. En effet, souvent, les organisations sont représentées par plusieurs personnes. Il est alors possible de consulter les fiches des employés d'une même entreprise et de choisir l'interlocuteur approprié en fonction de sa place dans l'entreprise.

Pour comprendre quels acteurs utilisent les outils mis à leur disposition par l'organisateur du salon, et comment ils les utilisent, nous avons procédé à une analyse systématique des consultations de profils. La base de données permet en effet de reconstituer les réseaux de prospection sur la plateforme du salon. Pour chaque individu, nous savons combien de fois son profil a été consulté par d'autres participants au salon, c'est-à-dire sa centralité de demi-degré extérieur (ci-après nommé *popularité*) ; et le nombre de profil d'autres participants qu'il a lui-même consulté, c'est-à-dire sa centralité de demi-degré extérieur (*activité*). Le tableau 1 présente l'activité et la popularité des différents acteurs selon qu'ils sont acheteurs ou vendeurs et selon leur catégorie.

Nos résultats montrent d'abord que la plateforme est avant tout utilisée par les vendeurs pour regarder le profil des acheteurs : ils consultent en moyenne 49 profils différents contre 1,8 pour les acheteurs. A l'inverse, la popularité des acheteurs est plus grande que celle des vendeurs : le profil de ces derniers est consulté en moyenne 6,4 fois contre 32,8 fois pour les acheteurs, toutes catégories confondues. Ensuite, la popularité des acheteurs est corrélée avec leur importance ou leur prestige dans le marché mondial des programmes[12]. Les individus représentant des chaînes de télévision ont un profil consulté en moyenne 37 fois, contre seulement 25,7 fois pour les acheteurs indépendants. Surtout, on observe que l'activité des vendeurs dans ce réseau, ou le nombre de profils qu'ils ont consultés, est fonction décroissante de ce

12 Selon l'échelle exposée plus haut : les chaînes de télévision privées sont les plus prestigieuses, puis viennent les chaînes de télévision publiques, les chaînes de télévision par satellite, et enfin les acheteurs indépendants.

prestige dans ce marché mondial[13]. Les vendeurs plus actifs dans ce réseau sont les distributeurs spécialistes, qui consultent en moyenne le profil de 64 acteurs, alors que ceux travaillant pour les *Majors*, qui sont les plus prestigieux, correspondent aux vendeurs qui sont les moins actifs puisqu'ils consultent en moyenne 14,4 profils. Ainsi, conformément à la précédente citation de l'organisateur du salon, cette plateforme de profils est avant tout utilisée par les individus travaillant pour les vendeurs les moins importants économiquement parlant.

		Activité	Popularité
ACHETEURS	Diffuseurs	2,9	37,0
	Département local d'un groupe média	3,0	38,9
	Chaînes TV publiques	2,1	34,6
	Chaînes TV privées terrestres	4,4	38,1
	Chaînes TV par satellite	0,6	36,3
	Acheteurs indépendants	2,1	25,7
	TOTAL Acheteurs	1,8	32.8
VENDEURS	**Groupes médias internationaux**	27,0	8,2
	Majors	14,4	7,3
	Autres groupes médias	32,4	8,6
	Distributeurs	55,7	6,0
	Départements distribution	50,5	6,3
	Départements distribution de producteurs	56,1	6,0
	Distributeurs spécialistes	64,6	5,7
	Producteurs	19,8	4,3
	TOTAL Vendeurs	49	6.4
Marché des prestations techniques		5,1	21,3
TOTAL		20,6	19,8

Tableau 1: Activité et popularité des participants au salon selon leur catégorie[14]

13 Selon l'échelle exposée plus haut: les groupes médias internationaux (*Majors*, puis groupes medias), puis viennent les distributeurs (les autres distributeurs puis les spécialistes de la distribution). Les producteurs constituent ici une catégorie à part puisque si certains viennent pour vendre des productions, d'autres sont sur le salon pour trouver des financements pour leur projet de production (aussi bien auprès de vendeurs que d'acheteurs).

14 Lecture: les diffuseurs ont consulté en moyenne 2,9 profils d'individus différents sur la plateforme proposée par l'organisateur, et leur profil a été consulté en moyenne par 37 individus.

Pour résumer, l'organisation de la place marchande passe par une mise en comparaison construite, et non intuitive, des produits des intervenants. Celle-ci est avant tout mobilisée par les acteurs disposant d'un faible pouvoir économique sur le marché. Ceci s'explique notamment par le fait que ces acteurs de plus faible taille d'un point de vue économique ne peuvent bénéficier d'effet de réputation et surtout ils n'ont bien souvent pas, au sein de leur organisation, les ressources suffisantes pour effectuer ce travail de repérage, d'où l'utilité pour eux de cette plateforme.

« Forcer tout le monde à jouer le jeu » : le suivi des rendez-vous

Une fois les profils consultés et l'individu sélectionné, les acteurs peuvent envoyer une demande de rendez-vous en expliquant en quelques lignes l'objet du rendez-vous pour un jour et un horaire précis sur le salon en précisant le lieu (généralement le stand du vendeur). L'individu la recevant peut simplement valider la demande, répondre par un court message ou refuser. Mais dans les faits cela n'est pas aussi simple, car demander un rendez-vous n'implique pas que celui-ci aura lieu. Bien souvent, les acheteurs contactés ne répondent pas. C'est pourquoi l'organisateur du salon assure un suivi des rendez-vous et procède à des relances, ce qui constitue d'ailleurs la vraie plus-value du salon selon MPS :

> «Cet outil d'organisation de rendez-vous n'a d'intérêt qu'à partir du moment où il y a derrière une équipe de gens, au téléphone, capables de fluidifier les choses [...]. Ce qui est important pour nous c'est de pouvoir vraiment enseigner à nos participants l'utilisation de cette plateforme d'organisation de rendez-vous. [...] Il faut qu'ils apprennent à utiliser cet outil. Ce que nous allons proposer à nos clients : "vous avez une liste de 50, 60, 70 noms de sociétés que l'on vous conseille ; on va vous expliquer comment utiliser notre plateforme d'organisation de rendez-vous si vous n'avez pas encore compris comment ça se passe. Vous essayez d'organiser des rendez-vous et si dans 10 ou 20 jours, vous vous rendez compte que personne ne vous répond ou certaines personnes ne vous ont pas répondu, alors à ce moment-là, notre équipe intervient, et on rappelle ceux des acheteurs qui n'ont pas répondu". Et c'est là qu'on fait un travail de soutien au téléphone qui est très important, parce qu'effectivement on se rend compte que ce n'est pas parce que l'un de nos vendeurs a envoyé une requête, fait une demande de rendez-vous que les acheteurs vont répondre immédiatement. Ils ne sont pas dans l'instantanéité et ils n'ont pas toujours forcément accès à leur ordinateur. Par contre, c'est clair qu'effectivement parfois il faut aussi un peu les brusquer pour qu'ils jouent le jeu aussi. Donc pour nous, la deuxième étape, c'est de forcer tout le monde à jouer le jeu et s'il y en a qui ne le font pas, nous, on intervient avec nos équipes pour pousser, pour faire en sorte que les acheteurs confirment les rendez-vous qui leur ont été suggérés.»

L'ambition est alors d'accompagner les demandes de rendez-vous et de s'assurer que les acheteurs répondent, qu'ils «jouent le jeu» selon les mots de MPS. Une activité essentielle de l'organisateur du marché est d'organiser certains rendez-vous. Au risque de nous répéter, il donne ainsi forme à l'espace marchand.

Le travail de soutien et de suivi des demandes de rendez-vous sur le salon demande beaucoup de temps aux membres de l'équipe. Pour de nombreux rendez-vous, ils doivent essayer de contacter des acheteurs qui ne répondent ni aux courriels ni aux téléphone. Une fois ces rendez-vous validés par les parties concernées, l'enjeu est de faire en sorte qu'ils aient effectivement lieu. Premièrement, les vendeurs se plaignent que, fréquemment, les acheteurs n'honorent pas leur rendez-vous. Deuxièmement, les rendez-vous peuvent très vite être décalés ce qui perturbe l'organisation du salon. Pour éviter cela, le *Promoshow* a développé une véritable stratégie. Dès leur arrivée, les participants sont invités à revérifier leurs rendez-vous et un système de suivi des rendez-vous en direct est mis en place. Une dizaine d'hôtesses circulent en permanence dans l'hôtel afin de recueillir le nom des acheteurs retardataires, attendus sur les stands, et deux employés permanents sont chargés de centraliser ces retards et de les saisir dans un logiciel. Les informations s'affichent alors en temps réel sur des grandes télévisions situées à des endroits de passage, c'est-à-dire devant les ascenseurs et au rez-de-chaussée. Si cela ne suffit pas, des membres du staff appellent les acheteurs sur leur téléphone portable.

Cependant, les acteurs ne sont pas passifs face à ces tentatives de cadrage de leur activité, et plusieurs stratégies d'évitement peuvent être observées. Certains refusent d'utiliser la plateforme parce qu'ils ne veulent pas être surveillés par l'organisateur. Ils prennent alors des rendez-vous par courriel ou téléphone, ce que déplore MPS :

> «Ils ne veulent pas qu'on sache, ce n'est pas une science exacte. [...] À un moment, Warner n'a pas envie que ça se sache qu'elle vende à la télévision biélorusse, ou que la télé biélorusse sache qu'ils voient deux autres télés biélorusses. Ça, c'est notre limite, notre mission n'est pas de transformer ce monde, c'est de l'accompagner en lui donnant de l'info et du contact. Notre limite, on ne peut pas forcer un acheteur ni un vendeur à révéler tout ce qu'il sait.»

Mais en regardant de plus près ces stratégies, nous nous sommes aperçus que la grande majorité des acteurs qui ne prenaient pas leur rendez-vous par la plateforme les inscrivaient après dans leur agenda en ligne. Ici aussi, les rendez-vous effectifs peuvent être explorés au moyen des outils analytiques de l'analyse des réseaux sociaux : nous avons reconstruit le réseau des rendez-vous à partir des agendas[15]. A l'instar du réseau de prospection, l'intensité d'utilisation de la plateforme de rendez-

15 Dans la mesure où un rendez-vous est symétrique, la centralité de demi-degré intérieur et extérieur sont équivalentes. Il n'y a donc qu'une seule mesure de centralité.

vous est corrélée à la hiérarchie des acteurs. Le tableau 2 suivant montre que plus les acteurs sont prestigieux dans le marché mondial des programmes, plus ils ont des rendez-vous et moins ils utilisent ce dispositif pour les prendre. Les acheteurs les plus prestigieux, que sont les départements locaux de groupes medias et les chaines de télévision terrestres publiques et privées, sont bien les acheteurs ayant le plus de rendez-vous. Cependant, seuls 56 % de ces derniers sont pris via la plateforme, contre 70 % pour le reste des acheteurs. Il en va de même du côté des vendeurs, puisque les *Majors* sont ceux qui en proportion passent le moins par la plateforme et indiquent le plus les rendez-vous directement dans leur agenda. Il s'agit aussi des vendeurs qui ont au total le plus de rendez-vous.

Pour conclure, que cela concerne les profils individuels ou la plateforme de rendez-vous, l'intensité d'utilisation des dispositifs techniques proposés par l'organisateur du salon est fonction décroissante de la hiérarchie de prestige des organisations. Moins elles sont prestigieuses, plus elles mobilisent ces dispositifs. Plus elles le sont, plus elles ont tendance à les éviter[16].

		Nombre de RDV	Part des RDV pris via la plateforme
ACHETEURS	Diffuseurs	17,3	62 %
	Département local d'un groupe média	35,1	62 %
	Chaînes TV publiques	24,6	63 %
	Chaînes TV privées terrestres	10,2	52 %
	Chaînes TV par satellite	10,0	77 %
	Acheteurs indépendants	6,0	65 %
VENDEURS	Groupes médias internationaux	14,2	68 %
	Majors	19,7	49 %
	Groupes médias	11,9	80 %
	Distributeurs	11,3	65 %
	Départements distribution	11,1	68 %
	Départements distribution de producteurs	9,5	65 %
	Distributeurs spécialistes	14,1	62 %
	Producteurs	3,7	76 %
Marché des prestations techniques		8,0	56 %
TOTAL		12,0	67 %

Tableau 2 : Centralité dans le réseau de rendez-vous des différents acteurs

16 Ce résultat peut être rapproché de celui de Bessy et Marchal (2009) qui mettent en évidence la diversité des dispositifs d'intermédiation utilisés dans le cadre du marché du travail.

La stratégie de passager clandestin des dominants

Le premier enseignement de notre travail est donc que l'utilisation des dispositifs mis en place par l'organisateur du salon dépend du pouvoir économique des acteurs. Cela nous renseigne notamment sur la propension au cadrage des plus faibles. Concernant le débordement, il concerne surtout les plus forts, les plus puissants. Ainsi, si les acteurs dotés d'un fort statut utilisent peu les services proposés par l'organisateur du salon, le plus problématique pour lui est qu'ils ne respectent pas les règles du jeu parce qu'ils organisent des projections (*screenings*) avant le salon et planifient leurs rendez-vous en dehors du salon :

> « On a des clients et non des moindres, comme Warner, qui organisent en sous-marin, enfin non, avec nous, mais qui ne l'annoncent pas comme d'autres pourraient l'annoncer, des screenings. Ils paient une nuit d'hôtel supplémentaire aux acheteurs et, le lendemain, 30, 40 acheteurs ont dépensé 25-30 % de ce qu'ils avaient en poche. On ne peut rien faire contre ça, après, c'est le marché, on ne va pas faire la police. [...] Comment ça se traduit sur le terrain ? Ça se traduit par des stratégies de vendeur pures et dures : "On va prendre l'oseille, le plus vite possible dans la poche des clients". » (MPS)

Privé du pouvoir d'interdire ces projections, l'organisateur du salon décide donc de les réaliser lui-même. En fait, il n'a pas le choix et c'est ce que souligne l'ambigüité de cette citation : les *screenings* sont organisés en « sous-marin », mais « on ne va pas faire la police ». En effet, interdire les *screenings* aurait au mieux pour effet de voir cet évènement s'organiser en dehors et pendant le salon et, au pire, d'occasionner la non-participation des *Majors* l'année suivante. Or, leur présence conditionne la présence de nombreux acheteurs. L'organisateur ne peut qu'accompagner ce comportement déviant de son point de vue en essayant de leur vendre l'organisation de ces projections. Il met en œuvre une véritable stratégie de captation, au sens de Pascale Trompette (2005), visant à se positionner sur le marché « avant qu'il ne commence ».

Lors de l'édition 2011 du *Promoshow*, plusieurs *Majors* ont décidé d'organiser leurs rendez-vous pendant le salon mais en dehors de l'hôtel, sur la terrasse d'un autre hôtel prestigieux situé juste à proximité. Ce choix de localisation a pour conséquence d'attirer certains acheteurs en dehors de la place de marché. Il est important de ne pas minorer cette évolution. Un intérêt essentiel des salons de professionnels, quel que soit le secteur, est que la colocalisation temporaire des acteurs permet de faire des rencontres non prévues, au gré des déplacements et des évènements. Si les acteurs comptent sur cette forme de sérendipité, l'organisation d'une partie des rendez-vous à l'extérieur la limite fortement et divise le salon en deux ensembles. De plus, dans le cadre d'un agenda serré, le fait de prendre des rendez-vous en dehors de la place marchande implique nécessairement des temps de trajet non pris en compte dans l'agencement des agendas, ce qui génère forcément des retards qui se cumulent, et des rendez-vous qui se télescopent. Enfin, il s'agit d'un comportement de passager clandestin puisque les entreprises organisant leurs rendez-vous en-dehors du salon profitent de l'organisation de celui-ci et du travail de logistique réalisé par le *Promoshow*, sans en payer le prix.

Ici aussi, il y a une asymétrie de traitement entre les forts et les faibles, entre les *Majors* et les autres vendeurs. Pour ces derniers, la règle est claire et vigoureusement rappelée si nécessaire :

> « Une fois le pire que j'ai fait, j'ai viré un mec d'une suite. Un jour, il a pris une suite au sixième étage, planqué, et puis je voyais des acheteurs aller au sixième. Je monte, le mec je l'ai sorti, physiquement. J'ai fermé sa suite avec les mecs de l'hôtel [...], je lui ai dit tu viens avec un chèque, 6500 ou 5000 je sais pas. Donc forcément, comme le mec il était en *business*, il était super gêné, il m'a payé tout de suite. Et moi, mon rôle c'est aussi de faire la police, parce que sinon, à ce moment-là je ne suis plus du tout respecté. Le badge quoi. Le mec, non seulement il ne respectait pas le badge, et en plus il s'était installé dans l'hôtel. » (MPS)

Ce type de comportement est ressenti comme fortement répréhensible, et le rôle de MPS est de « faire la police ». Pour couper court à ce comportement de passager clandestin, une stratégie peut être de mettre au courant l'employeur du vendeur, comme dans le cas suivant :

> « MPS : Par exemple j'ai eu un scandale avec XXX [un Major qui avait ses rendez-vous dans un autre hôtel], pas cette année, mais l'année précédente, ben on les a chopés. [...]
> – Mais vous l'avez trouvé ?
> MPS : On l'a trouvé. On a porté plainte. Enfin, on n'a pas porté plainte, mais on a écrit au chargé du mec, on a fait une lettre comme il faut.
> – Et, ils étaient au courant ?
> MPS : Bien sûr. Ils se sont défendus à mort. Parce que c'est XXX, tu peux, c'est quand même des grosses boîtes tu vois. Tu fais gaffe. Donc là sur ce coup là, c'était chaud. Le mec nous a dit : "écoutez, on a le droit de faire ce que l'on veut". Et à la fin de la journée, c'est vrai. »

Le contrôle exercé par l'organisateur est donc à deux vitesses : elle ne sanctionne que les faibles. Les forts, eux, sont libres de faire ce qu'ils veulent. Ce faisant, les *Majors* sont en mesure de s'extraire du cadre mis en place par l'autorité du salon, ainsi que du contrôle des autres vendeurs. Mais surtout, ils captent la demande, se l'accaparent au détriment des autres. De fait, les acheteurs consacrent la plupart de leur temps au salon, et la plupart de leur budget, à ces vendeurs prestigieux et déviants. Cette situation est tolérée par l'organisateur, conscient que la régulation de ces pratiques remettrait en cause la participation de ces acteurs prestigieux et donc la survie de sa place de marché. Il est important ici de rappeler qu'à partir de 2010, d'autres salons se sont créés ou ont commencé à cibler officiellement le secteur de l'échange de programmes de télévision en Europe Centrale et Orientale. La menace d'une défection des plus forts était donc crédible. Les vendeurs les plus prestigieux ont une capacité d'attraction tellement forte que les interdire reviendrait à tuer la tentative de discipliner le marché puisque les acheteurs n'y prendraient alors pas part. Les vendeurs prestigieux, qui normalement devraient être logés à la même enseigne que tous les autres vendeurs, peuvent imposer leurs conditions, même si cela met en péril l'existence du salon.

Le *Promoshow* a fini par disparaître un an après notre enquête. Il a été racheté par le *NATPE* (National Associates of Television Program Executives, syndicat professionnel dominé par les grandes *Majors* américaines), reconfiguré dans son recrutement, renommé, déplacé à Prague pour faciliter encore davantage la diffusion des programmes des *Majors* sans s'embarrasser du dispositif organisationnel que nous venons de décrire. Les processus sociaux qui font vivre le marché comme forme organisationnelle capable de gérer les dilemmes de son action collective, notamment le contrôle social exercé par Monsieur Promoshow et par les pairs, étaient encore trop encombrants pour les Majors.

Conclusion

En étudiant le travail concret d'organisation d'un salon d'échange de programmes de télévision, nous avons montré qu'un marché ne fonctionne pas sans une mise en ordre préalable visant à catégoriser les produits mais aussi les acteurs, que ce soit horizontalement (différencier les acheteurs et les vendeurs par exemple) ou verticalement (différencier des niveaux de statuts). Ce travail marchand ne consiste pas seulement à ordonner les participants. L'organisateur de la place marchande doit aussi favoriser la rencontre effective des offreurs et des demandeurs par divers dispositifs. Cela demande une expertise, du temps et de l'argent car les acteurs marchands ne se laissent pas cadrer de manière passive. Surtout, tous n'ont pas intérêt à utiliser les dispositifs de cadrage. C'est ici que la question du prestige des organisations est cruciale. Celles qui sont le plus prestigieuses sont celles qui ont le plus massivement recours aux stratégies de débordement.

Ce chapitre met en avant les dilemmes de l'organisateur de la place de marché. Dans le cas du *Promoshow*, les stratégies de débordement correspondent à un comportement de passager clandestin que l'organisateur ne peut pas sanctionner sous peine de menacer l'existence même de son salon. Cette situation s'explique par le fait qu'un salon ne doit pas être pris isolément comme une rencontre entre acheteurs et vendeurs, mais plutôt comme appartenant à un continuum d'évènements organisés par des acteurs. Les salons se font concurrence, et pour survivre, ils doivent attirer les principaux vendeurs qui peuvent dicter leur loi. Ils peuvent faire valoir le fait qu'ils iront sur une autre plateforme si l'organisateur ne les laisse pas faire ce qu'ils veulent. C'est surtout les petits vendeurs qu'il est alors possible de taxer, et qui vont au final payer pour tout le monde. Les autres vendeurs sont ainsi triplement dominés : économiquement (ils sont plus faibles), financièrement (ils payent pour tout le monde), politiquement (ils doivent respecter les règles du jeu). Les structures concurrentielles et les rapports de forces sur le marché organisé et sur le « marché des faiseurs de marchés » sont reliés, et c'est cette interconnexion qui implique une démultiplication des rapports de force préexistants. Les *majors*, de par leur importance, parviennent ainsi à utiliser le salon tout en s'extrayant de l'espace de concurrence et en réorganisant le rapport de force.

Nous montrons surtout que cette articulation entre cadrage et débordement est subordonnée à la question de l'action collective, des conflits qu'elle engendre à l'échelle du système d'acteur et de sa contextualisation en termes de pouvoir de marché. Lorsque l'on introduit la question du prestige des acteurs, on comprend alors que la possibilité de s'extraire du cadrage du salon n'est pas donnée à tout le monde. Seules les entreprises prestigieuses sont à même de le faire. Cela amène une question importante : celle de la survie de *Promoshow*. Pour Dupuy et Thoenig (1986), la stabilité du système (en l'occurrence du marché) est supposée constituer la limite aux stratégies des acteurs, « une sorte d'objectif commun minimum et implicitement poursuivi » (p. 244). Or, dans notre cas, la défection des majors remet en question directement l'utilité du salon. Ces derniers ont pris tellement le dessus sur les autres acteurs, y compris l'organisateur, qu'ils n'ont alors même plus besoin de la place de marché.

Chapitre 4

Des appels d'offres pour la recherche : genèse et transformations d'un dispositif de gouvernement

Jérôme Aust

Introduction

Tout en proposant des clefs de lecture distinctes des mondes scientifiques et de leur dynamique, les travaux de sociologie des sciences et de *science studies* ont souvent décrit la concurrence comme un principe d'organisation central de la communauté académique. Robert Merton (1973) analyse ainsi comment les scientifiques sont en compétition pour obtenir la reconnaissance de leurs pairs, objectivée dans des découvertes, des prix et des publications. Principe central du monde scientifique, la concurrence est aussi régulée, chez Merton, par l'adhésion à des normes morales qui permettent d'éviter ses effets pervers, la fraude et le plagiat notamment. Tout en critiquant l'accent mis par Merton sur les valeurs et en y voyant plutôt l'expression d'intérêts situés, Pierre Bourdieu (1976) décrit le fonctionnement du champ académique au prisme des luttes qui opposent chercheurs et enseignants chercheurs pour l'acquisition du capital scientifique. Cette concurrence pour l'obtention de la reconnaissance et de l'estime des pairs, couplée à la valorisation de l'originalité, constitue alors l'un des ressorts de la production des connaissances en entraînant les scientifiques dans une dynamique de perpétuel renversement de l'ordre établi. Quoique dans une perspective distincte, les travaux de *science studies* font aussi de la concurrence un élément central de la résolution des controverses : dans celle qui oppose Hobbes à Boyle (Shapin, Schaffer, 1993) ou dans les débats entre Pasteur et Pouchet (Latour, 1989), des scientifiques, des expériences mais aussi des représentations politiques du monde sont en compétition.

Ces travaux, aujourd'hui classiques, se sont, pour l'essentiel, concentrés sur les concurrences qui s'expriment au moment de la production des connaissances, de leur valorisation dans des publications ou de la revendication de la paternité d'une « découverte » scientifique. D'autres aspects de la concurrence ont été moins documentés, comme celles qui s'expriment dans l'allocation des fonds aux projets de recherche. La concurrence n'est alors plus uniquement le produit des logiques intrinsèques du fonctionnement du monde scientifique. Elle est aussi organisée et instrumentée par les pouvoirs publics pour peser sur les pratiques scientifiques, soutenir un domaine particulier ou promouvoir des coopérations inédites. La procédure des appels à projets compétitifs est un bon exemple de dispositifs organisant cette mise en concurrence : en spécifiant des critères de sélection et d'éligibilité des projets, en instituant les échéances et les épreuves qui rythment la procédure de sélection, en formalisant les règles de composition des panels de scientifiques chargés de la sélection, les appels à projets et les textes qui les réglementent organisent le processus de mise en compétition des chercheurs, des laboratoires ou des établissements. De nombreux travaux ont mis l'accent sur l'emprise croissante de ces dispositifs de financement et sur leurs effets. On connait aujourd'hui leurs conséquences sur le travail académique (Barrier, 2011 ; Schultz, 2013 ; Hubert et Louvel, 2012), sur la structuration professionnelle (Jouvenet, 2011 ; Louvel, 2011) ou sur la prise de risque scientifique (Lemaine, 1980). Le fonctionnement des comités qui sélectionnent les projets commence également à être connu. M. Lamont montre comment les cultures disciplinaires pèsent sur la définition de ce qu'est un bon projet de recherche (Lamont, 2009). Cole et ses collègues (1977) analysent la probité des évaluateurs et les éventuels biais qui peuvent affecter le processus de sélection des projets. Des études analysant les conditions de création et de fonctionnement des agences chargées de la gestion des fonds sur projets ont été également conduites (sur le cas états-unien Kleinman, 1995 ; Appel, 2000). On connait cependant moins la manière dont la mise en concurrence des projets s'installe dans le cadre de relations entre les pouvoirs publics et des membres de la communauté scientifique et la façon dont elle est outillée par la création d'instruments d'action publique.

C'est ce fil que j'entends suivre dans ce chapitre, en analysant les processus et les acteurs qui participent à l'introduction et à la diffusion des « appels d'offres »[1] dans la recherche française des années 1960 et 1970. Par là, deux objectifs sont poursuivis. Il s'agit, d'une part, de déconstruire les liens qui unissent aujourd'hui financement sur projets et mise en concurrence par des appels à projets, pour montrer que ces liens ne sont pas immédiatement établis, mais qu'ils sont le produit de l'action de groupes disjoints, engagés dans la réforme de la recherche au début des années 1960. Il s'agit, d'autre part, de montrer que les rapports de pouvoir institués par l'introduction des appels d'offres ne sont pas invariants : la relation établie au milieu des années 1960 entre les porteurs de projets et

1 C'est ce terme que l'on retrouve dans les documents d'époque (par exemple, AN, 1977 0321/98, comité de biologie moléculaire, rapport d'activité 1966, p. 10) plutôt que celui d'appels à projets, plus utilisé actuellement. Si les termes pour nommer l'instrument varient historiquement, la procédure est cependant identique : elle consiste à publiciser le lancement d'un programme de soutien à des recherches pour obtenir de la part d'équipes scientifiques des projets qui seront ensuite évalués et sélectionnés par un comité de scientifiques.

les membres des comités en charge de leur sélection se transforme, au gré des appropriations qu'en font les acteurs et des transformations de la morphologie des opportunités de financement. Cette perspective s'intègre dans les analyses développées sur les instruments d'action publique qui mettent l'accent sur la nécessité de ne pas les séparer des appropriations qu'en opèrent les acteurs (Lascoumes et Le Galès, 2004 ; Halpern, Lascoumes et Le Galès, 2014). Elle s'attache également à ne pas les déconnecter de l'expérience subjective de celles et ceux qui les mobilisent (Baudot, 2014).

Le matériel empirique convoqué à l'appui de cette démonstration est constitué pour l'essentiel de fonds d'archives versés par la Délégation Générale à la Recherche Scientifique et Technique (DGRST)[2]. Cette structure interministérielle créée en 1959 joue un rôle décisif dans l'introduction des appels d'offres dans le pilotage de la recherche en France. Le corpus dépouillé comprend également des fonds versés par l'Institut national de la santé et de la recherche médicale (Inserm), ainsi que par le Centre National de la Recherche Scientifique (CNRS). Des entretiens complètent ces sources écrites : cinq interviews ont été réalisés avec des scientifiques occupant des postes de responsabilité dans les années 1960 et 1970. Nous analyserons, dans une première partie, les conditions dans lesquelles les appels d'offres sont introduits dans le pilotage de la recherche au début des années 1960. Nous montrerons ensuite comment l'usage de cet outil se redéfinit tout au long des années 1960 et 1970 pour instaurer des régimes de gouvernement des conduites scientifiques variables dans le temps.

Introduire les appels d'offres dans le financement de la recherche

L'introduction d'appels d'offres comme dispositif d'allocation des fonds à des projets[3] de recherche s'établit, en France, au début des années 1960. Son histoire débute par la création, en 1961, d'un nouvel instrument, le Fonds de

2 Ce travail a été conduit dans le cadre du projet « Gouverner la science », coordonné par l'auteur de ce chapitre. Ce projet de recherche a été financé par l'Agence nationale de la recherche au titre de son appel à projets blanc jeunes chercheurs/jeunes chercheuses 2010. Je tiens à remercier les coordinateurs de cet ouvrage pour avoir largement initié cette réflexion sur la concurrence, l'ensemble des auteurs associés à cet ouvrage collectif ainsi que Marie-Zélie Nicolas pour leur relecture attentive et leurs commentaires sur une première version de ce texte. Comme il est de coutume, son contenu n'engage cependant que son auteur.

3 Si dans les documents d'époque, on trouve bien le vocable de « projets de recherche », la notion de « financement sur projet » – expression aujourd'hui consacrée pour désigner ce type de financement – est absente. Nous n'emploierons donc pas cette expression, mais celle de « financement sur contrat », utilisée à l'époque. Nous parlerons de financements de projets de recherche pour désigner la technique qui vise à allouer des crédits à la réalisation d'un projet de recherche particulier.

développement de la recherche scientifique et technique (ci-après désigné le Fonds). Dans un contexte de hausse massive du budget consacré par l'Etat à la recherche[4], la création du Fonds[5] institue deux nouvelles modalités d'allocation des crédits aux laboratoires. La première, les actions urgentes, permet la prise en charge de demandes imprévues ; elle permet d'apporter « une aide temporaire et exceptionnelle » dans des cas limitativement énumérés[6]. Elle consacre le pouvoir du Délégué général à la recherche scientifique et technique qui décide d'allouer (ou non) ces sommes aux chercheurs ; l'enveloppe financière qui lui est affectée est limitée à un maximum de 10 % du Fonds[7]. La seconde procédure, les actions concertées, est mieux dotée. Elle est à l'origine de l'introduction des appels d'offres dans le système scientifique français. Leur mobilisation n'est cependant pas immédiate : il faut attendre quelques années pour que les scientifiques chargés du choix des projets y recourent.

Financer des projets de recherche sans appel d'offres

La création du Fonds est une bonne illustration de la manière dont le système scientifique français se réforme dans les années 1960. Comme pour de nombreux autres changements (Duclert, 2006, p. 61), la création de cet instrument correspond à la reprise d'un projet formalisé à la fin de la IVe République, pendant le mandat de Pierre Mendès France à la Présidence du Conseil. Initié par Henri Longchambon, alors secrétaire d'Etat à la recherche scientifique et au progrès technique, ce projet donne lieu à la rédaction de documents préparatoires et d'un projet de loi. Abandonné faute de soutien politique après le départ de P. Mendès France de la Présidence du Conseil (Aust, Picard, 2014), il est repris au début de la Ve République. Ses promoteurs regroupent les membres de deux nouvelles institutions interministérielles mises en place en 1959 et proches du pouvoir gaulliste. Les premiers soutiens à l'institutionnalisation du Fonds sont regroupés à la DGRST. Délégation interministérielle placée sous l'égide du Premier ministre,

4 Le début des années 1960 est une période de hausse très importante des budgets dévolus à la recherche. Les crédits de l'enveloppe allouée à la recherche civile par l'Etat sont multipliés par 6 entre 1958 et 1965. (AN, 1977 0321/110, rapport du CCRST au CIRST, 1966). Cette croissance très importante s'arrête en 1967. A cette date, la dépense nationale de recherche et de développement, incluant les dépenses réalisées par les administrations publiques et les entreprises, représente 2,16 % du PIB. Elle chute à 1,91 % en 1971. Il faut attendre 1982 pour retrouver un taux comparable à celui de 1967. (AN 2002 0483/3, évolution du financement de la DNRD en France).

5 Loi de programme 61-530 du 31 mai 1961 relative à des actions complémentaires coordonnées de recherche scientifique et technique, JORF du 1er juin 1961, p. 4939.

6 AN 1977 0321/96, DGRST, note de présentation du Fonds de développement de la recherche scientifique et technique, 31 mai 1966.

7 En 1966, il est par exemple prévu de lui consacrer 6 millions de francs. À la même date, 96,6 millions de francs sont consacrés aux actions concertées. AN 1977 0321/96, DGRST, note de présentation du Fonds de développement de la recherche scientifique et technique, 31 mai 1966.

la DGRST est dirigée par Pierre Piganiol et regroupe quelques administrateurs, dont certains anciens collaborateurs d'H. Longchambon. D'autres soutiens sont regroupés au sein du Comité Consultatif de la Recherche Scientifique et Technique (CCRST). Instance de conseil des pouvoirs publics en matière de politique de recherche, le CCRST est composé de douze scientifiques de renom, nommés par le pouvoir gaulliste *intuitu personae.*

Ces acteurs portent un projet de réforme du système académique français. Disposant d'une trajectoire commune, ils ont été fréquemment impliqués dans des réflexions réformatrices, définies notamment au moment du colloque de Caen en 1956. Les postes qu'ils occupent au début de la Ve République les placent en position de promouvoir le changement. Les membres du CCRST formalisent alors un plan d'ensemble qui aboutit à une rénovation en profondeur du système scientifique français (Prost, 1990). Il conduit notamment à la création de nouveaux instituts, les organismes nationaux de recherche. Placés sous la responsabilité du CCRST, ils ont vocation à regrouper les meilleurs laboratoires français et à financer les recherches innovantes, notamment celles situées à l'interface des laboratoires de recherche et de l'industrie. Dans ce schéma général, le Fonds est alors l'instrument de financement de ces institutions.

Ce plan rencontre cependant la ferme opposition des représentants du CNRS et du ministère de l'Education nationale, qui y voient une remise en cause de leur rôle dans la politique scientifique française. Ces désaccords s'expriment au moment de la présentation du projet au Comité interministériel de la recherche scientifique et technique qui réunit des représentants des ministères et des organismes intervenant dans la recherche. La réforme aboutit en effet à déplacer significativement les équilibres de pouvoir qui règlent le gouvernement de la politique scientifique française au détriment du CNRS, dont le rôle de coordination de la recherche française est déjà contesté depuis le milieu des années 1950 (Gilpin, 1970, p. 156). Ces divergences sont anticipées par des représentants de la DGRST, dont M. Grasset qui propose une alternative. Le projet Grasset, formalisé à la suite de celui du CCRST, recommande un déplacement de l'objet du Fonds : le dispositif de financement, dans sa nouvelle version, vise à soutenir des projets de recherche temporaires, dans des disciplines émergentes encore faiblement représentées au sein des organismes de recherche ou des projets situés à l'interface de la recherche et de l'industrie. Les montants alloués au Fonds sont, par ailleurs, plafonnés et ne doivent pas représenter plus de 10 % des crédits engagés par l'Etat dans le financement de la recherche civile. Cette proposition, plus acceptable pour les représentants des organismes de recherche et du ministère de l'Education nationale, est adoptée. Elle aboutit au vote en 1961 de la loi de programme précitée qui institue le Fonds et en dessine les premières modalités de fonctionnement.

La création du Fonds se concrétise par le développement des actions concertées placées sous la responsabilité de comités scientifiques. Ces derniers doivent définir une politique scientifique et la mettre en œuvre. Pour ce faire, ils allouent des crédits à des laboratoires pour la réalisation d'un projet de recherche déterminé, projet formalisé dans un contrat de recherche associant le comité et le laboratoire. Ils n'ont cependant pas immédiatement recours aux appels d'offres, comme l'illustrent bien les conditions dans lesquelles les projets sont choisis en biologie moléculaire, l'une des 10 actions concertées initiées en 1961. Les membres de ce comité établissent un état des lieux des domaines de recherche à développer et dotent l'action concertée d'un programme spécifique. Cet état des lieux n'est pas qu'un état de l'art : il comprend aussi une liste des laboratoires qui devraient être financés pour réaliser le programme spécifié. Marcel Bessis, hématologiste et membre du comité de biologie moléculaire, est, par exemple, chargé de la rédaction d'un rapport sur l'étude des structures macromoléculaires à l'intérieur des cellules et les moyens de la favoriser[8]. Son rapport de deux pages précise les groupes qui pourraient être impliqués dans ce programme et recensent 18 chefs d'équipe susceptibles de le mettre en œuvre. Le rapport rédigé conjointement par André Lwoff, Jacques Monod et Dikrian Dervichian, eux aussi membres du comité de biologie moléculaire et chercheurs à l'Institut Pasteur de Paris, identifie 12 noms de chef d'équipe. Les deux rapports pointent le caractère lacunaire des recensements opérés. Bessis note ainsi que la liste dressée « est très incomplète » du fait des difficultés « à avoir des renseignements sur beaucoup de laboratoires en particulier en province »[9]. Les trois pasteuriens spécifient, quant à eux, que leur recensement ne prétend être « ni très complet, ni très précis »[10] mais ils formalisent des propositions de financement.

Au début des années 1960, les membres des comités scientifiques, qui sont tous des « patrons » de l'époque, cumulant un grand nombre de positions de pouvoir dans le monde scientifique et dans des structures à l'interface de l'Etat et de la communauté académique, choisissent directement les bénéficiaires des fonds sur des critères d'interconnaissance et de réputation. Ils allouent les crédits étatiques qui leur sont confiés, avant tout, à leur propre laboratoire et aux groupes qui leur sont proches. Ce gouvernement privé des crédits publics se développe avec le soutien explicite des représentants de la DGRST. Piganiol, Délégué général à la recherche scientifique et technique au début des années 1960, insiste ainsi lors de la première séance du comité de biologie moléculaire sur le fait que le comité

8 AN, 1977 0321/18, rapport de M. Bessis sur le développement de l'analyse macromoléculaire, 26 janvier 1960.

9 *Ibid.*, p. 2.

10 1977 0321/18, rapport d'A. Lwoff, J. Monod et D. Dervichian sur les actions concertées à envisager dans le domaine de la biologie moléculaire, 26 janvier 1960.

a le choix de sa politique et peut « décider de donner une certaine publicité à son action ou, au contraire, garder le secret »[11].

Les premières conventions de recherche établies, la question de la sélection des propositions suivantes se pose cependant rapidement. Des projets sont déposés au cours de l'année 1962 et des premiers mois de l'année 1963, sans cependant que le comité les retienne pour financement. La distribution des crédits s'opère au début des années 1960 par l'entremise des relations et des dépendances personnelles qui marquent le système scientifique français de l'époque. L'allocation des ressources présente alors des parentés avec celle qu'organise la démocratie de patronage des Etats-Unis de la fin du XIXe siècle, dans laquelle le « boss » distribue les ressources publiques à ses électeurs en s'appuyant sur ses réseaux interpersonnels, sans que cela soit vécu comme du clientélisme ou de la corruption organisée (Skocpol, 1992). La faible bureaucratisation de l'allocation des fonds permet, dans ces deux cas, que les liens personnels soient le socle de la distribution des ressources publiques. Si elles ne doivent pas être assimilées au détournement de règles qui, précisément, ne sont pas (encore) instituées, ces modalités sont aussi foncièrement inégalitaires : en transitant par les réseaux interpersonnels, l'allocation des crédits profite aux groupes qui sont les plus proches des acteurs qui la contrôlent.

L'introduction des appels d'offres, une innovation pratique

À mesure que l'action des comités d'actions concertées est connue dans le monde académique, leurs membres sont confrontés à des demandes de financement qui débordent le cercle de leur laboratoire et de leurs proches. Dès 1963, les sommes allouées au comité de biologie moléculaire ne permettent plus de financer la totalité des projets déposés, même quand ils correspondent au programme scientifique établi. Des principes de sélection sont donc définis. Les membres du comité décident d'abord de réserver 60 % de l'enveloppe financière aux demandes de prolongation[12]. Ils examinent, ensuite, les nouveaux projets déposés. Cette fois, certains ne sont pas financés, y compris ceux déposés par des chercheurs proches des membres du comité. Ces derniers réduisent, par ailleurs, les sommes demandées : les crédits de mission, sauf pour les laboratoires de province, sont ainsi systématiquement supprimés et des équipements ne sont pas financés. La procédure d'évaluation comparative des projets de recherche se précise : deux sessions de soumission des projets sont créées, l'une au printemps, l'autre pendant l'été. Cette innovation procédurale ne résulte pas de la formalisation de règles par la DGRST, mais des pratiques du comité. Si la règle n'est pas écrite, elle est cependant tendanciellement respectée : certains membres en appellent

11 AN, 1977 0321/18, procès-verbal de la réunion du comité biologie moléculaire, 11 janvier 1961.

12 *Ibid.*, 25 janvier 1963.

fréquemment au respect de ces deux sessions de manière à ce que les projets de recherche puissent être évalués de manière comparative.

L'année 1965 marque la fin de la première génération d'actions concertées. La loi de programme de 1961 qui les avait mises en place arrive à son terme et la question de leur avenir se pose. L'action concertée cancer et leucémie est transférée à l'Inserm nouvellement créé, pour renforcer le nouvel organisme de recherche[13]. Relancée, l'intervention de la DGRST en biologie moléculaire s'établit sur des bases redéfinies. Le comité est d'abord partiellement renouvelé : Jacques Monod succède à René Wurmser à la présidence et de nouveaux scientifiques sont nommés, en remplacement des plus âgés. Ces évolutions n'affectent qu'à la marge les caractéristiques de la commission. Plus jeunes, les nouveaux venus sont aussi recrutés dans les mêmes laboratoires que leurs aînés, restent majoritairement parisiens et exercent leur activité scientifique dans les quelques laboratoires centraux dans la biologie moléculaire de l'époque (l'Institut de biologie physico-chimique, le centre de génétique de Gif-sur-Yvette, le laboratoire sur les macromolécules de Strasbourg, certaines équipes de l'Institut Pasteur ou le centre de biologie de Marseille). La nouvelle commission relance un programme d'études qui prolonge le précédent, tout en introduisant de nouvelles thématiques. Les modalités de sélection des projets sont également redéfinies et un appel d'offres est lancé. Il est envoyé aux doyens des facultés des sciences et de médecine, aux grands établissements de recherche et aux sociétés de chimie physique et de chimie biologie pour assurer une « large diffusion »[14] du programme de recherche formalisé. Il s'agit par-là, de permettre « le développement de talents nouveaux [...] révélés grâce aux moyens précédemment mis en œuvre », mais aussi de « susciter un nombre important de candidatures pouvant faire l'objet d'une sélection »[15]. Sur les 119 réponses reçues, 78 sont retenues soit un taux de réussite de 65,5 %. Les autres sont écartées « soit parce que leur objectif ne correspondait pas au programme de l'Action concertée, soit parce qu'ils apparaissaient insuffisamment définis ou comme trop ambitieux »[16]. Dans les projets retenus, 29 sont la continuation de contrats précédents ; 49 correspondent à de nouvelles conventions. Les sommes demandées sont restreintes pour respecter l'enveloppe attribuée : 45 % seulement des crédits demandés par les porteurs de projets retenus leur sont effectivement alloués, l'évaluation de la diminution étant opérée au cas par cas.

13 L'Inserm prend la suite de l'Institut national d'hygiène créé par le régime de Vichy en 1941. La création du nouvel organisme, en 1964, se traduit par un renforcement de ses moyens, mais aussi une affirmation de ses missions de recherche.

14 AN, 1977 0321/98, comité de biologie moléculaire, rapport d'activité 1966, p. 9.

15 *Ibid.*

16 *Ibid*, p. 10.

Les appels d'offres sont également introduits dans l'action concertée cancer et leucémie. La sélection prend cependant des modalités différentes selon que les chercheurs bénéficient déjà d'une convention de recherche ou non. Dans le premier cas, le nouveau comité décide de poursuivre ou non le soutien accordé aux laboratoires bénéficiaires. Aucune augmentation n'est accordée pour couvrir de nouveaux besoins : les laboratoires sont soutenus au même niveau que l'année précédente qui sert de référence. Une fois cette première sélection établie, les membres du comité évaluent les nouvelles demandes. Cette procédure aboutit à nettement privilégier les laboratoires déjà soutenus : en 1967, un peu plus de 3,8 millions de francs sont attribués aux laboratoires disposant déjà d'une convention ; seulement 264 000 francs sont affectés à de nouveaux contrats[17]. Sur les 52 projets déposés, 43 sont financés par le comité, soit un taux de réussite d'un peu plus de 82 %[18].

De 1961 à 1970, la création des actions concertées se traduit par l'introduction successive du financement de projets de recherche particuliers et d'appels d'offres. Ces innovations politique et administrative ne sont pas le fruit d'un projet politique clair, porté par un groupe de réformateurs aux frontières établies. Ils apparaissent plutôt comme le produit d'un compromis et d'une « innovation pratique », pour reprendre le mot de Bourdieu (2012), destinée à répondre à une difficulté de gestion. La création du Fonds est d'abord une solution de compromis, entre un petit groupe de réformateurs, bénéficiant de positions établies dans des structures interministérielles, et des représentants des ministères et des organismes de recherche hostiles à la réforme proposée. Le recours aux appels d'offres est ensuite une innovation pratique, adoptée au fil du temps et qui s'institue de manière incrémentale. Loin d'être d'emblée théorisée dans une doctrine qui en ferait un principe central de l'allocation des fonds et, plus largement, du pilotage des politiques de recherche, l'introduction des appels d'offres résulte bien plus de l'agrégation des actions des réformateurs instituant le Fonds et de celles des membres des comités scientifiques des deux premières générations d'actions concertées. Son utilisation se routinise cependant rapidement : la séquence qui voit se succéder publication d'un appel d'offres, formalisation des projets et évaluation par des rapporteurs devient commune à de nombreux comités.

L'espace de financement de projets de recherche ainsi constitué présente deux caractéristiques. Son périmètre est d'abord doublement limité. Les crédits qui lui sont affectés sont restreints : au total, les sommes consacrées aux actions concertées n'excèdent pas 4 % de celles dédiées par l'État à la recherche et au développement (Gilpin, 1970, p. 173). Elles sont cependant particulièrement importantes parce

17 AN, 1977 1535/133, procès-verbal de la réunion de l'intergroupe cancer et leucémie, 2 novembre 1966.

18 AN, 1976 0215/51, action concertée cancer et leucémie, dossier général et suivi des contrats.

qu'elles sont ciblées sur des disciplines précises. Ces dernières y trouvent alors des ressources essentielles à leur développement, dans un système scientifique français historiquement rétif à leur intégration, tant à l'université (Charle, 1994) qu'au CNRS (Gilpin, 1970). Ces crédits sont d'autant plus importants qu'ils sont, pour l'essentiel, réservés au fonctionnement des laboratoires, à leur équipement et au recrutement de vacataires, trois postes qui ne bénéficient que marginalement de la hausse massive des crédits investis dans la recherche par l'État. Au début des années 1960, le financement du fonctionnement des laboratoires est en effet le parent pauvre de l'effort de l'Etat en faveur de la recherche, prioritairement consacré aux investissements immobiliers et au recrutement de nouveaux chercheurs. Les comptes rendus du conseil d'administration de l'Inserm sont jalonnés d'appels à une meilleure prise en compte de ce poste de dépenses par le Plan et le ministère des Finances[19]. Modestes rapportées à celles investies par l'Etat, les sommes allouées par les actions concertées sont donc essentielles pour ceux qui en bénéficient : en 1966, elles représentent, en moyenne, 28 % des ressources des laboratoires financés par le comité de biologie moléculaire. Pour 50 % des laboratoires soutenus, elles représentent plus de 30 % de leurs ressources[20].

La deuxième caractéristique de cet espace de financement est sa polarisation : au début des années 1960, un (tout) petit nombre de comités scientifiques participent à la distribution des fonds. Pour en rester aux disciplines qui commencent à être désignées comme constitutives des « sciences du vivant », cinq comités seulement sont mis en place[21]. La position des membres de ces comités est d'autant plus centrale que, pendant cette période, seules quelques fondations, comme la Rockefeller (Picard, 1999) ou d'autres directement mises en place à l'initiative des patrons parisiens (comme l'Association Claude Bernard ou la Fondation de la recherche médicale), financent des projets de recherche particuliers ou l'achat de matériel spécifique. L'introduction des appels d'offres ne remet pas en cause, en tous les cas pas immédiatement, la centralité des membres des comités. Ils y confortent doublement leur pouvoir : vis-à-vis des membres de leurs laboratoires et de ceux qui leur sont proches en ajoutant au contrôle des postes et des carrières celui des fonds nouvellement investis par l'Etat dans la recherche ; vis-à-vis des disciplines non retenues comme prioritaires en réussissant à capter l'investissement étatique et à en faire le levier du développement de leurs domaines scientifiques. Ces deux caractéristiques évoluent cependant dans les années 1970.

19 AN 1976 0215/8, procès-verbal du 3 décembre 1965, intervention de M. Ducher représentant le DGRST.

20 AN, 1977 0321/98, comité de biologie moléculaire, rapport d'activité 1966, p. 12.

21 Il s'agit des comités application de la génétique, biologie moléculaire, fonctions et maladies du cerveau, cancer et leucémie, nutrition animale et humaine.

La redéfinition graduelle d'un dispositif de gouvernement

Deux dynamiques contribuent à amender les caractéristiques de l'espace de financement institué par les actions concertées. La première tient à une extension du périmètre des activités scientifiques financées par appels d'offres et des organismes qui y ont recours. Cette dynamique d'extension est aussi un moment de redéfinition des rapports de pouvoir institués entre porteurs de projets et membres des comités : ces derniers perdent une part de leur centralité et de leur influence.

De la DGRST aux organismes de recherche

Alors que les opportunités d'allocation des crédits sur contrats sont laissées à la seule DGRST au début des années 1960 et sont maîtrisées par des comités scientifiques, plutôt généralistes et en nombre restreint, les sources de financement se multiplient au cours des années 1970 et se spécialisent. Cette diffusion s'explique par la conjonction de plusieurs mécanismes.

Elle est d'abord une conséquence directe du compromis qui marque la genèse des actions concertées. Devant faire face aux préventions de représentants des organismes de recherche et du ministère de l'Éducation nationale, les promoteurs du Fonds concèdent que les actions engagées n'ont qu'une vocation temporaire. Elles doivent, à terme, soit être interrompues, soit reprises par un organisme de recherche existant, soit se traduire par la création d'un nouvel organisme[22]. La prolongation d'une action concertée sous l'égide de la DGRST ne peut s'opérer qu'à deux exceptions : dans le cas où ses objectifs ne sont pas atteints et que les travaux qui s'y développent ne sont pas dans une situation d'impasse scientifique ; dans le cas où l'action interministérielle est une condition de faisabilité. Ce compromis originel aboutit à inscrire les actions concertées dans un horizon de transfert aux organismes de recherche. Si ces derniers ont alors le choix des moyens utilisés pour perpétuer l'action initiée par la DGRST, le financement de projets de recherche est souvent adopté. Plusieurs facteurs contribuent à en faire une solution valorisée. Les représentants de la DGRST sont, d'abord, soucieux d'assurer la permanence du financement aux domaines scientifiques qui ont été préalablement soutenus. Ils ne craignent, en effet, rien moins que la dissolution de leur action initiale dans la politique scientifique générale, peu ciblée sur des domaines particuliers, des organismes de recherche. Demander le maintien du financement sur contrats permet alors d'assurer que le soutien aux disciplines nouvelles reste effectif : un chapitre distinct des autres postes de dépenses

22 AN 1977 0321/88, DGRST, Fonds de développement de la recherche : problème de l'avenir des actions concertées, 18 octobre 1963.

est créé à cet effet dans le budget des organismes de recherche. La DGRST accompagne d'ailleurs le transfert des fonds: 6,4 des 7,4 millions de francs que coutent les trois actions concertées transférées à l'Inserm sont financés par la structure interministérielle[23]. Le recours aux appels d'offres s'explique aussi par le soutien que les scientifiques impliqués dans les premiers comités lui apportent. Il est particulièrement net dans le cas de la biologie moléculaire: les membres du comité prennent position, à de multiples reprises, pour la prolongation de l'action concertée, arguant du caractère prématuré de son transfert au CNRS. Il s'agit, pour eux, de préserver la continuité du soutien accordé à leur domaine scientifique et à leur laboratoire, mais aussi de garantir la pérennité de modes de financement dont ils sont convaincus de l'utilité et de l'intérêt. C'est le sens de la lettre qu'envoie Charles Sadron, professeur de chimie à la Faculté des sciences de Strasbourg, membre du premier comité de biologie moléculaire, au Délégué général. Il y défend vigoureusement le maintien de l'action concertée, tout en insistant sur le fait que ce soutien n'est pas «un plaidoyer pro domo»[24], les moyens mis à disposition de son laboratoire par le CNRS étant suffisants à assurer son développement.

Les dirigeants des organismes de recherche constituent un autre appui à la diffusion de ce mode de financement. Certains en font un outil de mise en place de leur politique scientifique. C'est le cas de Constant Burg, dont l'arrivée à la direction générale de l'Inserm en 1969, se traduit par la création de deux nouvelles procédures reposant sur la publication d'appels d'offres. La première, les contrats de recherche libre, doivent permettre à l'organisme d'accroître sa «rentabilité scientifique»[25]. La nouvelle procédure vise à financer des projets de recherche relativement modestes, sélectionnés par les commissions scientifiques spécialisées de l'organisme. La formalisation des projets n'est pas orientée par des critères particuliers, mais doit permettre le développement de recherche dans les domaines scientifiques couverts par l'Inserm. La seconde procédure, les Actions thématiques programmées (ATP), est plus proche des actions concertées. Pierre Royer, professeur à l'hôpital des enfants malades, alors membre du CCRST et du Conseil scientifique de l'Inserm, les présente comme «une sorte de sous action concertée» permettant de «développer des recherches qui se déroulent déjà relativement bien et qui représentent des secteurs de pointe» ou de «pallier une carence momentanée de notre pays dans un secteur qui paraît indispensable»[26].

23 AN 1977 1535/133, procès-verbal de la réunion de l'intergroupe cancer et leucémie, 15 octobre 1965.

24 AN 1977 0321/18, lettre du Professeur Charles Sadron au DGRST, 16 novembre 1964.

25 AN 1976 0215/8, procès-verbal du conseil d'administration de l'Inserm, 25 juin 1971.

26 Archives de l'Inserm (A Inserm), 944 001, procès-verbal du conseil scientifique provisoire de l'Inserm, 30 janvier 1970.

Le souci de justifier l'utilisation des crédits budgétaires est un dernier facteur qui pousse les directions des organismes à introduire ces modalités de financement comme l'un des moyens de leur politique. Parce qu'ils sont individualisés dans des chapitres propres, ces instruments permettent de donner une visibilité aux priorités des organismes dans les budgets présentés à l'Etat. Cette incitation est renforcée à partir du milieu des années 1970, la DGRST demandant de faire apparaître plus nettement qu'auparavant la manière dont les objectifs prioritaires sont remplis. La programmation des crédits par le Plan renforce encore l'attractivité de ces procédures : le VIe Plan est en effet structuré par thèmes prioritaires de recherche, ce qui aboutit à valoriser des dispositifs qui permettent d'afficher le soutien à des thématiques précises.

Cette extension progressive de la procédure des appels d'offres aboutit à multiplier le nombre de laboratoires, de chercheurs et de projets qui sont financés par cette voie. Pour la seule Inserm, l'introduction des ATP et des autres dispositifs du financement accroît le nombre de chercheurs qui bénéficient de contrats de recherche (Tableau 1).

Année	Chercheurs Inserm	Chercheurs CNRS	Hospitalo-universitaires	Autres	Total
1974	65	34	138	11	248
1975	55	20	125	16	216
1976	103	36	162	13	314

Tableau 1 : Nombre de chercheurs bénéficiant de contrats financés par des ATP de l'Inserm

Cette extension des financements alloués par appels d'offres ne se traduit pas uniquement par la diffusion d'un instrument de gouvernement. Elle modifie également la morphologie et la polarité de l'espace de financement ainsi institué : la position de centralité des comités scientifiques, si forte au début des années 1960 et qui prévaut jusqu'à la fin de cette décennie, s'affaiblit.

L'affaiblissement du rôle du comité scientifique

Cet affaiblissement résulte d'abord du caractère plus distribué des opportunités de financements sur contrats. À mesure que les appels d'offres se généralisent, ils se spécialisent également, chacun disposant de règles spécifiques et d'objectifs propres. Au sein de la DGRST, les actions concertées sont maintenues tout au long des années 1970. Elles concernent des projets financièrement importants et de longue durée. S'y ajoutent cependant les actions concertées coordonnées pour des projets plus brefs et moins coûteux. Les sommes mises à dispositions de ces comités sont plus modestes : le comité interactions membranes moléculaires alloue ainsi un peu plus de 11,5 millions de francs pour quatre ans[27], quand le premier comité de biologie moléculaire dispose de 27 millions de francs pour trois ans[28]. L'introduction des ATP à l'Inserm se traduit rapidement par une spécialisation du dispositif. Des ATP préparatoires sont ainsi créées pour les domaines où « le potentiel de recherche est pratiquement embryonnaire et dont il est nécessaire d'initier le développement ». Les ATP de première génération doivent permettre « de promouvoir un secteur où le potentiel (de) chercheur minimum existe déjà », les ATP de deuxième génération devant « prendre le relais des ATP de première génération et en assurer l'épanouissement dans les secteurs les plus prometteurs[29] ».

L'affaiblissement du rôle des comités s'explique aussi par la progressive bureaucratisation de cet outil de financement. Au début des années 1960, les membres des comités peuvent utiliser les crédits dont ils sont responsables pour acheter des équipements scientifiques, financer des contrats, mais aussi construire des laboratoires de recherche, soutenir l'accueil de chercheurs étrangers ou encore octroyer des bourses de formation. Ils déterminent très largement les sommes à allouer aux projets qu'ils financent. Ils sont plus contraints dans les années 1970. Des règles se sont, au fil du temps, établies : les crédits demandés dans le cadre des ATP sont plafonnés à 40 000 francs par an[30]. Mais leur destination est aussi partiellement prescrite : ils ne peuvent être utilisés, par exemple, pour rémunérer des chercheurs. Cette limite s'impose également aux comités d'actions complémentaires coordonnées de la DGRST : le financement de chercheurs sur des fonds DGRST, par définition temporaires, est peu à peu abandonné[31]. Leur intégration dans les organismes de recherche est en effet plus difficile qu'au début des années 1960, les flux de création de postes, si importants au début des années 1960, se tarissant.

Moins dotés financièrement, plus spécialisées, faisant l'objet d'un plus grand encadrement de la destination des fonds, les nouvelles opportunités de financement se traduisent par une moindre centralité des membres des comités

27 AN 1981 0479/7, procès-verbal de la réunion du comité interactions moléculaires en biologie, 16 décembre 1974.

28 AN 1977 0321/18, procès-verbal de la réunion du comité biologie moléculaire, 28 juin 1963.

29 A Inserm, 199215/1, propositions budgétaires de l'Inserm au titre de l'année 1975.

30 À titre de comparaison, la moyenne des sommes allouées par le comité cancer et leucémie pour l'année 1962 est de 214 883 francs, le projet le plus important étant financé à hauteur de 467 000 francs. AN, 1976 021/51.

31 Elle est ainsi systématiquement refusée par le comité interactions moléculaires en biologie. AN 1981 0479/7.

qui peuvent plus difficilement s'établir en architectes d'un domaine scientifique qu'au début des années 1960 (Aust et Picard, 2014).

L'affaiblissement du rôle du comité se donne également à voir dans la redéfinition des relations entre les membres et les chercheurs financés. Au début des années 1960, les premiers sont particulièrement impliqués dans le suivi des projets. Multipliant les moments d'interactions avec les chercheurs financés, se réunissant mensuellement pour définir une politique commune, ils disposent d'une capacité importante à orienter les recherches qu'ils financent. Ce rôle s'affaiblit au début des années 1970 : quel que soit le dispositif considéré, les membres des comités sont de plus en plus confinés à la sélection des projets de recherche. S'ils doivent bien statuer chaque année sur la poursuite du financement, cet examen est beaucoup plus formel qu'auparavant. Il est même précisément encadré par des règles administratives dans le cas des ATP de l'Inserm à la fin des années 1970, les documents de l'administration spécifiant dans quelles conditions un contrat peut être interrompu.

Les comités ont ensuite moins de marges de manœuvre qu'auparavant pour intervenir sur le périmètre et les axes des projets de recherche. Le regroupement de projets portant sur une même thématique, fréquent au début des années 1960, est plus rare au fil du temps. Même quand les comités en font un axe fort de leur politique, ils éprouvent des difficultés croissantes à le mettre en œuvre, faute d'un accord sur les modalités de ces regroupements. Les difficultés du comité de l'action concertée cancérogenèse et pharmacologie du cancer mise en place au milieu des années 1970 en sont une illustration. Le président de ce comité, Georges Mathé, médecin et chef de service à l'Institut Gustave Roussy, lui-même impliqué dans les premières actions concertées de biologie moléculaire et de cancer et leucémie au début des années 1960, décide, pour la troisième année d'existence du comité, de passer à une action de structuration de la cancérologie française plus ambitieuse. Il initie donc un regroupement des projets de recherche déposés autour de thématiques limitées en nombre, de manière à financer des groupements et des projets plus ambitieux. Cette action, qui prend « modèle sur les grants américains »[32], est cependant un échec relatif. Les membres de la commission ne parviennent en effet pas réellement à définir de manière consensuelle ces thématiques et à regrouper les projets de recherche déposés par les chercheurs. L'un d'entre eux, remettant en cause le sérieux de l'évaluation des notes d'intention, souligne ainsi « qu'il n'y a pas eu d'examen réel des déclarations d'intention » et qu'il souhaite « permettre une meilleure sélection »[33]. Ces difficultés sont le signe d'une capacité moins forte

32 AN 1986 0037/31, comité scientifique de l'action concertée cancérogenèse et pharmacologie du cancer, procès-verbal de la réunion du 23 mai 1978.

33 *Id.*, notes manuscrites sur la réunion du 24 septembre 1979.

qu'auparavant à promouvoir une politique scientifique propre. Elle s'explique notamment par l'investissement plus faible qu'auparavant des membres des comités scientifiques : alors que les réunions sont au début des années 1960 mensuelles, elles s'espacent peu à peu pour atteindre une à deux réunions par an à la fin des années 1970, quel que soit le dispositif considéré. Cette moindre fréquence des moments d'échange, couplée à un nombre de projets à expertiser plus important ou, dans le cas des commissions scientifiques spécialisées de l'Inserm, à d'autres missions comme le recrutement ou l'évaluation des laboratoires et des chercheurs, aboutit à relâcher l'investissement des comités dans le suivi des projets financés.

Ces redéfinitions successives de l'espace de financement institué par les appels d'offres se doublent de l'établissement progressif d'une doctrine explicitant ses usages. Si les documents présentant les actions concertées mettent systématiquement l'accent au début des années 1960 sur leur caractère supplétif, temporaire et interdisciplinaire[34], certains documents de la décennie suivante les présentent plus volontiers comme des dispositifs explicitement compétitifs. C'est le cas notamment à l'Inserm, où la création des contrats libres de recherche est justifiée par la mise en concurrence – et non la souplesse – qu'ils instaurent. La mise en concurrence est alors présentée comme mise au service d'une réforme des hiérarchies académiques et comme un moyen d'émancipation des scientifiques les plus jeunes vis-à-vis de la tutelle de leur « patron ». C'est ce point que met en avant le nouveau directeur général de l'Inserm, Burg, au moment de présenter le nouvel instrument au conseil d'administration de l'organisme. Il juge le nouveau dispositif « excellent » du fait de « son caractère de compétitivité qui amène de jeunes chercheurs à penser par eux-mêmes pour proposer des thèmes de recherche qui sont ensuite soumis aux différentes commissions »[35]. Le renouvellement des scientifiques en poste de responsabilité contribue à la diffusion de ces discours : un certain nombre d'entre eux – dont Burg – ne sont pas issus du cercle des patrons parisiens qui avaient été à l'origine de la réforme du système académique au début des années 1960. Alors que les actions concertées avaient conforté, au début des années 1960, le pouvoir de certains patrons issus des nouvelles disciplines des sciences de la vie, les contrats de recherche libre visent plutôt à émanciper les franges les plus jeunes de la profession scientifique de la tutelle de leurs aînés.

Tout au long des années 1970, la structure de l'espace de financement institué par les appels d'offres se redéfinit. La diffusion des appels d'offres contribue d'abord à généraliser un dispositif de financement auparavant réservé à des

34 Voir par exemple AN 1977 0321/96, DGRST, rapport sur le développement du Fonds de la recherche scientifique et technique, 12 juillet 1961.

35 AN 1976 0215/8, procès-verbal du conseil d'administration de l'Inserm, 25 juin 1971.

disciplines émergentes ou situées à l'interface de la science et de l'industrie. À la fin des années 1970, de très nombreux appels d'offres thématisés ont été lancés pour soutenir le développement de la recherche en biomédecine. L'adjonction de contrats de recherche libre à l'Inserm rend éligible à une demande de financement tous chercheurs qui travaillent dans l'un des nombreux domaines scientifiques couverts par l'organisme. Les appels d'offres ne sont plus alors réservés aux patrons de laboratoires mais doivent permettre à l'ensemble des chercheurs de disposer d'opportunités de financement. Dans le même temps, la morphologie de cet espace de financement se redéfinit. La centralité des comités scientifiques s'affaiblit. Leur multiplication n'est pas seule en cause dans cette évolution ; l'encadrement progressif de leur fonctionnement, le moindre investissement des scientifiques dans ces instances y participent tout autant. Les appels d'offres sont alors mis au service d'un autre projet politique qui s'ajoute au précédent : il ne s'agit plus uniquement de soutenir des domaines de recherche émergents, mais de peser aussi sur la stratification de la communauté académique.

Conclusion

Les appels d'offres naissent donc dans la France gaulliste des années 1960. Innovation pratique destinée à faire face à l'afflux de projets de recherche, ils deviennent, au fil du temps, une pratique routinisée de sélection des projets de recherche. En un peu moins de vingt ans, leurs usages se redéfinissent. Dans la deuxième moitié des années 1960, ils sont mis au service d'un projet réformateur destiné à soutenir l'émergence de nouvelles disciplines et de nouvelles pratiques de recherche. Ces nouveaux financements, en nombre réduit et concentrés à la DGRST, consacrent le pouvoir des patrons qui composent les comités. Laissés libres par l'administration quant aux principes de sélection qu'ils mettent en œuvre, quant aux axes de leur politique scientifique et quant à l'utilisation des fonds, ils sont en position de peser sur l'offre de projets. La décennie 1970 est l'occasion d'une double redéfinition de ces équilibres. C'est, d'une part, la morphologie des opportunités de financement temporaire qui se modifie : la généralisation du recours au financement sur contrats multiplie les occasions de financement pour les chercheurs. Dans le même temps, ces opportunités deviennent de plus en plus spécialisées et moins dotées financièrement. D'autre part, le poids des scientifiques impliqués dans les comités se réduit et leur capacité à peser, au-delà de la sélection, sur les projets qui leur sont soumis s'érode. Les chercheurs qui portent des projets sont, au milieu des années 1960, en lutte pour être sélectionnés par des membres de comités scientifiques, influents, qui peuvent redéfinir leurs projets de recherche, dont ils sont fréquemment proches et issus des mêmes laboratoires. Leurs homologues dans les années 1970 postulent pour l'allocation de ressources qui sont souvent moins importantes, mais aussi plus distribuées. Les membres des comités sont aussi moins susceptibles de redéfinir leur projet de recherche. Ce sont donc deux régimes, bien distincts, d'allocation de fonds à des projets qui se succèdent en moins de vingt ans.

L'appréciation du rôle de la concurrence dans l'histoire qui vient d'être brièvement racontée suppose de spécifier le point de vue adopté. Si cette place est mesurée depuis les compétitions entre institutions intervenant dans la recherche, elle joue alors un rôle central. Les concurrences entre les organismes de recherche et la DGRST sont au cœur du compromis qui voit la naissance des actions concertées. Elles sont également l'un des moteurs de la diffusion du dispositif dans les années 1970 : c'est notamment parce que les directions des organismes de recherche ne désirent pas laisser le monopole de ces instruments à la DGRST qu'elles les introduisent dans leurs organismes. La concurrence, au sens de lutte indirecte (Simmel, 2013 [1908]) cette fois, est ensuite instituée par les appels d'offres eux-mêmes. De fait, ces derniers organisent une relation à trois, où des porteurs de projets sont en lutte pour être choisis par une tierce partie, ici les membres du comité scientifique. Les termes de cette relation varient, nous l'avons dit, au cours du temps, tout comme l'intention qui soutient ce projet. Au début des années 1960, l'introduction des appels d'offres est plus une innovation pratique qu'un projet politique clair et établi. Au fil du temps cependant, le dispositif est aussi légitimé par les possibilités de sélection et la compétition qu'il permet d'engager entre les scientifiques. La manière dont cette concurrence est vécue subjectivement par les acteurs est difficile à renseigner. Ces expériences, dont les travaux sur la période récente montrent bien qu'elles varient en fonction des disciplines et des modalités d'organisation des équipes (Schultz, 2013), ne laissent que peu de traces écrites – en tous cas, nous n'avons pas su « inventer les sources » qui permettent de répondre à cette interrogation. Combler ce déficit par des entretiens rétrospectifs ne serait pas satisfaisant : la parole recueillie serait sans doute largement reconstruite au prisme du rapport des enquêtés à cette période et à celui qu'ils entretiennent avec la situation contemporaine.

Reste que cette expérience subjective de la concurrence entre porteurs de projets ne peut être complètement découplée des conditions de l'accès aux ressources. La mise en concurrence est d'autant plus fortement ressentie que la question du financement fait problème pour les chercheurs. A ce titre, il convient de souligner que l'utilisation des appels d'offres dans les années 1960 et 1970 n'a que peu à voir avec celles, actuelles, des appels à projets. Si, comme nous venons de le rappeler, l'attribution des fonds présente des différences importantes entre les années 1960 et les années 1970, elle se caractérise aussi par des permanences qui la singularisent par rapport à la période actuelle. Le taux de sélection des projets de recherche est une de celles-là : si des différences marquent les comités et les appels, les chances de succès excèdent systématiquement – et parfois très largement – celles de l'échec. C'est sans doute là l'un des ressorts de l'acceptation relative de ce type de financements, dans une période qui n'est pourtant pas exclusive de tensions dans le financement des laboratoires de recherche et de contestations importantes quant à l'organisation du système scientifique français. Si d'autres facteurs l'expliquent, la chute vertigineuse des probabilités de réussite aux appels à projets n'est pas étrangère aux contestations dont ce type de financement fait aujourd'hui l'objet[36]. Plus que le dispositif en lui-même, ce sont donc peut-être ses conditions contemporaines d'utilisation qui sont aujourd'hui considérées comme un problème par une partie du monde scientifique[37].

36 En 2014, les taux de réussite aux appels à projets de l'Agence nationale de la recherche s'établissaient à 8,5 %.

37 Voir sur ce point la tribune « Recherche : la sélection par l'excellence dénaturée » publiée par Patrick Petitjean, astronome à l'Institut d'astrophysique de Paris. *Le Monde*, 23 septembre 2015.

Chapitre 5

La guerre des mondes associatifs aura-t-elle lieu ?

Magali Robelet

> « En gros, on dit aujourd'hui "Structurez un peu le réseau des partenaires sur un territoire", et en même temps l'appel à projets incite à la concurrence très forte, donc à la guerre entre associations… il y a un petit paradoxe. On leur demande de coopérer, de se rapprocher, et on les met en concurrence. » (Inspecteur des affaires sanitaires et sociales en Rhône-Alpes de 1997 à 2010)

Ces propos dressent l'image d'un monde en mutation, marqué par l'irruption de la concurrence, dans un secteur qui en aurait été jusque-là préservé, du fait de son objet (la délivrance de services pour des personnes fragilisées), de son mode de financement (la solidarité nationale) et de ses acteurs (des « entreprises associatives » gestionnaires d'équipements[1] (Marchal, 1992)). À un « âge d'or » stable où régnait la solidarité entre associations unies derrière la cause du handicap succèderait une période de conflits, inaugurée notamment par l'introduction d'une procédure d'appel à projets (AAP) en 2010. D'autres observateurs insistent sur le risque de renforcement des positions acquises par quelques gros opérateurs, prêts à jouer la concurrence par le moins disant[2]. De fait, le secteur du handicap en France est depuis ses origines – dans les années 1940 – polarisé entre une myriade de petites et moyennes associations gérant peu d'équipements et un petit nombre de gros opérateurs historiques, gérant une grande part de l'offre d'établissements et de services pour personnes handicapées[3].

---

1 En 2006, ces opérateurs associatifs représentent 77,5 % des opérateurs du secteur et gèrent 88 % des « places » autorisées (selon les données du fichier FINESS qui recense les établissements et services du secteur, tous types de handicap confondus). Ils offrent des prestations diverses, allant de l'éducation au soin et à l'insertion sociale et professionnelle dans des structures spécifiques (internats, foyers, structure médicalisée, consultations).

2 Dès l'annonce de l'introduction des AAP, 8 fédérations nationales adressent un courrier commun au ministère des Affaires sociales pour alerter sur les risques de sélection des projets standardisés et peu coûteux. http://www.uniopss.asso.fr/section/unio_detail.html?publicationId=p381293024872845

3 Au niveau national, en 2010, les associations de plus de 20 établissements représentent environ 6 % des opérateurs (une centaine sur environ 1800) et gèrent près de 40 % des équipements pour personnes handicapées (sources FINESS). En 2012, dans le département du Rhône, sur lequel se concentre ce chapitre, trois-quarts des 150 associations présentes sur le secteur gèrent moins de 5 structures (environ 60 n'en gèrent qu'une), 20 % des associations gèrent entre 5 et 20 structures et 5 % (7 associations) en gèrent plus de 20.

À rebours de ces représentations de la concurrence comme une source de menaces, nous l'envisagerons comme un analyseur des transformations d'un champ organisationnel. Nous considérons la concurrence comme un ensemble d'activités sociales spécifiques, dans lesquelles sont engagés une diversité d'acteurs et consistant à convaincre, séduire, s'informer et produire de l'information, s'allier, se distinguer ou s'aligner, ou encore élaborer collectivement des règles de bonnes conduite.

Cette perspective va à l'encontre de deux présupposés sur la concurrence, qui influencent les interprétations contemporaines de l'introduction des AAP dans le secteur du handicap. Le premier porte sur le caractère exogène de la concurrence, qui ferait une irruption brutale dans le secteur. Or, les relations concurrentielles entre associations ne sont pas nouvelles, dans ce secteur comme dans d'autres (Tuckman, 1998; Barman, 2002). Les associations du secteur du handicap sont en effet en concurrence pour la création d'équipements et pour l'accès aux usagers. L'implantation dans le secteur et les financements publics afférents étant soumis à une autorisation administrative, les opérateurs cherchent à convaincre les autorités publiques de la légitimité de leurs demandes d'équipement, alors que les besoins sont peu connus, les prestations peu standardisées et les critères d'appréciation de la qualité comme du coût peu stabilisés, du moins jusqu'à une période récente. Ces enjeux conduisent les opérateurs à produire des connaissances sur les besoins et sur l'offre de prestations et à influencer les critères de jugement mobilisés par les autorités publiques. Ces activités sont constitutives d'un milieu social au sein duquel les relations sociales sont intenses et d'une « discipline sociale » partagée, jouant en faveur de la limitation des comportements de prédation et de la prévisibilité des stratégies (Lazega, 2009).

Le second présupposé porte sur la nature des relations sociales créées par l'existence d'une concurrence entre acteurs. La concurrence soit détruirait les relations sociales préexistantes (les solidarités associatives) soit ne pourrait que produire et reproduire des rapports de domination (entre les gros opérateurs historiques et les autres plus petits ou plus récents). Nous soutiendrons plutôt que les relations concurrentielles produisent des situations d'interdépendances, d'interconnaissances, d'affrontements mais aussi d'alliances qui rapprochent les opérateurs de leurs concurrents, des acteurs publics, d'experts du secteur ou de groupes d'usagers. Autrement dit, la concurrence suscite des relations sociales spécifiques, distinctes de relations affectives ou de relations de domination.

Encadré 1. Terrains et méthode

L'article repose sur des matériaux recueillis entre 2009 et 2012, dans le cadre de programmes de recherche soutenus l'un par l'IRESP, l'autre par la DREES-Mire et la CNSA :

- Pour les deux plus grandes associations du Rhône (en nombre d'établissements), l'Association départementale de parents et d'amis de personnes handicapées mentales (ADAPEI) du Rhône et l'Œuvre des villages d'enfants (OVE), nous avons réalisé une enquête sur les archives des associations ainsi que 43 entretiens auprès des dirigeants anciens et actuels, salariés et bénévoles.
- Nous avons également réalisé 65 entretiens auprès des dirigeants d'une quinzaine d'associations du Rhône et de l'Isère et auprès de représentants des autorités publiques (Directions départementales de l'action sanitaire et sociale (DDASS), Agences régionales de santé (ARS), Conseil général)

En nous appuyant sur une analyse longitudinale des rapports entre associations et représentants des autorités publiques en région Rhône-Alpes (Encadré 1), nous dresserons le récit d'un milieu social qui loin de se désagréger brusquement, s'est progressivement transformé. Jusqu'aux années 1980, les interactions et activités sociales reposent sur des ressources et des affinités politiques. Les opérateurs s'affrontent, font alliance et se mobilisent collectivement en fonction de leur proximité politique avec une cause à défendre (un type de handicap, un type d'accompagnement). Les activités économiques des associations se superposent à ces causes politiques, construisant des territoires économiques relativement étanches, qu'entretiennent – en partie – les autorités publiques (1re partie). Par la suite, le contexte de restriction budgétaire, d'affaiblissement du militantisme et de renouvellement des publics et des pratiques d'accompagnement fragilise les équilibres établis. Les opérateurs associatifs s'engagent progressivement dans des processus de découplage entre leurs causes politiques et leurs activités économiques tandis que les autorités publiques gagnent en capacités d'évaluation des besoins et de négociation avec les opérateurs. Les formes de sociabilités entre acteurs apparaissent moins politisées, reposant davantage sur la détention d'une expertise technique (en matière de gestion ou d'accompagnement des usagers). Des opérateurs associatifs autrefois séparés par des clivages politiques en viennent à coopérer ou à s'unir dans de nouvelles formes d'actions collectives (2e partie).

Les partages politiques des territoires économiques

Jusqu'au début des années 1980, hauts fonctionnaires, experts médicaux et militants associatifs partageant la conviction que le secteur du handicap est sous-équipé (Lory, 1965 ; IGAS, 1984). L'offre d'établissements et de services croît fortement, comme le nombre d'opérateurs, qui passe dans le Rhône de 5 à 34 entre 1950 et 1980 puis à 99 en 1990. La mobilisation collective des opérateurs associatifs et des autorités publiques autour de la création d'équipements produit des interdépendances et des activités sociales spécifiques, constitutives d'un milieu social relativement intégré. Cette intégration provient de références partagées aux affiliations politiques des opérateurs, qui dessinent des jeux d'alliances et de confrontation, et des relations négociées qu'ils entretiennent avec les représentants des autorités publiques.

Le couplage des activités économiques aux mobilisations militantes

Dans les années d'après-guerre, un nouveau secteur d'action publique s'institutionnalise à partir d'acteurs collectifs déjà constitués. Œuvres confessionnelles, associations de parents, instituteurs laïcs ou mouvements scouts sont mobilisés dans des luttes politiques pour la définition et la reconnaissance de « l'enfance inadaptée[4] » (Barral, Paterson, Sticker et Chauvière, 2000). Les luttes de pouvoir entre ministères pour la responsabilité du secteur se soldent par l'emprise du ministère de la Santé et par le choix de déléguer la gestion des équipements à des organisations privées, alternative à la mise en place d'un service public de l'enfance inadaptée (Chauvière, 2009).

Les Associations régionales de sauvegarde de l'enfance et de l'adolescence (ARSEA), premières instances de régulation locale de l'offre d'équipement créées en 1942, sont aussi des lieux de mobilisations collectives et d'affrontements associatifs (Roca, 2004). Ainsi à Lyon, l'ARSEA soutient la position des associations parentales relatives à la création de centres de formation spécifiques pour les éducateurs spécialisés, contre les associations proches de l'Éducation nationale, qui prônent la formation spécialisée des instituteurs, ce qui conduit au refus de la « mouvance laïque » d'adhérer à l'ARSEA.

Dans ce contexte fortement politisé, les dirigeants associatifs conçoivent la gestion d'équipements comme le prolongement de leur activité militante.

4 Appellation apparue sous le régime de Vichy, qui unifie des situations diverses, de la délinquance à l'enfance en danger et à l'enfance déficiente sur le plan intellectuel ou physique.

Les deux principaux opérateurs du Rhône[5] adoptent ainsi des stratégies très différenciées, cohérentes avec leurs fondements militants (Cret, Jaubert, et Robelet, 2013). L'Adapei développe ses activités à partir de mobilisations locales de parents puis garantit une continuité de prise en charge dans le cadre d'instituts médico-professionnels pour adolescents et jeunes adultes et de centres d'aide par le travail, créant ainsi des « filières pédagogico-productives » (Zafiropoulos, 1981). Les syndicalistes enseignants fondateurs de l'OVE défendent un mode d'accompagnement éducatif accordant un rôle central à l'instituteur et valorisant la participation des enfants. L'OVE se développe par la réplication de ce modèle auprès de différents publics d'enfants déficients sensoriels ou intellectuels.

Les ARSEA et les CREAI (Centre régional pour l'enfance et l'adolescence inadaptées) qui leur ont succédé[6] constituent des lieux d'observation et d'échange d'informations entre associations. Chacun cherche à contrôler les perceptions que les autres ont de lui, par l'émission de signaux d'information portant à la fois sur son offre de prestations, ses projets et ses réseaux d'alliances (Podolny, 1993). Ces jeux répétés de regards croisés font émerger un modèle commun d'interprétation du marché, à partir de quelques éléments qui « font sens » pour les opérateurs (Porac *et al.*, 1995). Dans la période de construction du secteur du handicap, les informations pertinentes portent sur les appariements entre les origines militantes des opérateurs et leurs niches économiques. Cette connaissance commune est source d'intégration et de régulation pour les acteurs. Elle fournit une cartographie politique de l'offre d'équipement à la fois aux opérateurs et aux inspecteurs des affaires sanitaires et sociales (IASS), en charge du suivi des projets d'équipement et du contrôle des opérateurs :

> « On avait dans le handicap, ce qu'on appelait les "enfants inadaptés", en gros ce sont des déficients intellectuels. On avait légers, moyens, profonds. C'était le découpage de l'époque. Et donc l'association Z gérait les "profonds" entre guillemets, on avait l'OVE qui gérait deux établissements dits pour "légers", de même qu'une association qui existe encore sur le nord Isère. » (IASS Isère de 1973 à 2010)

La connaissance de ces appariements est propice à l'émergence d'une discipline collective de respect des stratégies des opérateurs. Ces derniers s'accordent pour participer conjointement à la croissance de l'équipement en veillant à préserver

5 Au milieu des années 1980, l'OVE et l'ADAPEI sont les deux seuls opérateurs présents dans le Rhône à gérer plus de 10 structures (respectivement 16 et 18).

6 En 1964, les ARSEA sont remplacées par deux nouvelles instances. Les CREAI (associations rassemblant des experts médicaux ou pédagogues et des représentants des associations) ont une mission de représentation du milieu associatif et d'observation du secteur. Les DDASS sont les services déconcentrés du ministère de la Santé, chargées de la régulation de l'offre d'équipement et du contrôle des associations.

la spécificité des activités de chacun. Ils se tiennent informés de leurs projets respectifs, de manière à éviter de déposer des demandes de financements sur une même niche économique :

> « Quand quelqu'un avait dégainé le premier sur un projet, il était de bon ton pour les autres associations de ne pas lui faire concurrence. C'était un jeu où il fallait dégainer vite, se positionner sur un créneau et puis dire à tout le monde : "Ça y est, nous on a déposé notre projet donc…" » (IASS Rhône dans les années 1980)

Cette interconnaissance est à l'origine d'alliances entre associations et de relations de négociations avec les autorités publiques.

Des jeux d'alliance entre pairs et rivaux

Les opérateurs associatifs sont reliés à la fois par des relations d'interdépendance relatives à la gestion des flux d'usagers et par des solidarités reposant sur des affinités politiques. Dans les premières décennies du secteur, les alliances entre opérateurs font converger ces deux types de relations, même si se nouent également des coopérations entre rivaux politiques.

Les opérateurs associatifs ont tout intérêt à la croissance globale du secteur au-delà de leur propre niche économique. L'OVE, qui, en cohérence avec son projet militant, ne gère que des établissements pour enfants, est dépendante d'autres associations qui accueillent ceux qui ont atteint la limite d'âge (14 ans dans les instituts médico-pédagogiques et 18 ou 20 ans dans les instituts médico-éducatifs) et libèrent des places pour de nouveaux enfants. Les représentants de l'OVE peuvent donc soutenir les projets destinés aux jeunes adultes, provenant d'associations dont ils ne partagent pas les origines militantes, en attendant un soutien en retour le moment venu. Ces stratégies de coopération sur le mode du donnant-donnant sont surtout le fait des opérateurs historiques du secteur, qui placent des représentants au CREAI ou à la CRISMS, commission régionale qui émet un avis sur les projets[7]. Comme cela a été montré dans d'autres secteurs, les liens personnels qui se nouent dans ces instances de régulation facilitent les arrangements entre opérateurs même potentiels concurrents (Ingram et Roberts, 2000) :

> « Il y avait des associations qui nous appelaient en disant : "écoute, il y a un dossier là, c'est une association sœur, tu dis oui, elle ne va pas nous gêner" […] Il y en avait d'autres, je disais : "non, celle-là, il ne faut pas la faire passer" parce qu'elle

7 Les commissions régionales des institutions sociales et médico-sociales sont crées en 1975. Elles émettent un avis sur les projets de demande d'autorisation déposés par les opérateur. Elles sont composées de représentants du CREAI, des opérateurs gestionnaires, de la sécurité sociale et de l'État.

montait sur les plates-bandes des autres [...] par exemple, dans le Rhône, au point de vue travailleurs handicapés moteurs, jamais personne ne venait sur les publics tenus par l'association X. On les avait verrouillés... » (membre du CREAI et de la CRISMS dans les années 1980)

D'autres formes de coopération se déploient entre « associations sœurs », expression qui désigne les opérateurs issus d'une même origine militante, adhérentes aux principales fédérations du secteur, comme l'UNAPEI pour les associations de parents ou l'Association nationale des communautés d'enfants, pour les associations issues du militantisme enseignant laïc. Ces coopérations, à travers des échanges informels sur les listes d'attentes, garantissent un flux d'usagers entre les établissements de différents opérateurs et donc un bon taux d'occupation, indispensable pour leur équilibre budgétaire[8]. Les alliances entre associations sœurs permettent également d'afficher un poids politique et de faire pression pour la création de nouveaux équipements.

Des systèmes de participations croisées viennent sceller ces alliances. En 1979, l'Adapei est représentée dans le CA de 9 associations sœurs, et accueille dans le sien 5 représentants d'opérateurs, 3 de ces participations étant croisées. Elles relient l'Adapei à de petits opérateurs qui ont bénéficié de son soutien logistique pour la création de leur équipement ou à des concurrents potentiels de taille moyenne (gérant entre 5 et 10 structures). Ces pratiques d'« *interlocking* », classiques dans les entreprises, contribuent à stabiliser les équilibres entre producteurs (Mizruchi, 1996). Les gros opérateurs s'assurent un contrôle sur les autres opérateurs et découragent les comportements opportunistes au nom de la loyauté entre associations. Pour les plus petits, la présence dans le CA d'un gros opérateur permet d'obtenir des informations sur les orientations des politiques publiques, les projets de développement des autres opérateurs ou des informations techniques sur l'utilisation de certains outils de gestion (Haunschild et Beckman, 1998).

Si certains petits opérateurs finissent par abandonner la gestion de leurs établissements à l'opérateur le plus important en taille, d'autres parviennent à gagner en autonomie. C'est le cas d'une petite association de parents d'enfants autistes, représentée à l'Adapei qui l'a accompagnée et aidée financièrement lors de la création d'un premier établissement :

« À l'époque, rien ne se fait dans l'association A qui ne soit approuvé par l'Adapei. Parce que c'est une telle fragilité de n'avoir qu'un seul établissement, que vous

8 Le prix de journée rémunère la prestation délivrée auprès d'une personne pour une journée. Ce prix résulte des prévisions budgétaires établies par la direction de l'établissement et validées par les autorités de contrôle, à partir de l'équation : « Budget prévisionnel = prix de journée x nombre de journées ouvrables x taux d'occupation anticipé ».

> avez forcément besoin de conseils. Par exemple je me souviens de conseils juridiques, c'était l'Adapei. Le conseil en ressources humaines, c'était l'Adapei. Elle protégeait, oui, c'était l'ombre tutélaire.» (Vice-présidente, petite association de parents d'enfants autistes)

Cette association est parvenue à nouer des liens en dehors de l'Adapei, avec des experts de l'autisme, un groupe d'éducateurs spécialisés et d'autres familles, grâce auxquels elle a pu créer un nouvel établissement.

Si la plupart de ces alliances entre pairs et rivaux préservent les partages de territoires originels entre opérateurs, certaines contribuent à desserrer les conditions du couplage entre les niches économiques et les mobilisations militantes. En coopérant, les opérateurs se frottent à d'autres pratiques éducatives ou à d'autres publics et envisagent de nouvelles voies de développement, plus ou moins en lien avec les causes défendues par les fondateurs.

Les influences réciproques entre opérateurs et autorités publiques

Les interactions entre opérateurs et représentants des autorités publiques jouent également dans le sens d'une préservation des partages des territoires tout en introduisant des brèches dans les pratiques de couplage.

Chargés de l'instruction des demandes d'autorisation déposées par les associations, les IASS semblent manquer de ressources pour les évaluer: absence de données épidémiologiques locales pour s'assurer de la pertinence des besoins revendiqués par les associations; peu de temps à accorder aux inspections *in situ* pour juger de la qualité de la prise en charge des usagers; pas de prix de journée de référence pour apprécier la solidité financière des projets. La forte croissance des équipements qu'ont connus les opérateurs historiques entre les années 1960 et la fin des années 1980 pourrait laisser penser que ces derniers sont en mesure d'influencer en leur faveur les décisions relatives à l'offre d'équipement. De fait, il arrive que les opérateurs mobilisent des relais politiques et prennent de court les IASS:

> «Les grosses associations avaient toujours des projets dans les tiroirs. Et bon, ils étaient plus à l'affût. Souvent ils se renseignaient même là-haut carrément…, à la source. Et ils venaient nous voir en disant: "On a appris qu'il y a des crédits, nous on a un projet…" Et ils arrivaient avec des projets tout ficelés, les moyens arrivaient, c'étaient eux qui les avaient… quelquefois, on avait la main un peu forcée par les grosses associations qui arrivaient avec leurs projets tout faits» (IASS en Rhône-Alpes de 1970 à 2005)

Cependant, ici comme pour d'autres politiques publiques, une interprétation en termes de capture de la décision publique par les acteurs économiques qui y ont intérêt ne rend pas compte de la nature des relations entre opérateurs et représentants des autorités publiques (Carpenter, 2004; Carpenter et Moss, 2014). Tout d'abord, les actions conduites par quelques opérateurs en vue d'influencer les décisions locales bénéficient à l'ensemble des opérateurs, comme c'est le cas pour l'obtention d'importants financements dans un département. Ensuite, les facilités de développement dont disposent les opérateurs historiques ne sont pas directement liées à leurs stratégies d'influence des acteurs publics. Elles résultent plutôt des relations négociées entre acteurs interdépendants.

Si les CRISMS sont souvent décrites comme des «chambres d'enregistrement», ce n'est pas parce les opérateurs seraient parvenus à en verrouiller les décisions mais plutôt parce que les projets ont été travaillés en amont avec les IASS. Ces derniers sont donc en quête de partenaires fiables qui ne feront pas l'objet de plaintes de la part des usagers et qui seront en mesure de tenir leurs budgets. Les opérateurs historiques, afin de développer leur activité, se soumettent plus que d'autres aux épreuves de jugement que sont les séances d'examen des projets en CRISMS, qui donnent lieu à des comparaisons répétées entre opérateurs. Ils sont donc mieux connus des IASS, qui prennent moins de risques en leur confiant de nouvelles prestations qu'en misant sur un nouveau venu. Cependant, la garantie d'un avis favorable en CRISMS passe surtout par un travail sur le projet, engagé en amont de son dépôt:

> «Ils savaient que c'était très difficile d'obtenir un avis favorable de la CRISMS si le rapporteur avait un avis défavorable. Il y a un dialogue permanent entre nos administrations et le terrain… et puis on les accompagnait dans la rédaction des projets, parce que c'est vrai que… il y a vraiment un côté artisanal dans le médico-social qui fait que les projets qu'ils nous déposaient, il fallait les retravailler avec eux.» (IASS en Rhône-Alpes de 1973 à 2010)

Les négociations entre opérateurs et IASS peuvent conduire à des aménagements du contenu des projets, que les opérateurs acceptent à la fois pour éviter l'affront d'un refus du CRISMS mais également pour ne pas heurter de front l'IASS qui sera amené à contrôler leurs établissements et dont le soutien pourrait être utile sur d'autres projets:

> «… c'est beaucoup plus informel… Nous on a demandé: "Est-ce que vous êtes d'accord pour", je ne sais pas, "augmenter d'au moins de 15, par exemple, la capacité de votre établissement et d'en faire un foyer pour adultes déficients intellectuels profonds?" Souvent on les poussait un peu plus dans le projet qu'ils ne souhaitaient y rentrer… La capacité, la catégorie de handicap, c'était de l'ordre de la négociation.» (IASS en Rhône-Alpes de 1970 à 2005)

Forts de ce rapport d'interdépendance avec les opérateurs, les autorités publiques peuvent s'adresser directement à eux pour prendre en charge des situations de handicap nouvelles et complexes ou pour écouler un reliquat budgétaire. Certains opérateurs se prêtent volontiers à cette pratique de la commande, qui peut être une aubaine en situation de difficultés. En 1976, les dirigeants de l'OVE s'engagent dans un partenariat avec la DDASS pour reconvertir l'un de leurs établissements en fonction des priorités d'équipement émises par les autorités publiques. Cependant, cette stratégie de réponse aux demandes de l'administration n'est tenable qu'à condition que les orientations proposées ne contreviennent pas au projet originel de l'association. Ainsi, en dépit des sollicitations et gages de soutien réitérés de la DDASS, le conseil d'administration de l'OVE refusera longtemps de s'ouvrir au public des adultes handicapés, au nom de la fidélité au projet de l'association qui vise exclusivement les enfants.

Les interactions entre opérateurs et autorités publiques permettent de désamorcer les stratégies de capture, elles créent du jeu dans le couplage et des porosités entre les territoires économiques des associations. Comme nous allons le voir dans la partie suivante, ces lents déplacements se poursuivent jusqu'à produire de nouvelles alliances et interdépendances, autour de ressources et de relations certes plus impersonnelles mais qui n'en produisent pas moins des effets intégrateurs pour l'ensemble des acteurs du secteur.

Recouplages associatifs et ouverture de la concurrence

À partir de la fin des années 1980, l'heure n'est plus à la création massive de places mais aux reconversions et petites extensions et à des réponses à des situations spécifiques et complexes comme les déficiences psychiques, les troubles du comportement ou le vieillissement des personnes handicapées. Chez les opérateurs, ce contexte favorise des processus de découplage entre les activités économiques et les mobilisations militantes, qui fragilisent les partages de territoires. Ces découplages n'entraînent cependant ni anomie ni affrontements débridés entre associations. Coopérations et alliances se nouent autour de pôles d'expertise ou de mutualisations de moyens tandis qu'opérateurs et représentants des autorités publiques font l'apprentissage commun des appels à projets (AAP).

Acteurs et instruments du découplage

Dans de nombreuses associations, des luttes de pouvoir internes conduisent à redéfinir le projet associatif et à prendre des distances à l'égard des réseaux militants des origines. Ces reconfigurations ne sont ni brutales ni radicales et s'opèrent à des rythmes différents selon les associations. Elles sont conduites par des entrepreneurs de changement au profil hybride (Castel et Friedberg, 2010). Si le parcours de ces acteurs s'accorde avec les composantes identitaires classiques de leur association, ils mobilisent de nouvelles compétences en gestion et un esprit entrepreneurial. Selon eux, l'attachement aux réseaux personnels des militants crée des dépendances nuisibles et risque de faire obstacle à l'accès à certaines ressources, comme des informations cruciales sur les évolutions de l'offre ou de la demande (Uzzi, 1996). Ils engagent alors l'association dans une stratégie de découplage, coupant volontairement d'anciens liens pour en établir de nouveaux (Azarian, 2005; Grossetti, 2006).

Chez les gros opérateurs historiques, ces reconfigurations s'opèrent au profit des dirigeants salariés et des sièges associatifs. Des processus similaires ont lieu dans des associations de taille moyenne et petites, plutôt à partir d'un changement de président, puisqu'elles ne disposent pas, en général, d'un siège salarié. À l'OVE, de nouveaux dirigeants salariés, anciens instituteurs comme leurs prédécesseurs, se saisissent du désengagement progressif des militants pour réformer l'association. La rupture progressive des liens avec l'Éducation nationale conduit dans les années 2000 à ouvrir l'OVE au public des adultes handicapés, ce qui était jusque-là rejeté au nom de la fidélité au projet des origines (Robelet et Cret, 2015).

Les administrations en charge du financement et du contrôle du secteur connaissent d'autres formes de découplage, limitant les liens d'interconnaissance personnelle avec les opérateurs au profit d'interactions médiatisées par des instruments d'action publique. Une nouvelle génération d'IASS et de fonctionnaires territoriaux[9] cherche à réaffirmer les prérogatives de l'acteur public sur le secteur. Aimant à rappeler, comme cet inspecteur que «la mentalité, la culture d'entreprise de l'administration, c'est d'éviter les conflits d'intérêts», ils critiquent le recours des associations aux relais politiques et l'emprise qu'elles peuvent avoir sur les flux d'usagers. Plutôt qu'avec les dirigeants fondateurs, ils privilégient les relations avec les nouveaux dirigeants salariés des associations, avec qui ils travaillent sur les outils de gestion et les enjeux financiers. Ils regrettent l'autorité que certains présidents et dirigeants fondateurs ont conservé au sein des associations, qui vient parfois remettre en cause les accords négociés avec les dirigeants salariés :

> «On est souvent d'accord ensemble [avec les DG] et ils n'arrivent pas à l'imposer parce qu'ils n'ont pas à imposer à un président. C'est le président qui décide. Et quand c'est un président qui n'est pas forcément…, ou des familles qui ne sont pas forcément prêtes à entendre certaines choses, le dialogue ne se fait pas forcément» (IASS en Rhône-Alpes depuis 1998)

9 Les lois de décentralisation ont séparé et explicité les compétences du Conseil général et de l'État en matière de handicap. L'État finance et contrôle les établissements pour enfants et pour les adultes travailleurs handicapés, tandis que le conseil général a compétence sur les établissements d'hébergement pour adultes handicapées (foyers).

Les représentants des autorités publiques commencent à mobiliser de nouveaux moyens de contrôle sur l'offre d'équipement et de nouvelles formes de savoirs sur des opérateurs. La procédure d'AAP est censée éviter tout court-circuit de l'administration par les relais politiques et limiter la part de jugement personnel sur les opérateurs. La réorganisation du travail d'inspection joue également en ce sens. Les Agences régionales de santé (ARS)[10] et les conseils généraux se dotent de cellules d'inspection indépendantes des personnels en charge du suivi budgétaire des opérateurs. La procédure d'inspection se trouve ainsi détachée des relations d'interconnaissance pour fournir d'autres éléments d'informations reposant sur des indicateurs d'activité, de gestion budgétaire ou de ressources humaines[11]. La contractualisation, qui s'accélère dans les années 2000 est un autre instrument de médiatisation des relations entre opérateurs et représentants des autorités publiques, sur la base d'objectifs explicites et formalisés[12]. Elle entretient la professionnalisation des sièges associatifs et les rapprochements associatifs :

> « Pour nous il faut que les associations soient d'une taille critique. On a encore des associations qui sont des toutes petites associations, mono établissement, dépassées par l'évolution générale … parce qu'on ne gère plus comme on le faisait, un peu comme on pouvait, maintenant on est plus du tout là-dedans. C'est hyper pointu, hyper spécialisé, hyper technique… » (IASS en Rhône-Alpes depuis 2006)

L'objectif d'une taille critique est largement intériorisé et partagé par les opérateurs et constitue l'un des facteurs favorables à l'émergence de nouvelles interactions et coopérations entre associations.

Recouplages associatifs

Les processus de découplage sont inséparables de la constitution de nouvelles relations entre associations. La recomposition des cercles de socialisation des opérateurs repose moins sur des solidarités militantes que sur le partage d'une expertise ou sur des problématiques économiques communes.

10 Les Agences régionales de santé sont créées en 2010 par la fusion des organismes locaux d'assurance maladie et des services déconcentrés de l'État (DDASS et DRASS).

11 L'IGAS et la Direction générale de la cohésion sociale ont publié en novembre 2014 un Guide méthodologique pour la construction d'un contrôle d'une structure sociale et médico-sociale, à destination de ces cellules d'inspection.

12 La possibilité de contractualisation pluriannuelle avec l'État (DDASS puis ARS) a été introduite dans la loi 2002-2 rénovant l'action sociale et médico-sociale.

Une première forme de coopération concerne les flux d'usagers entre associations. Des pratiques informelles existaient déjà entre associations sœurs. Elles se formalisent et deviennent plus fréquentes car les possibilités de développement de filières internes se restreignent. Dans cette petite association parentale de 4 établissements, la création en 2005 d'un foyer de vie pour personnes handicapées mentales de plus de 45 ans a suscité un afflux de demandes, principalement en provenance d'établissements de l'Adapei. L'association formalise la gestion des flux d'usagers afin d'éviter la constitution d'une filière exclusive pour l'Adapei. Elle se rapproche d'autres associations pour établir des listes d'usagers potentiels, correspondant le mieux au projet d'accompagnement proposé par le nouvel établissement. Sans être rompus, les liens de solidarité parentale avec l'Adapei sont relâchés et associés à de nouveaux liens avec d'autres associations.

Les opérateurs coopèrent également en mutualisant leur personnel. L'OVE et une autre grande association[13] salarient chacun à mi-temps dans leur siège associatif une comptable et un responsable informatique. La circulation de ces salariés des fonctions support entre associations contribue à des échanges sur les usages des systèmes d'information de gestion, les démarches qualité ou la gestion des compétences. La constitution d'un savoir-faire local et partagé autour de ces outils peut être un atout dans les «dialogues de gestion» avec les autorités de contrôle. La mutualisation de moyens peut avoir lieu entre associations dont les relations étaient jusque-là tendues, comme dans le cas des trois associations qui accueillent les enfants et adolescents infirmes moteurs et cérébraux du Rhône. Les autorités publiques les alertent sur le sur-équipement et la sous-activité de certains de leurs établissements. Afin d'éviter une fusion imposée, les associations formalisent des partenariats pour limiter les frais de transports et mutualiser l'usage d'un équipement de balnéothérapie.

De nouvelles formes de coopération se nouent entre opérateurs et associations non gestionnaires ou groupes d'usagers. Alors que ces derniers pouvaient facilement créer et gérer leur propre structure en temps de forte croissance des équipements, ils tendent désormais à solliciter des opérateurs pour porter un projet et prendre la gestion d'une structure. À la fin des années 1990, une petite association proche de l'enseignement catholique et gérant deux établissements pour enfants déficients intellectuels est sollicitée par des familles d'enfants autistes qui cherchent des solutions de scolarisation pour leurs enfants. L'association développe alors ses compétences sur l'autisme (séjours au Québec, apprentissage de méthodes comportementales), s'intègre dans les réseaux locaux en voie de constitution autour de l'autisme, puis participe à divers groupes de travail organisés par les autorités

13 Fondée par des notables dans les années 1950, elle gère 35 établissements pour personnes handicapées et 25 établissements sociaux ou pour personnes âgées.

publiques. Avec l'appui de ces réseaux, l'association créé 4 établissements pour enfants autistes et se spécialise sur ce public.

Les associations se mobilisent également dans de nouvelles formes d'action collective. La solidarité qui s'y manifeste ne réside pas dans la référence au militantisme des origines mais dans le partage d'une identité d'opérateur gestionnaire. Les opérateurs recherchent ensemble des solutions communes face aux transformations de leur environnement (restrictions budgétaires, nouveaux instruments de contrôle, nouvelles problématiques d'accompagnement). Un groupement rassemblant la majorité des opérateurs du Rhône se créé à la fin des années 1990 autour de ces enjeux économiques et gestionnaires. L'une de leur première mobilisation porte sur l'unification des prix de journée, qui rappelons-le, sont versés aux établissements par les autorités publiques sur la base de leurs prévisions d'activité et de coût. Les écarts de prix de journée sont liés à d'anciennes pratiques de négociation budgétaires entre IASS et opérateurs, qui n'ont jusque-là pas été remises en cause. Pour ce groupe d'opérateurs, les écarts de prix de journée pour un même type de prestation ne sont pas justifiés par des éléments objectifs comme la lourdeur des situations prises en charge et ne rémunèrent pas non plus les efforts réalisés en matière de qualité ou d'innovation. Ils en appellent à un traitement plus équitable des opérateurs et à la détermination de prix moyens nationaux reposant sur une estimation du coût moyen des prestations. Ce type d'action collective qui vise à renforcer la comparabilité des prestations (à partir de la mesure de leur coût), à rendre les négociations budgétaires plus transparentes et équitables en étant fondées sur des indicateurs objectifs témoigne de l'affaiblissement des pratiques de négociations plus opaques menées entre les dirigeants fondateurs et leurs relais politiques (directeur de DDASS, membres d'un cabinet ministériel ou élu local).

D'autres opérateurs se mobilisent collectivement autour de la qualité. Ils cherchent à s'extraire d'une réputation locale de bon gestionnaire ou de bonne qualité des prestations, liée aux relations d'interconnaissance avec les autorités publiques et investissent dans la création de dispositifs de jugements plus impersonnels sur la qualité, transposables dans d'autres régions (Karpik, 2007). Au début des années 2000, quatre opérateurs (l'OVE et 3 fédérations nationales) élaborent un «référentiel qualité interassociatif» et organisent entre eux des audits croisés. La publicité de cette initiative auprès des autorités locales et nationales et dans la presse professionnelle conforte ou installe ces associations sur une échelle économique nationale. L'OVE, en apparaissant ici comme l'égale de plus grandes associations d'implantation nationale s'affiche à la fois comme un partenaire (dans la démarche qualité) et comme un concurrent potentiel de ces dernières (pour d'autres projets), susceptible, comme elles, de répondre positivement aux sollicitations des autorités publiques au-delà de son territoire géographique des origines.

Ces nouvelles interactions entre associations peuvent préparer des rapprochements plus formalisés allant jusqu'à la fusion entre opérateurs. Elles fournissent également des informations et des ressources dans le contexte d'introduction des AAP.

Apprentissages et socialisation à l'appel à projets

Alors que sous le régime des CROSMS[14] le travail en amont avec l'IASS garantissait un avis favorable d'autorisation, la procédure d'AAP repose sur des rapports plus distanciés entre les autorités publiques et les opérateurs. Ces derniers doivent convaincre deux IASS qui expertisent leur dossier écrit puis huit membres de la commission de sélection qui les auditionnent. Ces nouvelles règles font l'objet d'apprentissages en commun entre les acteurs.

Il est d'abord dans l'intérêt des IASS de faire en sorte que les candidats soumettent des réponses valables. Dans le même temps, ils doivent également veiller à la légitimité de la procédure auprès des opérateurs, en particulier à son caractère équitable. Les informations règlementaires sur les AAP ainsi que les cahiers des charges sont librement accessibles. Ces derniers sont précis, ils fournissent une analyse des besoins, une catégorie de situations ciblées, un type d'établissement, une enveloppe budgétaire et une localisation géographique. L'instruction des dossiers est réalisée à partir d'une grille établie par les IASS et des médecins, censée conduire à une évaluation objective :

> « Pour l'instruction des projets, j'avais trois parties : la qualité du projet, l'efficience médico-économique, la maturité du projet et sur ces trois items, on a décliné plusieurs critères et on a affecté à chaque item un pourcentage de pondération, 60 % sur la 1ère partie, 30 % sur la 2ème et 10 % sur la 3ème et j'ai affecté une note à chacun des sous-critères… j'ai souhaité être le plus objective possible, j'en ai pris un, je l'ai noté, j'ai pris un autre je l'ai noté, j'ai fait ça pour les 4 » (IASS en Rhône-Alpes depuis 2003)

L'équité de traitement est mise à l'épreuve lors des deux premiers AAP. L'un d'eux, auquel ont répondu 3 gros opérateurs est déclaré infructueux pour « insuffisance des réponses apportées aux prescriptions des cahiers des charges », tandis que le second est remporté par une association gestionnaire de 5 établissements, en

14 Les CRISMS sont devenues en 2002 les Comités régionaux de l'organisation sociale et médico-sociale (CROSMS).

concurrence avec deux gros opérateurs[15]. Ces premiers résultats assurent à l'ARS une bonne réputation en matière d'équité. La procédure est par ailleurs aménagée en réponse aux réclamations des opérateurs. La programmation des AAP est désormais affichée un an à l'avance sur le site internet de l'ARS et les délais de réponse passent de 90 à 120 jours.

Du côté des opérateurs, l'AAP a fait l'objet d'un apprentissage collectif. Lors du lancement des premiers AAP, certains opérateurs disposant d'un projet avec avis favorable du CROSMS ont eu des difficultés à respecter les nouvelles règles du jeu. Une association de parents d'enfants autistes a soumis un projet non seulement au-dessus de l'enveloppe budgétaire mais également très similaire à celui déposé en CROSMS, sans répondre aux attentes du cahier des charges qui, comme l'a indiqué un IASS était une «compil» des différents projets déposés en CROSMS. Comme cela a été montré dans d'autres secteurs d'activité, les échecs conduisent les candidats à davantage s'aligner sur les critères des AAP et à anticiper les attendus du bon projet du point de vue du commanditaire (Breton, 2014). Ici, l'association s'est attachée par la suite à proposer des accompagnements diversifiés de l'autisme, en lien avec des structures du secteur sanitaire.

La préparation de la réponse à un AAP suscite d'intenses échanges entre opérateurs. Ils demandent conseil aux fédérations nationales et locales, qui élaborent des guides pratiques de l'AAP et se renseignent auprès des associations lauréates qui leur transmettent leurs dossiers. Dans l'éventualité d'un AAP qui les intéresserait, certains cherchent à s'entendre pour ne pas être en concurrence le moment venu ou pour y répondre conjointement[16] :

> «Je pense qu'on pourrait être concurrent là-dessus. On en a déjà un peu parlé, sur tout ce qui est troubles verbaux, dyslexie, ils ont déjà une expérience, mais nous on va pas aller là-dessus. Voilà, je ne sais pas si l'OVE s'en rappellera puisqu'on s'est pas tapé la main en disant vous faites les troubles verbaux, nous les troubles non verbaux… Alors après rien n'empêche qu'on soit co-porteur et qu'on puisse répondre ensemble, pourquoi pas» (Directeur d'une association pour personnes cérébrolésées, gestionnaire de 10 établissements)

En amont de la candidature, les opérateurs cherchent à disposer d'informations sur les AAP à venir voire à exercer une influence sur le contenu de la programmation.

15 Entre juin 2011et juin 2015, l'ARS Rhône-Alpes a traité 20 AAP sur le handicap auxquels ont candidaté 36 opérateurs. Parmi les 13 opérateurs ayant remporté au moins 1 AAP figurent 8 gros opérateurs historiques de la région mais également des opérateurs de taille moyenne (entre 10 et 20 établissements) voire petite pour les AAP sur l'autisme.

16 Sur les 20 AAP autorisés par l'ARS Rhône-Alpes entre juin 2011 et juin 2015, 3 sont des projets conjoints entre deux (gros) opérateurs.

Les fédérations nationales revendiquent une implication plus forte des opérateurs dans la programmation des AAP. L'alternative, au niveau local consiste à «prendre rang», selon l'expression des opérateurs. Il s'agit, lors de rencontres avec les représentants des autorités publiques, d'échanger sur des projets potentiels en espérant que l'idée se retrouvera dans la programmation. Les dirigeants d'OVE, sollicités par une association de jeunes malades atteints de la maladie d'Alzheimer ont monté avec eux un projet de structure spécifique et l'ont diffusé à l'ARS. Quelques mois plus tard, l'ARS lançait un AAP pour une structure expérimentale ciblée sur ce public, remporté par l'OVE.

L'introduction des AAP, si elle produit des formes spécifiques de mobilisation et des apprentissages collectifs, conduit surtout à la poursuite de processus de découplage et de recouplage engagés par l'ensemble des acteurs. Les gros opérateurs font jouer des liens et des dispositifs de jugement impersonnels sur le marché national[17] tandis qu'au niveau local, des coopérations émergent entre opérateurs d'origines militantes différentes.

Conclusion

Le parti pris de ce chapitre était d'adopter le prisme de la concurrence pour analyser les transformations d'un champ organisationnel. Dans cette perspective inspirée de Georg Simmel, nous avons considéré la concurrence comme un ensemble d'activités et de relations sociales spécifiques conduites par une diversité d'acteurs et qui tournent autour de luttes pour des enjeux extérieurs à ces acteurs (Simmel, 2013 [1908]). Analyser par la concurrence c'est donc avant tout s'intéresser aux transformations des relations multiples qui se nouent entre les acteurs. Celles-ci évoluent moins dans leurs modalités (il s'agit toujours de séduire, de nouer des alliances, de rechercher et produire de l'information) que dans les liens à l'origine de ces interactions : le partage d'une identité d'opérateur gestionnaire et de savoir-faire techniques prend progressivement le pas sur les affinités militantes.

Cette perspective alimente les débats sur l'influence des instruments de «mise en concurrence» sur les transformations d'un champ organisationnel. Tout d'abord, l'hypothèse que ces instruments agiraient comme un choc exogène ne résiste pas à l'analyse. Leurs effets ne peuvent se comprendre qu'en tenant compte de facteurs d'inertie et de sources de transformations endogènes au champ (Thelen, 2003). L'AAP vient se greffer sur des processus – déjà engagés – de découplage entre les activités économiques et les mobilisations militantes des

17 L'OVE a ainsi obtenu davantage d'AAP en dehors que dans la région Rhône-Alpes (respectivement 5 et 3).

opérateurs et sur le renouvellement des acteurs publics et de leurs instruments. Par ailleurs, les effets de l'AAP ne peuvent être interprétés uniquement en termes de menace destructrice pour les liens sociaux, annonçant la fin du militantisme et l'emprise de l'idéologie gestionnaire. L'AAP s'avère malléable et fait l'objet d'apprentissages collectifs. Il apparaît finalement comme un facteur parmi d'autres des recompositions du milieu social autour de nouvelles formes de coopérations entre opérateurs, de mobilisations collectives et d'alliances avec de nouveaux acteurs militants. Le modèle de l'association gestionnaire aux origines du secteur du handicap coexiste ainsi de plus en plus avec d'autres formes d'articulation entre de nouvelles revendications militantes (autour de la prise en compte de la singularité des parcours et de situations de handicap complexes) et des opérateurs gestionnaires dont les fonctions militantes s'affaiblissent.

Chapitre 6

Concurrence, rhétorique et mécano institutionnel : les usages stratégiques des dispositifs d'organisation de la recherche

Julien Barrier, Audrey Vézian

Introduction

RTRA, RTRS, Cancéropôles, SIRIC, Labex[1]... En France, depuis le début des années 2000, le monde de la recherche publique a été marqué par une floraison de nouveaux dispositifs d'organisation de la recherche, fondés sur le regroupement d'équipes ou de laboratoires[2]. En dépit de nombreuses différences de statuts, de taille, de moyens financiers ou de modes de fonctionnement, ces dispositifs ont tous un dénominateur commun : en incitant les chercheurs à se fédérer sur des thématiques prioritaires et en promouvant la structuration de pôles géographiques spécialisés, ils visent à renforcer leur performance et leur « visibilité » sur la scène internationale. Par exemple, l'objectif du RTRA « Triangle de la Physique » créé en 2007 est de « rassembler autour de thématiques ciblées, à fort potentiel structurant et par-delà les clivages dus à leur appartenance à des organismes divers, un ensemble de laboratoires, équipes et chercheurs en physique, concentrés sur le triangle géographique Palaiseau-Orsay-Saclay »[3].

1 Ces acronymes désignent respectivement : les Réseaux thématiques de recherche avancée (RTRA), les Réseaux thématiques de recherche et de soins (RTRS), les Sites de recherche intégrée sur le cancer (SIRIC) et les Laboratoires d'excellence (Labex).

2 Ces dispositifs ne sont pas entièrement nouveaux dans leur principe, puisqu'on retrouve certaines initiatives similaires dès les années 1970. Mais leur usage est devenu de plus en plus fréquent et systématique.

3 Le « Triangle de la physique » est l'un des treize RTRA crées par la loi de programme pour la recherche de 2006.

Si de nombreux observateurs ont pointé les lourdeurs administratives liées au fonctionnement de ces structures[4], ce chapitre propose d'analyser les formes spécifiques de concurrence générées par leur multiplication et leur institutionnalisation. Certains travaux ont déjà souligné les effets de contrôle et d'orientation de la recherche exercés par les appels d'offre qui président à la mise en place de certaines de ces structures : la concurrence pour obtenir les moyens associés à un dispositif incite les chercheurs à formuler des projets qui s'alignent le plus possible sur les critères de sélection définis par les financeurs (Mignot-Gérard, 2012). Nous proposons d'adopter une autre focale et de mettre en évidence le travail de mécano institutionnel auquel se livrent les chercheurs engagés dans l'élaboration, la mise en forme ou l'assemblage de ces structures ; nous montrerons en quoi ce travail est lié à l'évolution des formes de la concurrence pour les financements. En effet, en plus de bénéficier des financements associés à ces dispositifs, les chercheurs peuvent se servir de ces structures organisationnelles pour légitimer, promouvoir et défendre leurs intérêts auprès de différents auditoires : pairs scientifiques, partenaires industriels, décideurs publics ou organismes financeurs. La plus ou moins grande capacité des chercheurs à participer au montage de ce type de structures – et à peser sur la définition de leur périmètre, de leurs objectifs et des thématiques qui y sont représentées – contribue ainsi à déterminer leurs chances futures d'obtenir des ressources.

En s'appuyant sur des enquêtes sur les secteurs de la cancérologie et des micro/nanotechnologies (Encadré 1), l'objectif de ce chapitre est de mettre en lumière certains des ressorts de la concurrence dans le monde de la recherche, en montrant en quoi ces dispositifs représentent à la fois un enjeu de lutte et une ressource mobilisable dans la concurrence pour les financements. Dans la perspective plus générale de cet ouvrage, il propose de dégager une modalité originale d'usage de dispositifs organisationnels dans des luttes concurrentielles[5].

Dans un premier temps, nous reviendrons sur les caractéristiques des dispositifs étudiés afin de préciser la façon dont nous analysons leurs usages. On montrera, dans un deuxième temps, comment les chercheurs mobilisent différents dispositifs pour promouvoir leurs activités auprès des financeurs et marginaliser leurs concurrents potentiels. Enfin, dans un troisième temps, nous montrerons que face à la multiplication de ces dispositifs, le travail de mécano institutionnel pris en charge par les chercheurs devient non seulement plus intense, mais constitue un ressort de plus en plus décisif de la concurrence pour les financements.

4 Académie des sciences (2012). Remarques et propositions sur les structures de la recherche. Paris : Editions Lavoisier.

5 Considérant à la suite de Simmel (2013 [1908]) que la concurrence constitue une forme de lutte indirecte, notre analyse porte sur les stratégies déployées par les acteurs pour s'imposer face à leur concurrents.

Encadré 1. Données et dispositif d'enquête

Cette contribution s'appuie sur deux séries d'enquêtes conduites depuis près d'une dizaine d'années sur la recherche en cancérologie, d'une part, et sur la recherche en électronique et micro/nanotechnologies, d'autre part. Dans chacun de ces secteurs, nous avons réalisé plus de 150 entretiens approfondis, dépouillé des archives personnelles et institutionnelles, recueilli des données quantitatives et mené des observations ethnographiques. En menant une analyse croisée des dynamiques à l'œuvre dans ces deux domaines, *a priori* très différents sur le plan épistémique, l'objectif est de mettre en évidence des logiques institutionnelles transversales, non spécifiques à un secteur disciplinaire particulier.

Ces deux secteurs sont ici considérés comme des cas révélateurs des grandes recompositions institutionnelles de la recherche publique en France. A l'instar de nombreuses disciplines expérimentales, la concurrence pour les financements y représente un enjeu majeur, dans un contexte où l'activité des laboratoires est de plus en plus conditionnée par l'obtention de ressources contractuelles auprès de financeurs publics ou privés (Barrier, 2011 ; Aust, cet ouvrage). Ces deux domaines ont également été marqués par la montée en puissance des nouveaux dispositifs d'organisation de la recherche auxquels s'intéresse cette contribution. Les pouvoirs publics ont ainsi soutenu la création de sept cancéropôles au cours des années 2000, afin de coordonner et de rapprocher l'ensemble des acteurs de la recherche en cancérologie dans des structures ayant une assise territoriale (Vézian, 2014). Ils associent des équipes de recherche académique, des centres de lutte contre le cancer (CLCC), des centres hospitalo-universitaires (CHU), ainsi que des entreprises du secteur de la santé. Une logique comparable est à l'œuvre dans le domaine de l'électronique et des micro/nanotechnologies où, par exemple, un ensemble d'acteurs scientifiques et industriels de la région grenobloise a constitué le pôle d'innovation Minatec (Hubert, 2014). A ces grandes structures, qui réunissent plusieurs centaines ou milliers de chercheurs, s'ajoutent de très nombreux dispositifs dits de « structuration de la recherche » qui se déploient à différentes échelles territoriales et institutionnelles – ils seront évoqués au cas par cas dans la suite du texte.

Les dimensions matérielles et symboliques des dispositifs d'organisation de la recherche

Depuis la fin des années 1990, un nombre croissant d'instruments d'action publique se sont appuyés sur la création de structures organisationnelles comme un moyen privilégié d'intervention sur la recherche (Branciard et Crespy, 2007). Selon une logique procédurale, les pouvoirs publics cherchent à promouvoir des objectifs stratégiques (stimuler des partenariats entre universités et entreprises, concentrer des moyens sur des pôles thématiques…) en poussant les acteurs de la recherche à adopter des formes d'organisation spécifiques. Celles-ci prescrivent un cadre, des règles ou un format institutionnel à respecter, tandis que la définition de leur contenu scientifique est laissée à l'initiative des chercheurs qui proposent un projet. Ces projets sont soumis à une procédure de sélection, dont les modalités varient suivant les dispositifs (appel d'offre ouvert ou bien négociation de gré à gré entre scientifiques et autorités publiques), toutes permettant d'obtenir la création et la reconnaissance officielle d'une structure. Ces procédures dites de « labellisation » donnent généralement accès à des financements, dont le montant varie fortement en fonction des dispositifs, du simple soutien incitatif jusqu'à la concentration de ressources conséquentes sur des domaines jugés prioritaires.

Ce chapitre se centre plus spécifiquement sur les structures visant à rassembler des laboratoires ou des équipes de recherche. D'un point de vue empirique, elles se distinguent des *projets de recherche* au sens le plus courant du terme. Bien qu'elles impliquent la définition d'un programme ou d'objectifs scientifiques, leur fonction n'est pas d'organiser la production de connaissances sur un sujet étroitement circonscrit, mais plutôt de « structurer la recherche » en fournissant un substrat institutionnel propice à l'émergence de nouvelles opérations scientifiques. Par ailleurs, elles se différencient des structures plus pérennes et plus institutionnalisées que sont les *laboratoires* ou les *unités de recherche*, auxquelles elles viennent se superposer pour offrir des outils de coordination et de collaboration plus souples aux chercheurs, en facilitant par exemple le travail à l'interface de plusieurs domaines scientifiques. De façon plus globale, ces structures s'inscrivent dans une matrice cognitive commune, fondée sur l'idée que les politiques de la science doivent faciliter et encourager les interactions entre différents acteurs en les fédérant autour d'un objectif commun afin de stimuler l'innovation et la performance scientifique (Jouvenet, 2012). Cette « injonction à la coopération » vise, par exemple, à renforcer des processus de spécialisation scientifique, à favoriser la mutualisation d'équipements coûteux, ou encore à favoriser des échanges entre des institutions différentes. Ce modèle organisationnel est devenu si prégnant que, dans certains cas, les chercheurs prennent eux-mêmes l'initiative de créer des structures fédérant des équipes ou des laboratoires, hors de toute incitation publique, mais en reprenant la même logique. Ces structures peuvent, par exemple, prendre la forme d'une association loi 1901, destinée à promouvoir et structurer un domaine de recherche à l'échelle régionale ou nationale (Crespy, 2015).

Même si, au sein de cet ensemble plus restreint, on note encore une certaine diversité de formats, de fonctionnements et d'objectifs, ce qui importe le plus pour notre propos est le fait que ces dispositifs impliquent, d'une manière ou d'une autre, l'élaboration d'une structure organisationnelle. Dans tous les cas, *a minima,* ils instituent administrativement un collectif, défini par un périmètre, chargé d'une mission et doté de représentants officiels[6]. Plutôt que d'envisager les structures formelles comme des outils de coordination de l'action collective, comme c'est plus habituellement le cas en sociologie des organisations, nous nous intéressons ici à la façon dont elles peuvent être utilisées pour constituer et défendre des «territoires» scientifiques (Musselin, 1990). Nous considérons en effet que la concurrence au sein du monde académique s'articule, au moins en partie, autour de la capacité des chercheurs à formaliser, à organiser, à faire reconnaître et à rendre visibles des collectifs afin d'obtenir des ressources ou de sécuriser leur position vis-à-vis de leurs concurrents. Cette dynamique est bien illustrée, par exemple, par les luttes autour de l'institutionnalisation de spécialités ou de disciplines scientifiques. Dans ce cadre, l'établissement de structures organisationnelles (laboratoires, instituts, départements universitaires, etc.) est un élément essentiel des stratégies de mobilisation de ressources et de légitimation engagées par les chercheurs.

En partant de ces propositions, notre analyse porte moins sur ces structures en tant qu'organisations déjà instituées, que sur les mécanismes impliqués dans leur construction et leur mobilisation. La métaphore du mécano institutionnel employée ici n'est pas à prendre dans un sens statique, mais vise plutôt à décrire un processus d'organisation «en train de se faire». Dans cette optique, ces dispositifs nous semblent devoir être analysés dans leurs dimensions à la fois *matérielles* et *symboliques*. La création de telles structures engage, tout d'abord, des intérêts matériels, notamment parce que l'inclusion ou l'exclusion de certaines thématiques dans le périmètre d'un groupement a pour conséquence d'ouvrir ou de fermer des opportunités de financement. De même, ces dispositifs ont une certaine matérialité technico-administrative: si les chercheurs jouent avec eux en les enrôlant dans leurs stratégies de mobilisation de ressources, leur manipulation obéit à des routines et des règles bureaucratiques qui bornent l'étendue des usages possibles et impliquent tout un travail de rédaction, de coordination ou de concertation qui est coûteux en temps.

Souligner les dimensions symboliques de ces structures, ensuite, renvoie au fait qu'elles véhiculent et produisent des représentations de la réalité. Elles incorporent *de facto* un certain nombre de normes, de croyances et de prescriptions – des «mythes rationnels» au sens de Meyer et Rowan (1977) –

6 Ces structures ne réunissent pas forcément l'intégralité des éléments classiquement considérés comme constitutifs d'une organisation et donc peuvent être assimilés à des «organisations partielles» (Arhne et Brunsson, 2010). Si certaines ont une architecture et des mécanismes de contrôle internes élaborés, d'autres n'existent guère que sous la forme de rapports d'activité plus ou moins réguliers.

qui se sont diffusés dans le champ scientifique[7]. En affichant leur conformité à des normes dominantes, ces structures confèrent une forme de légitimité à leurs membres. Toutefois, cette dimension symbolique ne se limite pas à une logique de conformation plus ou moins passive à des injonctions externes. Ces structures organisationnelles fournissent également des ressources *rhétoriques*, non au sens banal de «discours creux» mais au sens premier de production d'une argumentation destinée à persuader un auditoire. Cet enjeu, fréquemment ignoré dans les travaux sur l'organisation de la recherche, nous semble pourtant essentiel pour saisir les ressorts de la concurrence entre chercheurs.

Individuellement et collectivement, les chercheurs sont en effet constamment engagés dans des initiatives visant à convaincre différents auditoires – politiques, administratifs, scientifiques ou encore médiatiques – de l'importance et de la pertinence de leurs projets afin d'obtenir des ressources. La concurrence pour les financements se structure ainsi, au moins en partie, comme un «espace rhétorique» (Van Lente et Rip, 1998), où s'affrontent des argumentaires. Dans cette optique, la création d'une structure dédiée à telle ou telle spécialité scientifique peut être considérée comme un geste rhétorique à part entière, au même titre qu'un texte de prospective scientifique, car elle peut être invoquée à l'appui d'une argumentation («les meilleurs spécialistes de X sont rassemblés dans la structure Y, il faut financer leur projet Z»). Il convient alors de s'interroger sur les opérations de «représentation» de la réalité scientifique qui se jouent au travers de la mise en forme administrative des activités de recherche (Cambrosio *et al.*, 1990), car elles peuvent justement alimenter des stratégies rhétoriques qui contribuent à définir les thèmes de recherche susceptibles d'être financés.

La carte et le territoire : représenter et faire exister des collectifs scientifiques

Si la création d'une structure de regroupement de laboratoires permet d'obtenir directement des financements (plus ou moins importants suivant les cas), elle donne aussi accès à des ressources symboliques, qui peuvent être mobilisées ultérieurement dans la concurrence pour les financements. Ces dispositifs d'organisation permettent notamment aux chercheurs de faire exister, de représenter et de légitimer des collectifs de recherche au sein de «l'espace rhétorique» dans lequel s'inscrit la concurrence scientifique.

7 On pense notamment à la notion de «taille critique» dans les structures de recherche, ou l'idée que la concentration de laboratoires dans un pôle géographique est nécessairement un facteur de performance scientifique – deux idées très répandues mais dont les fondements sont, au mieux, ambigus (Bonaccorsi et Daraio, 2005).

Mobiliser des structures organisationnelles comme des ressources rhétoriques

La création de structures de regroupement de laboratoires met en jeu des stratégies d'accumulation de ressources symboliques et rhétoriques. Les motifs qui président à leur mise en place renvoient, dans un certain nombre de cas, à la recherche d'une conformité stratégique à des normes légitimes. En particulier, comme de nombreux programmes ciblent le financement de projets collaboratifs, où l'association de plusieurs entités distinctes (plusieurs laboratoires, plusieurs disciplines, etc.) est une condition d'éligibilité, on observe des stratégies de création de groupements dont le périmètre coïncide avec les critères de sélection de différents programmes de financement. Dans certains cas, on observe même des stratégies clairement opportunistes, lorsque des structures sont délibérément mises en place pour correspondre à un schéma de financement, sans que cela ne corresponde à des coopérations effectives.

> « Il y avait un soi-disant institut X, et ça ne fonctionnait pas du tout. C'était entre trois labos de chimie plus un ou deux labos de physique, soi-disant pour faire l'interface entre physique et chimie [...]. C'était une pompe à fric du ministère à travers un PPF [Plan Pluri Formation]. On faisait des plans soi-disant inter laboratoires, et en fait on se partageait l'argent. » (Directeur de laboratoire, chimie)

De fait, ces comportements stratégiques peuvent parfois être encouragés au sein des structures elles-mêmes, dans la mesure où cela leur permet de légitimer leur existence. Les équipes de direction des Cancéropôles ont ainsi pu inciter les porteurs de projet à intégrer d'autres équipes présentes sur le périmètre couvert par chaque Cancéropôle. Cette recommandation – voire injonction – relève davantage d'une logique de représentation que d'un intérêt purement scientifique.

> « On m'a dit que ce serait mieux d'y aller avec une autre équipe de Marseille. Mais je peux vous dire que sur ce projet, la valeur ajoutée de cette équipe est nulle ». (Chercheur biologiste CNRS)

Mais ces dispositifs offrent surtout un ensemble de ressources rhétoriques qui peuvent être réinvesties dans des demandes de financement. Ils peuvent en effet fonctionner comme des labels constituant l'un des nombreux indices objectivés de la reconnaissance scientifique des laboratoires. La valeur symbolique d'une structure est d'autant plus distinctive et élevée que le processus qui a mené à sa reconnaissance est sélectif et répond aux canons légitimes de l'évaluation scientifique.

De ce point de vue, les structures créées dans le cadre d'un appel d'offres ouvert et compétitif sont les plus distinctives. Cette hiérarchie est bien illustrée par les appréciations inégales portées sur deux structures lyonnaises de recherche en cancérologie : le Cancéropôle « Lyon Auvergne Rhône-Alpes » (CLARA) créé en 2003, et « Lyon Synergie Cancer », RTRS labellisé en 2007. Le label associé au RTRS est unanimement considéré comme le plus distinctif. En effet, si les consortiums d'équipes de recherche préfigurant les Cancéropôles ont été identifiés en 2003 à la suite d'un appel à propositions national, la sélectivité du processus est considérée moindre que dans le cas des RTRS. Des logiques d'aménagement du territoire ont indéniablement constitué un des facteurs ayant présidé au choix des sept Cancéropôles, qui couvrent l'ensemble du territoire métropolitain. A l'inverse, la création du RTRS sur la cancérologie à Lyon en 2007 résulte d'une double compétition, qui se situe à la fois entre différentes spécialités de recherche médicale en concurrence pour obtenir un RTRS, mais aussi entre différents sites de recherche en cancérologie. En 2007, il constitue ainsi le seul projet identifié dans le secteur de la cancérologie à l'échelle nationale parmi les sept retenus, toutes thématiques médicales confondues. Sa valeur est d'autant plus élevée aux yeux des acteurs que ce projet a été mis en compétition avec des projets déposés par des institutions et des équipes de recherche de la région parisienne – généralement considérées comme les leaders scientifiques de la recherche en cancérologie au niveau national et européen.

Si l'effet de label est particulièrement visible et important pour les dispositifs qui s'appuient sur un appel d'offres, il apparaît aussi dans le cas des différentes structures qui bénéficient de la reconnaissance d'un organisme national de recherche comme l'INSERM ou le CNRS, ou bien du ministère de l'enseignement supérieur et de la recherche[8]. Bien qu'ils ne résultent pas d'une mise en concurrence explicite des chercheurs, leur création repose aussi sur un principe de sélection et découle d'une évaluation scientifique. Ils constituent à ce titre un label dont la valeur est non négligeable, comme le souligne un directeur de laboratoire d'ingénierie dont l'université a mis en place des pôles scientifiques regroupant plusieurs laboratoires. Il a tenu à ce que le pôle dont il relève ne soit pas qu'une structure interne à l'établissement, mais soit une fédération reconnue par le CNRS.

> « On pourrait dire : puisqu'il y a le pôle, ce n'est pas nécessaire d'avoir la fédération. Oui mais le pôle n'est pas reconnu par le CNRS. Donc, la fédération c'est simplement la reconnaissance par le CNRS de l'existence du pôle [...]. La reconnaissance CNRS, elle est importante pour aller demander des projets ANR ou autres. C'est un label de plus, surtout, parce que sinon ça ne nous apporte que 25 000 euros par an. » (Directeur de laboratoire, science des matériaux)

8 A l'instar des Groupements d'Intérêt Scientifique (GIS), des Fédérations de Recherche du CNRS ou encore des Instituts Fédératifs de Recherche (IFR).

Il est frappant de constater que les chercheurs interviewés mettent moins l'accent sur les financements directement obtenus *via* les dispositifs, que sur la reconnaissance que procurent ces derniers – et ce même lorsqu'ils sont assortis de financements relativement importants, comme c'est le cas avec les RTRS.

On saisit bien là l'une des propriétés spécifiques des dispositifs d'organisation de la recherche : ils sont à la fois des outils de financements, des instruments de coordination (dotés de mécanismes de gouvernance plus ou moins élaborés) et des marqueurs symboliques explicitement conçus comme des labels de qualité. Ces structures vont également pouvoir être converties en *ressources rhétoriques* et circuler sous une forme « sténographique » dans des textes (d'où l'importance des acronymes), afin de crédibiliser et de légitimer des demandes de financement. Elles fournissent non seulement des indices de qualité scientifique, mais peuvent être mobilisées pour « objectiver » des dynamiques de coopération, dans un contexte saturé d'injonctions à la coopération.

Cela apparaît très clairement dans un argumentaire de demande de labellisation, rédigé dans le cadre de l'appel à projets lancé pour la création des pôles de compétitivité en 2004-2005. Dans le texte qui suit, extrait du projet déposé par des acteurs de la région Bretagne, les références à toute une série de structures intervenant dans le domaine de la recherche en optique et photonique sont destinées à appuyer la demande de création d'un pôle spécialisé dans les technologies de l'information :

> « Le domaine de l'optique se caractérise par un réseau de PME et un milieu académique actifs et bien implantés [...]. Les PME de Lannion, le groupement PERDYN, l'ENST Bretagne, le GIS FOTON (comportant en particulier un laboratoire à l'ENSSAT), la plate-forme PERSYST, l'association PERFOS, le pôle optique de la division R&D de France Télécom, constituent les acteurs du pôle optique breton. »[9]

Ces dispositifs sont mobilisés à l'appui de la candidature comme autant d'indices du dynamisme des acteurs du territoire et de leur capacité à coopérer – un critère justement mis en avant dans le cahier des charges de l'appel à projets des pôles, à l'instar de nombreux autres dispositifs. On remarque que, dans la mesure où elles ont une enveloppe organisationnelle, les infrastructures de recherche comme les plateaux techniques ou les plateformes expérimentales peuvent également être mobilisées dans ce sens.

9 Région Bretagne, pôle de compétitivité Images et Réseaux, projets de coopération, février 2005, p. 17-18.

Le dossier de candidature pour la reconduction du Cancéropôle CLARA, déposé auprès de l'Institut national du cancer en 2006, offre une illustration complémentaire de ce type de stratégie. Il met l'accent sur «la mise en réseau» de plates-formes technologiques (ETOILE - Espace de Traitement Oncologique par Ions Légers Européen), d'institutions de recherche reconnues (Centre International de recherche sur le cancer) et de pôles labellisés présents sur son territoire (le pôle de compétitivité LyonBiopôle, le projet NanoBio, le RTRS Lyon Synergie Cancer). L'affichage de cette volonté de coopération se traduit par un graphique présentant un schéma matriciel, qui constituera par la suite l'élément de base de toute la communication interne et externe du Cancéropôle (Figure 1).

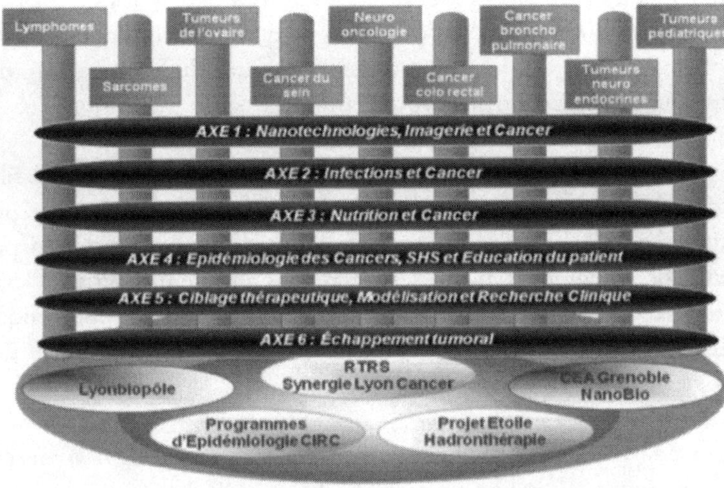

Illustration 1: Représentation du Cancéropôle CLARA[10]

Un ensemble complexe de dispositifs hétérogènes se trouve ainsi «encapsulé» dans un schéma simplifié, qui les convertit en une ressource rhétorique permettant de mettre en scène l'excellence de la recherche lyonnaise en cancérologie.

Représenter et être représenté

Au-delà des stratégies qui visent à maximiser ses chances d'obtenir un financement auprès de différents guichets, la concurrence entre chercheurs se joue aussi autour de leur capacité à peser, *en amont*, sur la définition des thématiques scientifiques qui vont être éligibles ou, mieux, définies comme prioritaires dans des programmes

10 Figure extraite d'un dossier de candidature pour la reconduction d'un Cancéropôle.

de financement. Au lieu de se conformer à des conditions de concurrence prédéfinies, ils cherchent à jouer sur les paramètres mêmes de la concurrence afin de renforcer leur position à l'avenir.

Cet enjeu se manifeste entre autres dans les processus de définition «d'axes de spécialisation» ou des «domaines d'excellence» au sein d'un cadre institutionnel de référence – que ce soit à l'échelle d'un établissement, d'un territoire ou encore d'une discipline au niveau national – pour en faire des domaines prioritaires dans l'allocation de moyens. Sous une forme ou un autre, ces procédures engagent la formalisation d'un collectif, plus ou moins institutionnalisé suivant les cas, sur lequel doivent être ciblées des ressources (par exemple un pôle thématique au sein d'un établissement). Ce travail s'appuie sur des analyses du potentiel de recherche existant afin de dégager les thématiques qui méritent d'être soutenues en priorité. Il s'agit généralement de dresser la carte des activités les plus originales et/ou les plus performantes dans tel ou tel cadre institutionnel de référence[11]. Différents principes d'objectivation des activités scientifiques sont mobilisés: outre un ensemble de données quantitatives (nombre de chercheurs présents sur telle ou telle thématique, décompte des publications, etc.), l'accumulation de labels et la mise en exergue de différentes structures peuvent également servir, comme on l'a vu, à accréditer l'existence d'une dynamique scientifique. Toutefois, ces cartographies de l'activité scientifique ne sont pas de simples descriptions neutres de la réalité et s'imposent rarement d'elles-mêmes: elles donnent fréquemment lieu à des débats, des controverses et des luttes de pouvoir, notamment quand les indices mobilisés sont jugés ambigus, voire contradictoires (Younès, 2012). Un professeur, responsable d'une équipe de recherche sur les composants et circuits micro-ondes, pointe par exemple l'existence d'un décalage entre les représentations dominantes et ce qu'il estime être la réalité du potentiel scientifique existant dans son domaine en Ile-de-France.

> «Je me suis retrouvé une fois il y a quelques années avec des industriels qui essayaient de faire le tableau des micro-ondes en Ile-de-France et je me suis dit: c'est une catastrophe, ils font le tableau des micro-ondes d'il y a 5 ou 7 ans. C'est ça le problème, il faut le temps d'être connu et ça ne se fait pas en 5 minutes [...]. En région parisienne, il y a des gens qui ont réussi à faire des choses comme Optics Valley [une association qui regroupe des acteurs de la filière optique-photonique]. C'est bien pour eux, mais ils vident tout le reste [...]. Une petite équipe ne trouve pas d'argent, parce que tout l'argent est pompé par Optics Valley, elle ne peut pas trouver d'industriels, parce que les industriels n'entendent parler que d'Optics Valley.» (Professeur, laboratoire d'électronique et de télécommunications)

11 Par carte, on entend ici une représentation simplifiée de l'état des recherches dans un domaine et de leur distribution institutionnelle et géographique.

Dans ce cadre, la concurrence pour les ressources prend la forme spécifique d'une lutte pour la définition d'une cartographie légitime de l'espace scientifique. On observe ce phénomène dans de nombreux contextes, mais il est particulièrement visible à l'occasion de la définition de pôles régionaux. En effet, dans un contexte caractérisé par l'affirmation de politiques nationales fondées sur la différenciation des territoires, qui promeuvent des spécialisations par pôle géographique, une large part de la compétition pour l'obtention de financements réside dans l'identification de spécificités territoriales. Les conseils régionaux sont eux-mêmes en compétition les uns vis-à-vis des autres pour obtenir des subventions nationales (Aust *et al.*, 2011). Ils s'efforcent donc d'identifier des avantages comparatifs qui, sur le plan scientifique, peuvent les distinguer ou les rendre complémentaires vis-à-vis d'autres territoires. Or, dans la mesure où leur expertise scientifique est limitée, les conseils régionaux s'appuient fortement sur les communautés académiques locales pour définir des priorités (Crespy, 2015). Pour cela, ils encouragent fréquemment la mise en place de structures intermédiaires resserrées autour de quelques grandes thématiques prioritaires[12]. La définition du périmètre de ces structures représente alors un enjeu majeur, car elle peut déterminer l'ouverture d'opportunités de financements à l'échelle régionale.

Ce point est bien illustré par certaines des réactions suscitées par le lancement de l'opération Minatec à Grenoble au début des années 2000. Minatec vise à fédérer des acteurs scientifiques et industriels pour constituer un pôle de recherche et développement sur les micro/nanotechnologies de premier plan en Europe, en bénéficiant notamment de la présence d'acteurs industriels majeurs du domaine comme l'entreprise STMicroelectronics. Le succès scientifique – et le retentissement public – de l'opération grenobloise apparaît comme une menace aux yeux d'un certain nombre de chercheurs basés en Ile-de-France. En effet, si cette région représente une part importante de la production scientifique en nanosciences en France, ce domaine n'est alors pas considéré comme une priorité par les autorités régionales, comme l'indiquent les propos d'un chercheur francilien interviewé en 2005.

> «Insidieusement il y a l'idée que finalement les nanotechnologies sont toutes à Grenoble [...] L'impact que ça a, c'est par exemple pour les pôles de compétitivité, les nanotechnologies étaient sur Grenoble. Ce qui fait que l'Île-de-France ne pouvait pas proposer de projet, en se disant: on ne va pas aller au clash, on va jouer la carte de la complémentarité... d'où un positionnement plus centré autour des architectures de logiciels, etc. Alors que le potentiel, pas seulement académique,

12 Les exécutifs régionaux sont soucieux de ne pas multiplier ces dispositifs, à la fois pour éviter le «saupoudrage» des financements et limiter le nombre de leurs interlocuteurs dans la communauté scientifique.

> mais aussi industriel, est très fort en Île-de-France. On finit par apparaître comme des doublons du pôle grenoblois, alors que l'on a un potentiel au moins égal sinon supérieur. Ça va jouer aussi sur les financements qu'on peut recevoir. OK, on répond à des appels d'offres, mais en amont il y a des gens qui structurent les appels d'offres, et là ce n'est pas en notre faveur.» (Directeur de recherche CNRS, laboratoire de nanosciences)

Plusieurs chercheurs basés en région parisienne se saisissent alors d'une initiative lancée par le CNRS, visant à structurer une série de «centres de compétences» régionaux dans le domaine des nanosciences, appelés C'Nano. En instituant des représentants de la recherche en nanosciences à l'échelle régionale, la structure leur permet de se faire reconnaître comme des interlocuteurs légitimes. Elle leur offre un cadre organisationnel pour faire valoir le potentiel scientifique de l'Ile-de-France auprès des instances régionales et servir de relais dans l'allocation de financements. Interviewé à nouveau deux ans plus tard, fin 2007, le même chercheur souligne le succès de cette initiative, qui a débouché sur le financement par la région de plusieurs appels à projets ciblés sur les nanosciences, réservés aux équipes membres du centre régional de compétences.

Les luttes qui se nouent autour de la reconnaissance de pôles thématiques se déclinent aussi au sein de ces structures organisationnelles, où l'on observe des rivalités internes autour de la sélection et de l'affichage des domaines de recherche prioritaires. Dans le cadre du Cancéropôle CLARA, l'affichage d'un axe «Nutrition & Cancer» fait l'objet de vifs débats en 2005. En effet, cette initiative apparaît aux yeux des membres lyonnais du Cancéropôle comme une façon de donner une caution scientifique à l'intégration d'équipes de Clermont-Ferrand, travaillant sur la nutrition mais qui n'avaient pas été inclues dans le CLARA lors de sa création en 2003. Ce choix est vivement critiqué par les acteurs lyonnais qui y voient davantage le résultat d'une décision politique que d'une logique scientifique. Selon eux, l'accent mis sur la thématique «Nutrition & Cancer» permet avant tout d'assurer une représentation des acteurs clermontois aussi bien au sein des axes scientifiques que des instances décisionnelles puisque un co-directeur scientifique sera nommé au sein de l'équipe de direction du Cancéropôle.

Ces derniers exemples rendent particulièrement visible le fait que les dispositifs d'organisation de la recherche engagent des opérations de représentation dans le double sens du terme: elles contribuent à la fois à établir une *représentation* du paysage scientifique établissant une hiérarchie symbolique de différents domaines de recherche et, ce faisant, à instituer des *représentants* légitimes qui défendent leurs intérêts scientifiques dans différentes enceintes et lieux de décisions.

Extension du domaine de la lutte : le mécano institutionnel comme travail sur la concurrence

Jusqu'à présent, on s'est surtout intéressé à la façon dont les chercheurs utilisent des dispositifs organisationnels dans leurs stratégies de mobilisation de ressources. Nous proposons maintenant de montrer que ces stratégies reposent, en dernière instance, sur un ensemble de pratiques habituellement associées à des logiques bureaucratiques : travail de coordination administrative, élaboration de dossiers, ou encore (re)modelage de schémas d'organisation. Dans un contexte marqué par la prolifération de formes organisationnelles, on assiste ainsi à une extension des ressorts de la concurrence pour les financements, qui se traduit par une implication de plus en plus forte des chercheurs dans le jeu du mécano institutionnel.

Un travail expansif et permanent

A l'instar de nombreuses autres tâches multiformes de gestion, de coordination et d'administration de la recherche, la création et la mise en forme de ces structures organisationnelles semblent occuper une place croissante dans l'activité des chercheurs depuis le début des années 2000 (Barrier, 2011). Si ces tâches sont volontiers qualifiées de « travail administratif » par les acteurs, elles renvoient de fait à des stratégies de sécurisation et de mobilisation de financements. Ce travail a un caractère expansif : il n'est jamais achevé et tend au contraire à s'auto-alimenter. En effet, ne pas le mener à bien, c'est risquer de se priver d'opportunités de financement au profit de ses concurrents, alors même qu'il est difficile pour les chercheurs de préjuger *a priori* du succès ou de l'intérêt des initiatives qu'ils mettent en place. Outre le fait que de nombreux dossiers de candidature à des labellisations sont sanctionnés par des échecs, l'intérêt de certaines structures peut se révéler, avec le temps, très limité. C'est par exemple le cas d'un groupement de laboratoires d'électronique, créé pour servir de plateforme pour élaborer de grands projets associant plusieurs laboratoires, en réponse à des appels d'offres de Délégation générale pour l'armement. Il ne débouche finalement que sur de « petits contrats » qui déçoivent largement les attentes du professeur qui l'a lancé. Il s'ajoute à une série de dispositifs « fantômes », qui n'ont qu'une existence administrative.

L'incertitude est entretenue par le renouvellement fréquent de « l'offre » de dispositifs par les pouvoirs publics qui ouvrent de nouveaux jeux de positionnement et de concurrence entre les laboratoires. La période de réforme qui s'ouvre en 2004, dans le sillage des Assises de la recherche, et se poursuit jusqu'au début des années 2010 avec le programme « Investissements d'avenir », est marquée par le lancement de nombreux dispositifs. Les chercheurs expriment fréquemment leur embarras face à la multiplication de ces initiatives. Compte-tenu du temps et de l'engagement que représente la préparation des dossiers, dont les retombées ne sont pas toujours claires à leurs yeux, les chercheurs se demandent fréquemment si «le jeu en vaut la chandelle». Toutefois, l'attitude qui prévaut, presque systématiquement, est de ne laisser passer aucune opportunité. En incitant les acteurs à s'investir dans différents dispositifs, l'incertitude sur les résultats alimente donc une logique de surenchère : plus un collectif de recherche accumule des labels et des participations à des structures, plus les autres sont poussés à le faire, et ainsi de suite.

Ce travail est d'autant plus pesant pour les chercheurs qui le prennent en charge – en général des chercheurs seniors ou des responsables d'équipe ou de laboratoire – qu'il nécessite une participation permanente à de multiples instances. La capacité des acteurs à défendre leurs thématiques ou leurs équipes dépend beaucoup de leur capacité à s'insérer et à se maintenir dans des circuits de décision souvent complexes. Ce point est bien illustré par le travail conduit par le directeur d'un laboratoire d'électronique pour être associé à la préparation d'un projet de pôle de compétitivité. Lorsque l'appel à projets est lancé, il s'aperçoit qu'un petit noyau d'industriels implantés sur le même territoire que son laboratoire a déjà élaboré un avant-projet de pôle centré sur les technologies de l'information. Il n'a pas été consulté, alors que la participation de son laboratoire lui paraît évidente compte-tenu de ses thèmes de recherche. Il craint que les équipes du laboratoire ne puissent pas émarger aux financements qui transiteront par le pôle. Son travail consiste alors, d'une part, à légitimer la participation du laboratoire au pôle – en identifiant les thèmes auxquels les équipes peuvent contribuer – et d'autre part, à veiller à ne pas être exclu d'un processus de décision dont les contours et les règles sont mouvantes.

> «Il a fallu voir si on pouvait rentrer dans les axes, voir les pourcentages de gens sur les thèmes […]. Il fallait identifier tout ce qui pouvait relever de [la thématique X] parce que c'était dispersé dans plusieurs groupes. […]. On a fait en sorte d'être là à toutes les réunions, il a fallu être présent en permanence, parfois il y a des réunions qui étaient annoncées au dernier moment. Il fallait être réactif quoi.» (Directeur de laboratoire, électronique et télécommunications)

Si ce travail est particulièrement intense dans les situations où se définissent les orientations thématiques représentées dans une structure, il est aussi présent dans leur fonctionnement routinier. Ainsi, bien que critiquant ouvertement la multiplication des réunions de concertation et d'instances décisionnelles, les représentants scientifiques impliqués dans différents dispositifs (Cancéropôle, RTRS, etc.) y participent activement. Leur implication s'inscrit dans une logique défensive : l'observation de ces réunions fait en effet apparaître le souci constant de ces acteurs de faire prévaloir l'intérêt spécifique de leur institution auprès des instances dirigeantes du Cancéropôle.

Articuler et différencier les dispositifs

Si la démultiplication des engagements des acteurs dans différentes structures renvoie à des stratégies de sécurisation d'accès à des ressources, elle a aussi pour corollaire tout un travail d'articulation et de combinaison de dispositifs.

En premier lieu, les chercheurs s'efforcent d'articuler des dispositifs au cours du temps, selon une logique de construction d'avantages cumulatifs, où l'accès à des ressources renforce la propension à acquérir des ressources supplémentaires. Sur un plan très matériel, en fournissant un espace de rencontres et d'échanges réguliers, l'appartenance à une structure peut donner un accès privilégié à des informations. Les liens d'interconnaissance qui s'y nouent facilitent alors l'élaboration collective de nouveaux projets. Ainsi, les instances de gouvernance du Cancéropôle CLARA s'imposent non seulement comme les lieux privilégiés de circulation d'informations sur le périmètre des prochains appels à propositions nationaux, mais fournissent également un support matériel pour l'élaboration de projets. Le CLARA finance ainsi les services d'une entreprise de conseil dans le montage du projet RTRS «Lyon Synergie Cancer», et met à disposition une salle dans ses locaux pour les réunions de préparation à l'appel à propositions RTRS/RTRA.

«L'empilement» de dispositifs correspond également à des dynamiques d'accumulation de labels et d'indices de reconnaissance scientifique. L'existence d'une structure créée pour obtenir des moyens peut en effet être utilisée pour justifier la création d'une nouvelle structure donnant accès à d'autres ressources et ainsi de suite. Ainsi, des structures qui apparaissent comme des «coquilles vides» car leur rôle de coordination est extrêmement limité, peuvent malgré tout être utilisés à des fins stratégiques pour obtenir des moyens. Ce processus est illustré par le cas d'une structure associative régionale, lancée par les chercheurs d'un laboratoire de micro/nanotechnologies pour faciliter des coopérations locales sur le thème des microsystèmes. Selon ses propres promoteurs, cette initiative «ronronne un peu» et ne parvient pas réellement à stimuler les collaborations envisagées. Toutefois, cette structure est réutilisée pour préparer et justifier le montage d'un grand projet régional de structuration de la recherche en nanotechnologies. Soutenu et financé par la Région, ce projet débouche sur la création d'une nouvelle structure intégrant un plus grand nombre de laboratoires autour d'équipements partagés. Par la suite, l'existence de ce dispositif permet au laboratoire d'intégrer un réseau national de centres de recherche en nanotechnologies, le réseau Recherche Technologique de

Base (RTB), qui lui donne accès à plusieurs millions d'euros de financement d'équipements supplémentaires. Rétrospectivement, l'accès aux financements du RTB n'aurait probablement pas été possible sans le lancement d'un simple projet de coopération local qui, par ailleurs, n'a pas eu de résultats probants.

Les stratégies d'articulation entre différents dispositifs visent généralement à accumuler des ressources en s'appuyant sur des combinaisons et des assemblages successifs de structures. Mais on observe également des pratiques visant non à combiner, mais à différencier et à positionner des structures les unes par rapport aux autres. Plutôt que de renforcer sa position face à des concurrents, l'enjeu pour les chercheurs est ici de gérer et de limiter des relations de concurrence jugées problématiques.

Dans un premier cas de figure, il s'agit de jouer sur des complémentarités ou la définition de territoires propres pour atténuer des relations de concurrence, lorsqu'elles menacent de déstabiliser des équilibres entre acteurs. La création d'une nouvelle forme organisationnelle et son intégration dans les structures institutionnelles existantes peut créer des désajustements, voire engendrer des conflits. Cela a notamment été le cas entre le RTRS «Lyon Synergie Cancer» et le Cancéropôle CLARA. Si le soutien apporté par le CLARA au dossier RTRS est indéniable, celui-ci masque une forte rivalité entre les porteurs du projet et la direction du Cancéropôle. Dès l'élaboration de la réponse à l'appel à propositions, l'initiative est perçue négativement par les dirigeants du Cancéropôle, ces derniers voyant le futur RTRS comme un rival dans sa mission de structuration d'un réseau d'équipes de recherche en cancérologie. Pour autant, une fois la labellisation du RTRS acquise, les deux parties prenantes engagent rapidement une réflexion sur une articulation entre les deux dispositifs. Prenant acte de la dimension plus sélective et ciblée du RTRS, il est décidé de faire de la thématique scientifique du RTRS un nouvel axe de recherche prioritaire du Cancéropôle. La démarche obéit à deux objectifs. D'une part, elle permet de renforcer la légitimité du Cancéropôle en intégrant un domaine de recherche et un label distinctif par rapport aux autres Cancéropôles. D'autre part, elle permet aux porteurs de projet RTRS lyonnais d'endosser le rôle de chef d'orchestre de l'agencement des différentes forces de recherche de l'interrégion du CLARA, en facilitant l'intégration des autres équipes présentes sur le territoire dans cette thématique.

Il peut également s'agir de minimiser les désajustements qui résultent de la superposition de structures, en cherchant à conserver le plus possible la cohérence entre différents groupements. Un chercheur en sciences de l'ingénieur explique s'être efforcé de transposer une architecture de coopération entre laboratoires – instaurée à l'occasion de la mise en place de plusieurs fédérations de recherche – dans différentes opérations successives de structuration de la recherche : définition de thématiques prioritaires à l'échelle régionale en 2005, construction des axes scientifiques d'un Pôle de Recherche et d'Enseignement Supérieur en 2005-2006, puis dépôt d'un projet d'Institut Carnot en 2007. A chaque étape, il s'agit de réutiliser le travail accompli auparavant, en essayant notamment de ne pas toucher au périmètre des fédérations créées au départ.

> «Toutes les fédérations [sur le site métropolitain X] se sont construites pour faciliter l'interaction avec la Région [...]. Ces fédérations ont été les socles qui ont fait les pôles du PRES après [...]. Quand on a eu l'idée de déposer le projet d'Institut Carnot, j'ai dit qu'on y allait les trois fédérations ensemble, sinon nous on n'y allait pas. Parce que si on commence à prendre deux labos là, un labo par ici, etc. c'est une catastrophe!» (Professeur, directeur d'un laboratoire en science des matériaux)

Dans un second cas de figure, symétrique, on observe des stratégies visant à repositionner des acteurs les uns par rapport aux autres en créant une nouvelle structure spécifique, de manière à redéfinir leurs relations de complémentarité et de concurrence. C'est ainsi qu'un chercheur au CNRS présente la création d'une fédération de laboratoires en nanotechnologies au début des années 2000 à Grenoble. Le paysage grenoblois de la recherche en nanotechnologies est fortement structuré par plusieurs laboratoires du Commissariat à l'Energie Atomique, et notamment le Laboratoire d'Electronique et de Technologies de l'Information, le LETI, qui compte alors plus d'un millier d'ingénieurs et de chercheurs. Dans un contexte où le LETI est parfois vu comme un concurrent des laboratoires du CNRS pour l'obtention et la gestion des moyens du réseau RTB (Recherche Technologique de Base, évoqué plus haut), la création d'une structure regroupant des laboratoires du CNRS est vue comme un moyen de réaffirmer le leadership de l'organisme au niveau local.

> «Il était important d'avoir une balance, ne serait-ce que parce qu'à Grenoble on a des équipes communes à la frontière entre le LETI et le CNRS et ces gens ne devaient pas être abandonnés là. D'où la création de la FMNT, la Fédération Micro Nano Technologie à Grenoble, qui donnait un interlocuteur face au LETI. Ce sont des problèmes d'influence et parfois de survie des équipes. C'était une façon de dire: la FMNT va être un des partenaires du réseau RTB. On peut donc avoir des installations directement dépendantes de ce réseau ou plutôt de cette fédération à Grenoble: tout ne dépend pas du LETI. C'est un problème de partage du gâteau.» (Directeur de recherche CNRS, laboratoire de nanosciences)

Autrement dit, ce travail de mécano institutionnel ne se limite pas à chercher à sécuriser des avantages dans des luttes pour l'accès à des ressources. Il intègre aussi une dimension, plus défensive, où il s'agit de modérer des conflits et de limiter les effets de monopole d'un acteur sur l'accès à des ressources, mais aussi de se conformer aux attentes des instances de pilotage de la recherche : si celles-ci organisent une mise en concurrence systématique et explicite des acteurs de la recherche, elles relaient dans le même temps des injonctions à la « mise en cohérence » et à la coopération entre laboratoires.

Conclusion

En partant du constat que le monde de la recherche en France a été marqué par la multiplication de nouveaux dispositifs d'organisation, nous avons proposé dans ce chapitre d'analyser les implications de cette évolution sur les ressorts de la concurrence entre chercheurs. En mettant en évidence la façon dont les chercheurs mettent ces structures au service de diverses stratégies de mobilisation de ressources matérielles et symboliques, nos résultats suggèrent que ces dispositifs contribuent à faire émerger de nouvelles modalités de concurrence, fondées sur la capacité des acteurs à mener à bien un travail de mécano institutionnel. Continuation de la concurrence scientifique par d'autres moyens, ce travail s'apparente à la fois à une activité rhétorique de production d'argumentaires et à un jeu politique de construction de collectifs organisés.

Nous avons montré que, pour analyser ces dispositifs et leurs usages, il était nécessaire de ne pas les considérer uniquement comme des instruments de coordination. Se demander s'ils remplissent les fonctions traditionnellement associées à des organisations (Ahrne et Brunsson, 2010) – par exemple : favorisent-ils une coordination efficace de l'action collective ? – conduirait à ignorer leurs propriétés et leurs effets spécifiques. Nous avons au contraire montré que les dispositifs étudiés sont aussi, et peut-être surtout, des dispositifs de représentation qui, en conférant une existence administrative à des collectifs scientifiques auprès de différents auditoires, permettent de légitimer des thématiques de recherche. Dans un champ où la concurrence s'inscrit, pour une large part, dans un « espace rhétorique » (Van Lente et Rip 1998), la définition du périmètre et des thématiques scientifiques représentées dans ces structures n'est pas qu'une question d'affichage : elle conditionne l'accès à des ressources et, à ce titre, participe pleinement à la construction des conditions de la concurrence entre chercheurs. Si ces structures revêtent un aspect éminemment rhétorique et symbolique, elles engagent des luttes autour de ressources matérielles, qui s'adossent à tout un travail de mise en forme d'intérêts scientifiques selon des logiques bureaucratiques et organisationnelles.

Au-delà des questions directement liées à l'analyse des phénomènes de concurrence, cette contribution invite ainsi à rouvrir l'étude des « technologies littéraires » mobilisées dans des politiques publiques, en l'occurrence les politiques de la science (Cambrosio *et al.* 1990). La particularité des dispositifs étudiés est de produire des «inscriptions» (Latour, 1985) d'un genre particulier, i.e. correspondant à des conventions administratives. Elles produisent des traces scripturales (dossiers, acronymes, textes de présentation, etc.) qui représentent de façon synthétique une combinaison complexe de chercheurs, d'objets de recherche, d'institutions, d'indices de reconnaissance, etc. qui vont pouvoir être mobilisées dans des luttes pour la représentation légitime du paysage de la recherche. L'enjeu est cependant de ne pas réduire ce type de dispositifs à de simples jeux d'écriture se déployant dans un vide social (Kleinman, 2002), mais au contraire de prendre pleinement acte des conventions et des institutions qui les mettent en forme, ainsi que des effets qu'ils peuvent exercer en retour sur les dynamiques de la science.

Partie II

La concurrence aux mains d'acteurs réflexifs

Chapitre 7

Collaborateur ou concurrent ? Multinationales et frontières organisationnelles

Fabien Foureault

En sociologie, les concepts de concurrence et de coopération entretiennent traditionnellement des rapports étroits avec ceux de marché et d'organisation. La concurrence et la coopération sont des relations dont la stabilisation progressive fait émerger des structures sociales appelées « marchés » ou « organisations » (François, 2008 ; Martin, 2009). Les marchés peuvent être définis comme des formations sociales dans lesquelles les acteurs entrent en concurrence pour des opportunités d'échange (François, 2008 ; Weber, [1921] 2003) et les organisations celles dans lesquelles les acteurs coopèrent pour atteindre un même but (Barnard, [1938] 1971 ; Selznick, 1948). Les études empiriques ont montré la labilité de ces frontières théoriques, que ce soit du côté des organisations ou bien des marchés (Friedberg, [1993] 1997). Par exemple, les travaux de sociologie économique montrent que l'existence même des marchés dépend de conditions extra-économiques comme la coopération ou même l'altruisme. Emmanuel Lazega (2009) a ainsi parlé de « coopération entre concurrents » : les relations sociales sont utilisées – consciemment ou non – par les acteurs comme un moyen de contrer les effets destructeurs de la concurrence sur l'ordre marchand.

S'il faut relativiser les strictes dichotomies théoriques entre marché et organisation, ou entre concurrence et coopération, on peut tout de même observer – à la lumière des études empiriques – que certaines situations sont plus proches du marché que de l'organisation et inversement. Plutôt que d'insister sur le flou des limites il semble plus pertinent de se poser la question des processus sociaux qui définissent les frontières et qui font varier leur saillance[1]. Les situations de restructuration sont propices à une telle interrogation, puisqu'elles consistent, pour les actionnaires et les directions générales des entreprises, à sans cesse « tracer les frontières », c'est-à-dire à décomposer et recomposer l'organisation conçue comme un paquet d'actifs échangeables sur le « marché du contrôle » (Gomez, 2009 ; Manne, 1965). Les restructurations ayant pris une place centrale dans le capitalisme contemporain, de par leur ampleur et leur fréquence plus grande,

1 Voir en particulier l'article d'Abbott (1995) sur les relations entre entités et frontières.

on peut se demander comment les acteurs réagissent face à l'accroissement des incertitudes sur les frontières de l'organisation qu'elles génèrent. En particulier, quelles sont les conséquences de ces incertitudes sur les relations de concurrence et de coopération dans l'entreprise étendue ?

Ce chapitre tente de répondre à cette question en prenant pour objet un groupe d'acteurs qui se situe à la frontière de l'organisation : les commerciaux. Ils travaillent dans un petit groupe multinational détenu par un fonds d'investissement – nous l'appellerons Technologie Avancée ou « le Groupe ». Sa trajectoire est mouvementée du fait de l'instabilité de son secteur et de son évolution dans le contexte hostile de l'économie mondialisée. Nous allons montrer que l'incertitude sur les frontières organisationnelles, en l'occurrence ici les contours et la structure du Groupe, conduit les acteurs appartenant à différents groupes organisationnels ou nationaux à préférer la protection à l'entraide. La situation de concurrence (ou au contraire la coopération) n'est pas donnée *a priori*, ni fixée une fois pour toute. Elle dépend de la définition des groupes auxquels les individus se sentent appartenir, qui trace la limite entre le collaborateur et le concurrent, l'ami et l'ennemi, l'en-groupe et l'hors-groupe, « eux » et « nous »[2].

Nous allons procéder en trois temps. Nous allons d'abord présenter le Groupe multinational étudié, et le replacer dans son contexte économique. Puis nous allons voir que les commerciaux appartenant aux différentes unités du Groupe se livrent une concurrence souterraine. Enfin, nous verrons que cette concurrence larvée est subordonnée à l'agenda stratégique de ces unités qui veulent préserver leurs options face à un avenir incertain.

Un groupe multinational en restructuration

Présentons les caractéristiques de l'entreprise, puis replaçons-la dans son contexte économique et historique. Premièrement, le Groupe étudié est une entreprise de taille moyenne de l'industrie spécialisée[3]. Son secteur est celui de l'optique et de l'optronique. Elle conçoit et fabrique des composants et modules destinés à des applications civiles ou militaires. Elle appartenait auparavant à

2 Le chapitre repose sur une enquête par entretiens. Nous avons réalisé 43 entretiens en tout, dont une petite moitié concernait la fonction Vente & Marketing (V&M), qui nous intéresse au premier chef, à la fois au niveau du siège à Paris et des unités en Angleterre, en Allemagne et à Singapour (pour ce qui est des plus grosses). La plupart des entretiens ont été faits en anglais.

3 Dans les développements qui suivent, nous devons introduire un vocabulaire standard pour bien différencier les ensembles de leurs sous-ensembles. Pour le niveau « ensemble » nous parlerons de Groupe, avec un grand « G » pour le différencier du concept sociologique de groupe, ou bien d'entreprise. Pour le niveau « sous-ensemble » nous parlerons d'unités du Groupe ou bien de sociétés. Pour les niveaux plus bas nous parlerons de sites ou d'usines.

un grand groupe français, que nous appellerons Systémix, qui l'a externalisée. Sous sa forme actuelle, le Groupe a été créé en 2005 à la suite de la vente par Systémix d'une ligne de produits (*Business Line*) à un fonds d'investissement, que nous appellerons *Capital Investments.* Cette ligne de produits était elle-même issue d'un achat de sociétés d'optique militaire. Le Groupe est multinational : il est composé de onze unités dont une est elle-même un groupe. Son siège se situe à Paris et ses unités sont réparties à travers le monde : en Angleterre, en Allemagne, en Hongrie, aux Etats-Unis, à Singapour et en Chine. Technologie Avancée emploie environ 2500 personnes. La caractéristique principale de cette entreprise est sa grande hétérogénéité : le Groupe est composé de sociétés indépendantes, il fabrique une grande variété de produits et opère sur des marchés différents. En ce qui concerne les marchés, la distinction principale est celle qui oppose le marché militaire et le marché civil. Si cette distinction est assez marquée en ce qui concerne les « applications » des produits (qui vont des lunettes pour fusils d'asseau aux caméras dentaires en passant par des affichages tête haute), elle est beaucoup plus floue en ce qui concerne les connaissances et technologies mobilisées pour fabriquer ces produits. La structure de l'entreprise, mise en place en 2008, est une forme multidivisionnelle des plus classiques (Figure 1).

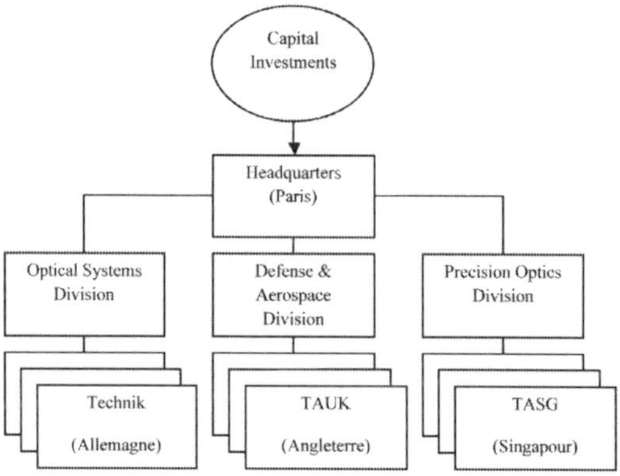

Figure 1 : Structure organisationnelle de Technologie Avancée

Deuxièmement, l'entreprise a été achetée par le fonds d'investissement dans le cadre d'une opération d'acquisition avec effet de levier (*Leveraged Buy-Out* ou LBO). L'opération est plus particulièrement un *Management Buy-Out* : le fonds a racheté l'entreprise et y a associé l'équipe dirigeante en place qui la détient donc en partie. De plus, le Groupe Technologie Avancée s'inscrit dans une histoire longue malgré des changements incessants. Si le Groupe a formellement été crée en 2005, les sociétés qui le composent sont en réalité plus anciennes et se fondent sur des compétences développées depuis plus d'une centaine d'années. Ces unités trouvent leurs origines dans de vielles sociétés : Technik, l'unité allemande principale, dans une grande société fondée en 1877 ; Technologie AvancéeUK (TAUK), l'unité principale anglaise, dans une grande société fondée en 1826. De ce point de vue, Technologie Avancée apparaît comme le résultat de mouvements de recomposition du secteur optique dans la fin du XXe siècle.

La stratégie mise en œuvre initialement par Capital Investments est typique de celle des fonds dans les années 2000 en France : il s'agit de cibler des entreprises évoluant dans des secteurs fragmentés en vue de s'engager dans des stratégies de fusions-acquisitions (croissance externe) destinées à accélérer leur restructuration et leur concentration. Le cas de Technologie Avancée est donc particulièrement pertinent pour notre interrogation sur l'incertitude des frontières organisationnelles et ses effets sur les relations de concurrence ou de coopération. D'une part, le Groupe n'est rien d'autre que le résultat de processus d'agrégation et de désagrégation d'entités organisationnelles, et donc où l'incertitude sur les frontières entre l'organisation et le marché, l'interne et l'externe, est grande et tend à s'accroître. D'autre part, la pression à la performance insufflée par le fonds d'investissement requiert un plus grand développement de « synergies » c'est-à-dire de coopérations inter-unités. En particulier, la crise économique qui se déclare à partir de 2007, réduit les fonds disponibles pour des acquisitions et le fonds d'investissement engage la direction générale à croître de manière interne, notamment en accroissant les ventes. C'est dans le cadre de cette inflexion que les commerciaux sont devenus d'intérêt stratégique.

Far West : La concurrence entre commerciaux

Pour pouvoir montrer que les commerciaux se livrent une concurrence larvée il faut d'abord comprendre en quoi consiste leur travail. Puis il faut spécifier ce que recouvre cette concurrence. Nous verrons ensuite que les initiatives du siège n'arrivent pas à l'éliminer.

Le travail de commercial transnational

D'un point de vue formel, les commerciaux ont des rôles variés et variables. Variés, car ils peuvent assumer la fonction d'ingénieur d'affaires (*sales engineer*), de développeur d'affaires (*business developer*) ou de directeur commercial (*business manager*). Ces rôles sont différents en ce qui concerne leur niveau hiérarchique (du moins élevé au plus élevé) et leur contenu : les ingénieurs d'affaires s'occupent de la cotation[4] et de la gestion continue de la relation au client, les développeurs d'affaires s'occupent de rentrer des commandes au sein de l'entreprise, et les directeurs commerciaux de gérer la relation au client et l'activité des autres commerciaux. Les rôles sont aussi variables, car il apparaît que leur spécialisation n'est pas du tout rigide. Un commercial spécialisé dans la défense peut aussi, dans une certaine mesure, vendre à une entreprise du secteur civil (et inversement) ou aller dans un territoire différent du sien (même si la spécialisation par territoire semble plus fixe). De plus, les commerciaux semblent entretenir des relations peu hiérarchiques entre eux.

Positionnés aux frontières des organisations, les développeurs d'affaires ne sont pratiquement jamais dans l'entreprise, étant continuellement en train de voyager pour rencontrer les clients. Ils n'ont pas de bureaux ou travaillent depuis chez eux. Certains *business* developers ont même leur propre société unipersonnelle, filiale des grosses sociétés pour lesquelles ils vendent. L'environnement des commerciaux est donc marqué par une mobilité (ils sont souvent en déplacement) et une indépendance (ils sont souvent seuls) très importante. Ils se rencontrent à l'occasion des foires internationales d'optique ou de l'armement, lorsqu'ils travaillent sur le même territoire, ou lorsqu'ils rendent visite au même client.

Les commerciaux pensent leur travail de vente selon deux grandes perspectives. L'une consiste à trouver des besoins et relève du vocabulaire de l'aide (*to help our customer*) ou du soutien (*customer support*). L'autre est plus agressive et consiste à placer des commandes. Elle est pensée dans les termes de l'infiltration (to get into a program) ou de la lutte (*beat the competition*). Dans tous les cas, le travail de vente consiste à trouver l'endroit où peut s'opérer un ajustement (*fit* ou *matching*) entre les « besoins » (*needs*) du client (ce qu'il veut) et les « compétences » (*capabilities*) de leur société (ce qu'ils savent faire). Nous ne pouvons décrire concrètement comment se passe cet ajustement car il se réalise *in situ*. Nous pouvons cependant donner des éléments sur ce qui se passe avant et après. Les commerciaux mettent en œuvre un certain nombre de stratégies pour trouver ces points d'ajustement.

D'abord, ils doivent récolter un maximum d'informations sur ce qu'ils estiment être leur marché. Ils essayent de chercher quelles sont les (nouvelles) applications qui requièrent des produits de leur unité et quels clients fabriquent (ou prévoient de fabriquer) ces applications. Un bon atout dans ce jeu est de connaitre les personnes influentes dans les entreprises clientes et le département de R&D de chacune. S'ils ne connaissent pas ces personnes, une tâche capitale est de trouver des noms. La simple observation du bureau du directeur commercial du siège pour le secteur de la défense montre que celui-ci est rempli de post-its ou d'e-mails avec des noms et des numéros de téléphone. Réaliser ces deux

4 Processus par lequel on donne un prix à un produit non standard.

tâches nécessite aussi de fréquenter les milieux de l'optique ou de la défense : les foires, les colloques, les associations, les revues… Ensuite, ayant rassemblé ces informations, les commerciaux doivent contacter le client qu'ils prospectent. Cela passe par la double épreuve de l'appel anonyme (cold call) et de la présentation Powerpoint.

Une concurrence larvée

Les relations entre commerciaux de différentes unités sont marquées par une concurrence larvée et parfois ouverte. Pour spécifier la relation de concurrence, il faut préciser son objet, sa source et ses formes. Pour le dire de manière générale, l'objet de la concurrence entre commerciaux est l'accès aux clients et sa source est « l'information commerciale » : les visites que les commerciaux font, les contacts qu'ils ont, ou les applications que les clients développent. Pour eux il est capital de savoir si tel client est déjà celui d'une des unités. S'il n'est pas au courant, un commercial peut faire concurrence à son homologue de manière involontaire (auquel cas le client peut en profiter). Il peut aussi le faire de manière volontaire. Les formes de cette concurrence sont variées : il peut s'agir de cacher l'information commerciale (en ne disant pas que l'on a rendu visite à tel client par exemple) ; de barrer l'accès à tel autre client (en refusant de présenter son collègue au client) ; de contrôler l'accès à un client privilégié (en venant aux présentations d'un autre commercial, ou en exigeant d'être en copie de mail) ; de vendre les compétences de sa propre unité au détriment d'une autre ; de faire des cotations parallèles… Ce commercial, responsable de toute l'Amérique du Nord explique qu'il n'arrive pas à se coordonner avec les commerciaux des autres unités car ils se « tirent dans les pattes ».

> Q : Comment-vous coordonnez-vous avec les autres unités ?
> [Rires] pas très bien ! Ca devient très compliqué. On a une mentalité individualiste dans la vente. On ne pense pas au Groupe. Créer une présence commerciale Groupe est très difficile. [L'organisation] est très complexe et inefficace à l'heure actuelle. On en a besoin [de l'organisation] car ils – les clients – remarquent les conflits.
>
> Q : Est-ce que vous avez un exemple de ça ?
> Je viens d'avoir un rendez-vous la semaine dernière chez un client avec son directeur général. J'ai invité une autre unité à ce rendez-vous. Alors qu'on était en train de passer en revue les compétences de l'entreprise et comment ça marche, la personne de cette unité a essayé d'interrompre la conversation. Ca n'arrêtait pas. Il essayait d'imposer le point de vue de son unité et d'avoir un échange direct avec le client pour lui dire «voilà ce qu'on peut faire pour vous». Ce genre de choses peut dégénérer en conflits. Il existe aussi des conflits à l'intérieur des unités. TASG

> essaie de vendre ses propres compétences. TAUK n'est pas totalement comme ça, on essaye de diffuser l'information dans le Groupe. [Vis-à-vis des clients] on a l'air de différentes entreprises qui se font concurrence. Les clients ne savent pas à qui ils doivent parler et dans quelles activités ils doivent s'engager. C'est mauvais pour les affaires. (Entretien avec le directeur commercial régional pour l'Amérique du Nord secteur défense, 21/05/09).

L'explication de ces comportements concurrentiels est relativement simple et tient à trois facteurs : la rémunération (les objectifs de ventes et les bonus sont indexés sur leur propre unité) ; le biais cognitif (traiter une commande en externe demande un travail coûteux de collecte d'informations) ; le sentiment d'appartenance. C'est sur cette dernière raison, proprement sociologique, que nous voulons insister. Dans les unités étudiées, les commerciaux sont considérés comme des « individualistes » mais nous avons au contraire l'impression qu'ils démontrent une forte loyauté envers leur propre unité. Qu'ils soient américains ou allemands, certains pensent que vendre pour leur société est une sorte de devoir. Par exemple ce commercial explique qu'il est réticent à passer une affaire à ses collègues car c'est l'entreprise à laquelle il appartient qui l'emploie, et il doit rendre des comptes à ses propres chefs.

> « Vous avez peur du fait que si vous donnez un contact [à un de vos homologues] il va contacter ce client et lui vendre en vous court-circuitant (sell around you). [Vous avez peur] qu'ils [les autres commerciaux] vendent les compétences de Technik. Tous les commerciaux sont motivés par l'argent si l'on peut dire. Je ne suis pas tellement motivé par les bonus mais j'ai été embauché à TASG pour vendre les produits de TASG et ils [les dirigeants] vont dire "pourquoi est-ce que vous vendez des produits pour Technik ?". Ma seule contribution, ce sont mes contacts (the only thing I bring to the party is my contacts). » (Commercial du secteur civil, TASG, 14/04/09).

De même, à propos d'un problème avec ses bonus, un commercial de TASG déclarait : « Ce n'est pas vraiment un problème. Le bonus c'est un joli sujet de discussion mais à la fin des fins vous devez faire votre travail ». Ici, le rôle de la rémunération dans la motivation est minimisé au profit du « travail bien fait ».

Deux casquettes pour un seul homme

Pour parer à cette concurrence interne, le siège a mis en place un dispositif de gestion de grands comptes, le Key Account Management ou KAM. Mais celui-ci a des effets limités.

Dans la nouvelle stratégie de croissance interne impulsée par le fonds d'investissement, la fonction commerciale devient stratégique, d'autant que le Groupe vient de racheter la société allemande, Technik, ce qui fait doubler de taille Technologie Avancée. La direction générale a nommé un consultant pour qu'il élabore une nouvelle structure de la fonction commerciale pour que celle-ci soit davantage intégrée et soit mobilisée sur l'objectif de croissance des ventes de la manière la plus efficace possible (en particulier, sans duplication des efforts). Au sein de cette nouvelle structure, le rôle de Key Account Manager est le plus important. Une liste de clients prioritaires ou «grands comptes» (key accounts) est définie lors de réunions au siège et à chaque client est assigné un responsable (le Key Account Manager). Celui-ci doit coordonner les actions concernant ce client prioritaire. Comme un même client peut recourir aux compétences de différentes unités, son équipe est en fait composée des différents commerciaux qui ont pris l'habitude de rendre visite au grand compte en question. Pour la direction générale, il s'agit – avec un tel dispositif – d'acquérir un meilleur contrôle sur les unités et de surmonter sa situation de faiblesse paradoxale. En effet, le système de gestion de grands comptes lui permet d'augmenter son contrôle par l'acquisition d'informations et la redirection des flux d'affaires. La mise en place d'une hiérarchie parallèle de ce type, non seulement fabrique de l'intégration organisationnelle en «cassant les silos», mais construit aussi une nouvelle route pour la remontée d'informations qui ne se trouvent plus bloquées au niveau de la ligne hiérarchique traditionnelle.

Le dispositif du KAM, qui est donc censé éliminer ces conflits entre commerciaux, n'y parvient pas. Le directeur commercial du Groupe pour le secteur de la défense constate que ce n'est pas une «tâche plébiscitée» dans l'entreprise. Certaines unités y sont plutôt favorables tandis que d'autres y sont défavorables. On peut à cet égard contraster l'opinion des commerciaux de TAUK (Angleterre) et ceux de TASG (Singapour). Ainsi ce commercial anglais, KAM pour une grande entreprise de défense, interprète son rôle comme celui d'un «chef».

> «On se met d'accord sur les territoires de chacun pour faire en sorte que l'on ne se fasse pas concurrence. On décide d'un leader pour une entreprise ou un client. C'est arrangé à l'avance. On discute des tendances, des tendances de marché, et aussi des technologies que l'on développe, pour s'"enrichir mutuellement" (*so that we get the cross-fertilization of ideas*). [...] C'est à la fois important et nécessaire. Pour chaque client du Groupe qui achète des produits à plus d'une société, on a besoin de quelqu'un qui évite les conflits. On se présente comme une seule et même entreprise au client. [Par exemple] il y a un client qui est à Glasgow. Il est en relation avec TAUK et en parallèle il est en relation avec TASG. Ce problème doit être soulevé. Un autre exemple: [une grande entreprise de défense]. Je suis le KAM et TASG, [une entreprise qui dépend d'elle] et TAUK passent par moi. Je

> fais en sorte qu'il n'y ait pas de conflits et que l'on coordonne nos approches. Je ne vois aucun problème à ce que TASG leur rende visite si je suis au courant et à ce moment-là j'irai avec eux. [...] Les autres divisions [du Groupe] sont en relation avec eux mais ils me tiennent informés. [le KAM] est un avantage pour eux car je les tiens au courant des affaires. Mais en retour je ne veux pas qu'ils s'accaparent ces affaires. » (KAM du secteur défense, TAUK, 21/04/09).

A l'inverse, l'opinion de ce développeur d'affaires rattaché à Singapour est très critique. Le dispositif de Key Account Management n'est qu'un pis-aller dont il soupçonne l'Angleterre de se servir à son avantage :

> Q : Que pensez-vous du KAM ?
> – [Il réfléchit] C'est un pansement. Ça illustre ce que j'avais évoqué tout à l'heure. On ne va pas éviter les situations en termes de concurrence. J'étais là depuis deux jours et ce que je vois c'est qu'on m'a donné des notices que je suis censé remplir. Je l'ai pas fait, et je sais pas l'utilisation qui en est faite. Est-ce qu'il aurait pas été intelligent de faire des *sales* au niveau du groupe complet ? Et là on fait le contraire ! Des gens font du *business* au niveau divisions ou usines. Alors si c'est à la mode [anglaise], je me fais engueuler ! Je l'ai vu l'autre jour. Avec [le Groupe] et [un client] il y avait un *business review meeting*, c'est l'occasion pour [le Groupe] de voir le *business* [du client]. On attend de moi que j'y aille ! J'ai dit que la présentation c'est l'anglais qui la fait et montrez-la moi avant. Mais le mec était suspendu. C'est du gâchis. Car le KAM n'a rendu compte que du *business* avec [l'Angleterre], il n'a pas fait de synthèse. L'usine UK n'a parlé que de UK. [Le client] a dit qu'il aurait fallu faire une présentation spécifique pour Singapour. Si c'est ça, garder le *business* sous contrôle, c'est une vaste connerie ! (Directeur du développement d'affaires pour l'Europe, TASG, 19/05/09).

Comme le suggère cet extrait d'entretien, des KAM sont directement impliqués dans des conflits alors que leur rôle officiel est celui de coordinateur. Il faut en effet comprendre que le dispositif du KAM crée un nouveau circuit interne pour les commerciaux, en faisant du KAM un point de passage obligé. Il est tentant pour les autres commerciaux d'en rester à la situation antérieure en court-circuitant le KAM ; il est tentant pour les clients de faire de même pour jouer sur la concurrence et faire baisser les conditions de vente. En effet, la position organisationnelle du KAM est à l'origine d'un dilemme moral tout à fait classique. Deux lignes de conduite s'offrent à lui lorsqu'une commande potentielle se présente : soit la garder pour alimenter son unité en chiffre d'affaires, soit la passer à l'unité la plus compétente. Autrement dit, il doit choisir entre l'intérêt collectif de son unité et l'intérêt général du Groupe. Ce dilemme moral est bien identifié par le président de la société singapourienne qui l'interprète en termes de conflit psychologique.

> «De toute évidence, les aptitudes des KAM relèvent de leur personnalité. On a 10 ou 15 Key Account Managers, ils sont tous de l'unité. [Le KAM] doit apporter des clients aux autres unités. Il subit un conflit dans sa tête : est-ce qu'il est un KAM, ou un Ventes & Marketing de TASG ? C'est un enjeu *soft*, un problème de nature psychologique. Il porte deux casquettes, donc pour lui c'est difficile d'être efficace dans son travail. Vous avez une personnalité duale. A la fin cela relève d'une faiblesse personnelle.
>
> Q: Est-ce que vous avez un exemple de ce genre de problèmes ?
>
> C'est une fonction décisionnelle. Disons que Patrick, il vend un dessin technique à un client : "est-ce que c'est pour TASG ou pour X ?". S'il pense que ça conviendrait mieux à une autre société, il passera l'affaire. Mais vous ne pouvez pas demander à toutes les unités si elles peuvent la réaliser [la solution technique]. Il doit prendre une décision rapide. Parce que s'il voit qu'il ne va pas faire son quota [de ventes] pour TASG, bien sûr qu'il dira [à ses collègues de TASG] "OK, cotez-le [dessin]". C'est une question d'équilibre. » (Président de TASG, 12/11/09).

En réalité pour les commerciaux et les KAM en particulier, la balance penche plutôt du côté du l'intérêt de leur unité plutôt que de celui du Groupe. Dans certains cas les KAM essayent de limiter la pénétration des commerciaux des autres unités chez leurs clients. Trois raisons sont invoquées pour justifier l'interprétation de leur rôle en termes de « chef » et leur réticence à passer une affaire à leurs collègues : soit l'unité rivale n'est pas assez compétente, soit le client n'est pas encore assez en confiance, soit il y a des problèmes d'exportation liés à la régulation américaine sur le commerce des armes.

Ainsi, les commerciaux, dont le travail dépend de leurs connaissances des clients et de leurs contacts personnels, se livrent une concurrence larvée au sein de Technologie Avancée. Celle-ci a pour objet l'accès aux clients. Les initiatives du siège, en particulier le dispositif du KAM, n'arrivent pas à faire émerger de réelles coopérations entre les commerciaux des différentes unités.

Le cadre de l'action : les unités face à l'incertitude des frontières organisationnelles

La concurrence entre commerciaux et la faible capacité du siège à faire émerger des coopérations tiennent à la loyauté des commerciaux à l'égard de leur hiérarchie directe, en particulier le président de leur unité, plus qu'envers le Groupe en général. Or, les unités ont des agendas stratégiques divergents, elles « jouent solo ».

Leurs présidents et leurs cadres dirigeants, dont le rôle est pivot, déploient des stratégies relativement protectionnistes. L'incertitude concerne le devenir du Groupe et ses frontières organisationnelles : rien ne garantit que le collaborateur présent ne devienne le compétiteur futur.

La drôle de guerre entre les unités

L'absence de coopération et la concurrence larvée est au moins en partie intentionnelle et subordonnée à l'agenda stratégique des unités. L'opportunité de ces coopérations est évaluée par les cadres dirigeants des unités selon leur utilité pour accroître leur puissance (parts de marché) ou du moins éviter de la perdre. En effet la puissance ou la faiblesse des unités est indexée sur leur position dans la chaîne de valeur. Par exemple, l'unité Singapourienne est située au niveau des composants et des modules, tandis que les unités anglaises et allemandes le sont au niveau des modules et des systèmes[5]. De plus, dans ce genre de secteur, l'avantage comparatif est fondé sur des savoirs implicites qui s'acquièrent par l'expérience et qui relèvent plus du « tour de main » que des théories et même des outils.

L'ambivalence des relations (ou la réticence à coopérer) est la plus marquée envers TASG qui adopte un comportement de *challenger* : elle a acheté une capacité industrielle pour réaliser des solutions plus sophistiquées et désire se servir des coopérations de R&D avec les autres unités pour acquérir des connaissances qui lui manquent. Ainsi du point de vue des unités occidentales, l'unité singapourienne constitue une menace dont le siège, par sa volonté de créer des « synergies », encourage le développement. De fait, le siège veut rééquilibrer les relations de pouvoir entre les unités, puisque concevoir et fabriquer plus de solutions en Asie, où les coûts sont plus faibles, doit pouvoir augmenter les marges. Si l'on examine le montant et la direction des flux d'affaires passées dans le cadre du dispositif du Key Account Management, c'est effectivement la division asiatique qui profite le plus de ces rares coopérations. En retour les unités occidentales développent des stratégies différentes pour gérer cette menace orientale. La stratégie allemande est relativement radicale puisqu'elle consiste à limiter les interfaces avec Singapour. La stratégie anglaise est plus subtile : elle consiste à développer la sous-traitance interne plutôt que de perdre le marché.

> Q : Quels sont les zones où vous êtes en concurrence ?
> Il y a quelques zones dans le secteur civil, mais je ne suis pas sûr que… Dans le secteur de la défense, par exemple quand j'étais à Systémix il y avait une capacité

5 Ceci recoupe une distinction entre produits à faible valeur ajoutée contre produits à forte valeur ajoutée et produits intensifs en travail contre produits intensifs en capital.

> industrielle croissante à Singapour. Et le travail qui était fait à TAUK va maintenant à Singapour. Il y a le marché des affichages tête haute… Franchement, le travail qui est réalisé à Singapour s'en ira de toutes façons, vers n'importe qui. On essaye de suivre ce mouvement. J'espère qu'on le fait correctement. Mais à mesure que vous descendez dans l'organisation, les gens ne pensent pas comme ça. (PDG de TAUK, 13/01/09).

L'Angleterre réussit à maintenir Singapour sous sa dépendance en lui déléguant la fabrication et en gardant la conception, ou bien en déléguant le design mécanique mais en gardant le design optique qui est plus pointu.

Si les unités occidentales craignent toutes la montée en gamme de l'unité Singapourienne, les premières ne sont pas alliées pour autant. Dès lors qu'elles sont positionnées au même niveau dans la chaîne de valeur et sur les mêmes segments de marché, des zones de conflits se développent entre unités appartenant aux mêmes aires géographiques. Dans le Groupe, les zones de conflits particulièrement intenses sont situées en Amérique du Nord et en Europe Occidentale, où se trouvent les plus gros clients. En Amérique du Nord, des conflits existent entre des petites unités rattachées à l'Angleterre, à l'Allemagne et à Singapour sur le marché civil. Comme l'explique ce KAM rattaché à Singapour, le directeur commercial régional pour le Groupe, appelé ici John et qui était rattaché à l'Allemagne, était même partie prenante de ces conflits.

> Il y a des problèmes récurrents : il y a un conflit entre les sociétés Technik et TASG parce qu'on a un doublon de compétence. Notre organisation commerciale est divisée en fonction des sociétés et les commerciaux sont motivés par des objectifs [de ventes fixés par leur société]. Quelquefois on veut gagner des affaires au détriment des autres. Quelquefois on rend visite à des clients communs, sciemment ou non. On doit arriver à déterminer dans quels cas cela se passe. On pourrait créer des équipes plus petites pour résoudre ce problème. En l'occurence, ça concerne John de Technik et moi, et je ne sais pas s'il distribuerait les affaires. Je ne sais pas s'il partira avec les affaires sans crier garre (*take the ball and run*). A l'heure actuelle on ne travaille pas ensemble avec le type qui est en Floride. Je ne veux pas lui en dire trop, et c'est un problème […]. Moi je suis rattaché à la Division Precision Optics qui est dirigée par un Vice-Président en Chine et l'autre [commercial] est [rattaché à l'unité allemande]. Tout le monde est dans la division Optical Systems [dirigée par le Vice-Président allemand] et je suis dans la division Precision Optics. Donc nous sommes numériquement dominés (*outnumbered*). Si l'on peut dire ainsi, nous sommes en compétition et ils ont plus de soldats sur le champ de bataille. Ils sont sur un client avant moi. En plus Technik est organisé par marchés alors que TASG est divisé en zones géographiques. Donc je couvre tous les marchés. Lorsque John

> et moi [travaillions ensemble ?] on faisait de la rétention d'information parce qu'on avait peur que [les autres unités] aillent chez un client. Donc on gardait l'information pour nous. Il faut trouver des moyens de casser ces barrières. (KAM du secteur civil, TASG, 14/04/09).

Mais c'est en Europe Occidentale que la menace Singapourienne est ressentie le plus vivement, en particulier sur le marché militaire. Un commercial Singapourien dit ainsi que les Anglais de TAUK ne veulent pas partager l'information commerciale provenant d'un client commun car ils veulent le contrôler. Parfois les commerciaux de TAUK essayent même d'empêcher ceux de TASG d'entrer en contact avec lui. De plus, TASG a débauché un nouveau *business developper* d'une grande entreprise française. Il fait feu de tout bois dans le Groupe et essaye d'inverser le rapport de force défavorable à sa société par rapports aux unités occidentales, en particulier TAUK :

> Il y a quand même une situation de concurrence : ce qui se passe c'est que Singapour, qui n'avait pas de capacités industrielles a récupéré les capacités d'un centre optique là-bas. J'essaie de raccrocher ça avec des projets clients. Les gens de [l'Angleterre] sont très compétents dans ce secteur, ça pose des problèmes. Ils ont tendance à centraliser les affaires et distribuer les bons points. Je ne l'entends pas de cette manière et les clients non plus, puisque les prix ne sont pas très compétitifs. Je ne suis pas sous-traitant de [l'Angleterre] ! Et ça, ça pose un problème au UK. Je les ai rencontrés avec mon équipe. On a essayé de voir qui était déjà bien introduit. Inévitablement ils l'étaient un peu partout. Mais mon équipier pour le UK doit aussi pouvoir faire du *business*. [...] [L'unité anglaise] ne l'aide pas beaucoup, il est dans l'ombre de TAUK. Pour un certain nombre d'affaires, on travaille dans l'ombre de TAUK. Une difficulté avec les gens de UK, c'est qu'ils vont contrôler l'Europe. Je discutais de ça avec Steven [un commercial anglais, aussi KAM] un soir en buvant une bière, et je lui demande "avec Johan [son collègue singapourien], comment ça se passe ?". Et il me répond "*don't worry, it's already covered in the UK*" (Ne t'en occupes pas, c'est notre chasse gardée). [...] Il faut couper le cordon avec TAUK. Il y a du *business* que TAUK ne voit pas. [...] Un autre exemple, les Hollandais dont je parlais. J'ai été consulté pour des lentilles. Cette entité demande des optiques standards et en plus on est en concurrence pour se bouffer les marges. La commande est pour TAUK mais leur profil n'est pas favorable. Je dis aux gens de UK : "pour nous c'est bon". Surtout que c'est stupide. J'ai écris un petit mot au UK. Ils ont voulu garder l'affaire. Ils vont se faire bananer ! Ou alors ils vont garder la main et sous-traiter à Singapour. Mais ils ne vont pas être compétitifs. C'est un contre-exemple de synergie Groupe. (Directeur du développement d'affaires pour l'Europe, TASG, 19/05/09)

Son attitude contestataire ne manquait pas d'irriter jusqu'au président de l'unité anglaise, car il « marche sur ses plates-bandes » selon le mot du directeur de la performance. Le président de l'unité anglaise s'en est plaint au siège sans que cela ait, semble-t-il, porté à conséquences.

Entre libre-échange de principe et protectionnisme de fait

Comment expliquer la persistance des comportements concurrentiels des commerciaux et la drôle de guerre que se livrent les unités ? Pour le comprendre il faut se situer au niveau où se décide la stratégie en examinant le système d'interdépendance entre l'actionnaire, le siège et les cadres dirigeants des unités. C'est ce système qui fournit le « cadre de l'action », *i.e.* qui fixe les contraintes et les opportunités des échelons subalternes.

Les cadres dirigeants des unités, et en particulier leurs présidents, disposent d'une forte autonomie qu'ils ont héritée du passé et ils font le maximum pour la maintenir, notamment en limitant l'expansion du siège. Ce sont les hommes forts de l'organisation, surtout les présidents des trois plus grosses sociétés (TAUK l'anglaise, Technik l'allemande et TASG la Singapourienne) qui sont aussi Vice-Présidents des trois divisions. Ainsi, le directeur de la performance, deuxième « bras droit » du PDG, évoque classiquement la constitution de « baronnies ». D'où tiennent-ils leur pouvoir ? Si le PDG du Groupe et son directeur financier disposent de l' « arme suprême » selon le mot du même directeur de la performance (la trésorerie, via l'accès aux bailleurs de fonds), les présidents d'unités disposent de l'arme non moins suprême du chiffre d'affaire (via l'accès aux clients) : en l'absence de profit dégagé par le Groupe, le capital investi ne peut être valorisé. Le siège ne crée aucune valeur à proprement parler, tandis que l'augmentation du profit par la réduction des coûts s'essouffle rapidement. Il en résulte que c'est l'augmentation des ventes qui assure la survie à long-terme des unités tout en permettant de valoriser le capital. C'est un terrain d'entente satisfaisant pour les unités et l'actionnaire, d'autant que les présidents d'unités sont aussi, comme on l'a vu, actionnaires du Groupe.

Or, les commerciaux constituent des ressources cruciales dans le cadre de la stratégie de croissance organique. Peu après le rachat par Capital Investments, un compromis s'est établi entre les actionnaires, le siège et les unités pour garder un fonctionnement commercial décentralisé. Les commerciaux sont plus efficaces lorsqu'ils sont proches des marchés c'est-à-dire lorsqu'ils sont sous la responsabilité des présidents d'unités. C'est ce que ceux-ci ont fait valoir au siège. Les présidents d'unités ont fait valoir au siège que les commercieux sont plus efficaces lorsqu'ils sont proches des marchés, c'est-à-dire sous leur responsabilité. Le dispositif du KAM est une simple « couche » intermédiaire sur un fonctionnement qui reste foncièrement autarcique, car focalisé sur l'optimisation locale des ventes. L'attitude relativement protectionniste est semble-t-il particulièrement répandue en Allemagne où il faut absolument se battre contre les « sous-traitants chinois ». Ce protectionnisme de fait est aggravée par la crise et le revirement stratégique : la pression sur les objectifs de profit entraine le désir, chez les cadres dirigeants, de limiter la dispersion et de mobiliser les troupes selon le mot d'ordre « tous groupés ».

Pour résumer, nous avons donc établi que les commerciaux sont dans un dilemme moral et que la balance penche presque toujours du côté de leur unité d'appartenance car ils sont selon toute hypothèse instrumentalisés par les présidents d'unités envers lesquels ils restent loyaux. Il reste à élucider l'attitude protectionniste des présidents d'unité. C'est là qu'intervient le comportement des actionnaires qui structure leurs anticipations.

Le fonds d'investissement a acheté le groupe dans le cadre d'un LBO, et comme c'est l'habitude, il désire revendre l'entreprise après trois ou cinq ans, c'est-à-dire théoriquement à peu près au moment de l'enquête (en 2009). Si le siège a la main mise sur la trésorerie et les présidents d'unité sur le chiffre d'affaire, c'est le fonds qui dispose de la véritable arme suprême, puisque c'est de lui que dépend la continuité ou même la survie de l'ensemble humain qu'il contrôle. Au cours du LBO où à son issue, celui-ci ou les futurs propriétaires peuvent décider de se séparer d'une division ou d'une unité qui n'est pas assez rentable. A Technologie Avancée l'incertitude sur la survie du Groupe en tant que groupe est redoublée par le fait que les managers ont fait l'expérience de nombreuses restructurations – y compris dans l'actuel Groupe. De plus l'attitude des membres de Capital Investments est devenue imprévisible pour eux. Avec la crise financière, le fonds s'est retrouvé en grave difficulté et les actionnaires se demandent s'il doivent revendre l'entreprise tout de suite ou dans deux ans.

> Q : Vous disiez que [le fonds] allait vous revendre. Qu'en est-il ?
> On se pose tous des questions. On est dans l'expectative. Aucune organisation n'est figée et parfaite. Nous sommes toujours en période de transition. Il faut être responsabilisé au changement. Quand je réfléchis à 2005, on ne se ressemble plus beaucoup, on est extrêmement différent tant au point de vue de l'organisation que du management, que de ce qu'on veut faire. (PDG du groupe, 19/11/09)

Quelle conséquence cette incertitude a-t-elle sur l'attitude des cadres dirigeants des unités ? Pour le comprendre, il faut se rendre compte que l'incertitude sur le moment et les modalités de la vente du Groupe fixe le cadre temporel et spatial dans lequel la coopération entre les unités doit être effectuée. En effet, les présidents d'unités sont responsables de la stratégie de leur entreprise c'est-à-dire qu'ils raisonnent sur des arbitrages entre le court et le long-terme et catégorisent les acteurs de leur environnement en distinguant les amis (collaborateurs) des ennemis (concurrents). L'incertitude sur l'issue de l'opération rétrécit le cadre spatial et temporel à l'intérieur duquel la direction des unités tient ce genre de raisonnements, en particulier en ce qui concerne l'opportunité de s'engager dans des coopérations. Si les unités du Groupe sont vendues séparément dans un futur proche, coopérer signifie partager des clients et des connaissances avec des futurs concurrents et donc leur donner un avantage comparatif. C'est ce qu'explique le directeur de la R&D anglais :

> On a aussi peur de donner trop d'informations techniques même si ça reste dans le Groupe. Par exemple nous à Technologie Avancée on était des concurrents de Technik sur certains marchés. Il y a une certaine réticence à partager l'information. Personne n'est sûr que dans quelques années on ne sera pas de nouveau concurrents [...]. Les personnes qui travaillent dans le secteur de l'optique on été témoins de beaucoup de changements : plusieurs propriétaires, beaucoup de réorganisations. On est conscient du fait que l'on a un propriétaire cette année, que le Groupe pourrait être cassé en plusieurs morceaux et que l'on pourrait avoir des propriétaires différents l'année prochaine.
>
> Q : Ca pourrait arriver ?
>
> Le *business model* de Capital Investments c'est d'acheter des entreprises et de les garder pendant trois ou cinq ans et de les vendre. Lorsque cela va arriver il n'y a aucune garantie selon laquelle le Groupe restera comme il est aujourd'hui. J'ai vécu ça de nombreuses fois dans ma carrière. [...] Il y a une inquiétude. On est clairement organisé en divisions distinctes. C'est attractif de vendre les différentes divisions à différents propriétaires (Directeur de la R&D de TAUK, 23/04/09)

Le calcul qu'opèrent ces cadres dirigeants ressemble à ce que les théoriciens des jeux appellent l'« induction à rebours » : s'ils doivent choisir la non-coopération au temps $t + n$ alors il vaut mieux choisir la non-coopération au temps t. Finalement, en l'absence de garantie selon laquelle le collaborateur ne devienne pas un concurrent, l'attitude la plus prudente est le protectionnisme.

Conclusion

Dans ce chapitre, nous avons pris pour objet d'analyse la position des commerciaux d'un groupe multinational pour interroger les concepts de concurrence et de coopération à la lumière de l'incertitude sur les frontières organisationnelles.

Nous avons montré que l'instabilité de la frontière entre l'entreprise et le marché conduit les commerciaux à rester loyaux envers leur propre unité (et non envers le Groupe) et conduit les dirigeants de chacune d'elles à adopter une stratégie relativement protectionniste. Le contexte d'action dans lequel est pris le Groupe (les restructurations en général et la revente prochaine par le fond d'investissement en particulier) fait peser une incertitude sur son devenir en tant que groupe. Raisonnant suivant leur expérience passée et l'anticipation du futur, les cadres dirigeants des unités semblent considérer que le Groupe ne restera pas intact. Or s'il doit changer de périmètre, l'éphémère collaborateur peut se changer en concurrent soudain : dans cette hypothèse, lui céder un client revient à perdre son avantage comparatif.

D'un point de vue théorique, ce cas permet donc de montrer que la concurrence ou la coopération dépend de la définition préalable du groupe d'appartenance. Autrement dit, la concurrence ou la coopération dépend de ce que les individus considèrent comme relevant de leur identité : quel est le « nous » dans lequel « je » me reconnais ? *A priori*, je coopère plus facilement (i.e. gratuitement) avec quelqu'un qui appartient au même groupe que moi. Les situations de restructuration, en redéfinissant continuellement les appartenances et donc la ligne de partage entre le collaborateur et le concurrent, induisent un accroissement de l'incertitude sur les frontières. Ce brouillage des identifications semble conduire au repli sur la part stable de ces identités de travail (identités nationales, professionnelles ou organisationnelles). En effet à Technologie Avancée, c'est l'unité voire le pays, et non pas le Groupe et le monde, qui reste le lieu de l'identification.

Chapitre 8

Séparer bonne et mauvaise concurrence : Biocoop et la distribution de produits biologiques

Guilhem Anzalone

Introduction

À la fois mouvement social, mode de production agricole et segment de marché, l'agriculture biologique revêt des significations multiples pour les différents groupes sociaux qui la composent. La principale ligne de fracture oppose les dimensions politique et économique, « *business* et projet de société » (Baqué, 2012). Qu'ils soient agriculteurs, transformateurs, distributeurs ou consommateurs, les premiers promoteurs de l'agriculture biologique dénoncent ainsi l'opportunisme des acteurs s'engageant nouvellement sur ce marché porteur, tandis que ces derniers en appellent à la diffusion la plus large possible de l'agriculture biologique et critiquent en retour l'extrémisme et la marginalité des premiers. Comme dans le cas du commerce équitable (Le Velly, 2004), cette confrontation se manifeste à travers les modalités de distribution des produits. En particulier, certains dénoncent le rôle joué par la grande distribution comme un facteur de dévoiement de l'agriculture biologique. Si la tension entre objectifs militants et économiques oppose les anciens aux nouveaux entrants dans le monde de l'agriculture biologique, elle traverse également chaque groupe.

Le réseau de magasins spécialisés dans la distribution de produits biologiques « Biocoop » est intéressant à cet égard. Issu de coopératives d'achat formées par des consommateurs militants dans les années 1970, il est aujourd'hui un des acteurs économiques les plus importants du secteur. Avec près de 350 magasins et 600 millions d'euros de chiffre d'affaires, Biocoop représente aujourd'hui environ 15 % des ventes de produits biologiques en France. Tout en revendiquant son engagement pour une agriculture biologique exigeante, durable et équitable, il est pleinement immergé dans les luttes concurrentielles qui caractérisent plus généralement l'activité de distribution. Selon le premier président du réseau Biocoop, Philippe Jouin, « ce qui est en jeu ce n'est pas seulement la reconnaissance de l'agriculture biologique et son développement en tant que tel mais aussi d'une autre façon d'entreprendre et de concevoir la distribution de produits bio en France» (Toussaint 2006, p. 21). Pour cela, Biocoop utilise les techniques classiques des acteurs de la distribution, ce qui ne va pas sans générer de l'ambivalence chez les membres du réseau : dans quelles conditions le jeu de la concurrence s'accorde t-il avec la promotion de l'agriculture biologique ?

Dans ce chapitre, nous montrerons que la définition des pratiques commerciales au sein de Biocoop constitue un enjeu particulier pour ses membres parce qu'elle détermine son positionnement dans l'espace de la distribution de produits biologiques, et parce qu'elle s'effectue à la fois sur le plan militant et sur le plan marchand. S'il concrétise la conception de l'agriculture que Biocoop souhaite promouvoir, l'encadrement des pratiques que nous décrirons se traduit également par une restriction des opportunités commerciales offertes aux magasins Biocoop, alors que ceux-ci sont en concurrence avec d'autres points de vente de produits biologiques qui eux ne s'imposent pas ces mêmes limites. Les mêmes acteurs agissent donc à la fois en tant que militants appartenant à un mouvement social et en tant qu'acteurs économiques cherchant à protéger leurs intérêts économiques.

L'étude des modalités particulières de positionnement de Biocoop dans la distribution de produits biologiques nous permet d'approfondir l'analyse des processus de concurrence. Dans la continuité des travaux sur l'économie des qualités, nous considérons que le positionnement repose sur les processus simultanés de singularisation du produit et d'attachement du consommateur (Callon, Méadel et Rabeharisoa, 2000 ; Callon, 2002 ; Callon et Muniesa, 2003). Notons que ce travail de la concurrence ne se limite pas à la matérialité du produit mais engage également des caractéristiques liées à sa circulation, et notamment celles du vendeur (Chamberlin, 1953). Le positionnement de Biocoop dans la distribution de produits biologiques se distingue par sa double dimension militante et commerciale. En effet, Biocoop cherche à concilier les mobiles militants et économiques qui s'expriment en son sein en tentant d'aligner ses intérêts et les intérêts de l'agriculture biologique (Callon, 1991 ; Pernin, 1994). Ce travail vise à susciter une large adhésion vis-à-vis de Biocoop, tant de la part de ses membres que de ses partenaires économiques (fournisseurs et clients). Nous montrerons que ces activités d'attachement et de détachement des acteurs vis-à-vis de Biocoop passent par la définition de ce qui relève de la bonne et de la mauvaise concurrence dans l'activité de distribution des produits biologiques.

Ce chapitre décrit les mécanismes par lesquels la concurrence pour l'approvisionnement et la vente de produits biologiques est construite au sein du réseau Biocoop (Encadré 1). Au niveau des magasins comme des services centraux, les membres du réseau Biocoop effectuent un travail de délimitation des pratiques commerciales pouvant être mises en œuvre. La définition des conditions de la concurrence participe au positionnement de Biocoop dans la distribution de produits biologiques, en dessinant un réseau d'attachements et de détachements autour de lui. Ce travail met également en jeu les frontières et la cohésion du réseau car il s'exerce au sein même de l'organisation. Après avoir présenté la trajectoire et l'organisation de Biocoop au sein de la distribution de produits biologiques, nous analyserons le travail d'homogénéisation des pratiques de vente au sein du réseau, puis la définition des conditions d'approvisionnement des magasins Biocoop.

Encadré 1. Méthodologie

Menée entre 2006 et 2009, cette étude fait partie du projet de recherche « Collectifs de consommateurs, questionnement social et consommation durable » (« C3D », financé par l'ANR). Dans ce cadre, nous avons eu accès aux entretiens réalisés par Antoine Debure avec des dirigeants de Biocoop au niveau national, dont le président du réseau et des responsables des services centraux, avec des gérants et employés de magasins, ainsi qu'avec des clients (vingt entretiens). Outre ces données, notre matériau d'enquête est principalement composé des entretiens que nous avons conduits auprès de dirigeants et salariés de Biocoop et de documents à usage interne (statuts, charte, cahier des charges du réseau ; conditions générales d'achat, fiche fournisseur, etc.) et externe (journaux, prospectus, livre). Une quinzaine d'entretiens a été réalisée avec des membres de Biocoop, dont trois avec le responsable des filières animales ; un autre a été mené avec la responsable des ventes d'une plateforme d'achat du réseau, tandis que la dizaine restante concerne des gérants de magasins ou des responsables de rayon frais. Parmi les gérants et salariés des magasins, certains occupent des fonctions particulières au sein du réseau, ce qui nous a permis d'élargir notre investigation. Ils sont respectivement membre du conseil d'administration de Biocoop, responsable de l'animation de la vie du réseau sur sa zone géographique, et membre de la commission chargée du référencement des produits. Par ailleurs, cinq fournisseurs de Biocoop ont fait l'objet d'un autre volet de l'étude (également mené à partir d'entretiens et de documents).

Biocoop et la distribution de produits biologiques

Dans les années 1970, les groupements d'achat de consommateurs – ou coopératives d'achat – représentent, avec la vente directe, les seuls débouchés pour les produits issus de l'agriculture biologique. Des travaux réalisés à cette époque identifient trois types de coopératives correspondant à trois populations de consommateurs (Cadiou, Lefèbvre et Dessau, 1975). Le premier type représente la frange la plus radicale de l'agriculture biologique : des groupes d'une trentaine de personnes se forment, souvent à partir d'annonces parues dans les publications de la gauche libertaire – *Libération* et *La gueule ouverte* entre autres – et constituent des «groupements d'achat de produits biologiques». Il s'agit de collectifs peu structurés, fermés sur eux-mêmes et éphémères, qui sont d'ailleurs conçus comme une étape vers l'installation de «communautés rurales autarciques». Leur importance numérique et leur poids économique n'ont jamais été importants et ces coopératives n'ont pas eu de postérité. À l'inverse, les consommateurs privilégiant les dimensions spiritualistes et diététiques de l'agriculture biologique ont eu un rôle moins actif mais plus pérenne dans le développement des structures de distribution. Ils ont en effet participé à la création de magasins spécialisés dont les plus connus sont les magasins «La Vie Claire». Rassemblés autour de la revue *La Vie Claire*, ces consommateurs ont participé par l'intermédiaire d'une souscription au rassemblement des capitaux de la société à l'origine de la chaîne de magasins du même nom. Le réseau de magasins La Vie Claire compte aujourd'hui plus de 200 magasins en France. Il existe par ailleurs des magasins spécialisés indépendants faisant la part belle aux compléments alimentaires et à la diététique. Le troisième type de consommateurs se distingue des deux précédents dans la mesure où ses membres ne se caractérisent ni par une radicalité politique ni par une inclinaison pour les philosophies ésotériques. S'ils adhèrent à une conception politique de l'agriculture biologique, ils aspirent à transformer la société dans son ensemble plutôt qu'à créer des formes de contre-société. C'est à partir de ce troisième type de coopératives de consommateurs que le réseau Biocoop se développe.

Les coopératives fonctionnent d'abord avec des bénévoles travaillant dans des locaux plus ou moins improvisés. Elles peuvent avoir le statut d'association, de coopérative ou de société civile de consommateurs. Certains de ces statuts ne permettent pas d'activité commerciale et la plupart limite l'activité aux membres de la structure. Les coopératives ont un objectif mais aussi des difficultés en commun. La volonté de développer l'agriculture biologique se confronte en effet aux problèmes d'approvisionnement et au manque de garantie sur l'origine biologique des produits. Leur association au sein d'un réseau apparaît comme un moyen de dépasser ces difficultés. Dans un premier temps, des coopératives d'achat se sont regroupées à l'échelle régionale, notamment dans le Sud-Est et dans le Nord-Ouest. La création de la fédération à l'échelle nationale a eu lieu en juin 1986 avec une cinquantaine de coopératives, sous la forme d'une association loi 1901. Ce regroupement s'accompagne progressivement du développement et de la mutualisation d'outils professionnels, notamment en ce qui concerne la comptabilité et la gestion, les centrales d'achat, la prospection et la négociation avec les fournisseurs. Les coopératives de consommateurs évoluent également vers une forme professionnelle avec le statut de société commerciale (SARL ou SA essentiellement), l'ouverture de magasins et l'emploi de salariés. Biocoop participe pleinement à la forte croissance qui caractérise le marché des produits biologiques depuis les années 1990 et surtout 2000.

La distribution de produits biologiques

La distribution de produits biologiques est composée de quatre segments : la vente directe et autres circuits courts ; les magasins spécialisés ; la grande distribution généraliste ; et enfin les artisans (boulangeries et boucheries par exemple). Si la part représentée par les artisans demeure marginale, la grande distribution s'est progressivement imposée aux côtés des débouchés historiques que sont les circuits courts et la distribution spécialisée[1]. Elle investit le marché des produits biologiques au début des années 1990 par des enseignes telles que Monoprix, puis Prisunic, Casino et Carrefour. Avec la crise de la vache folle qui éclate à partir de 1996, la grande distribution généraliste change d'échelle et devient dès l'année suivante le premier circuit de distribution des produits biologiques en France (Piriou 2002, pp. 213-215). Après avoir frôlé la barre des 50 % du marché, la part de la grande distribution est redescendue à 46 % en 2013. Les circuits courts représentent 13 % des ventes, les artisans 5 %, et les magasins spécialisés 36 % (8 % pour les magasins indépendants et 28 % pour les magasins organisés en réseau[2]). Les magasins spécialisés sont près de 2 500 en France.

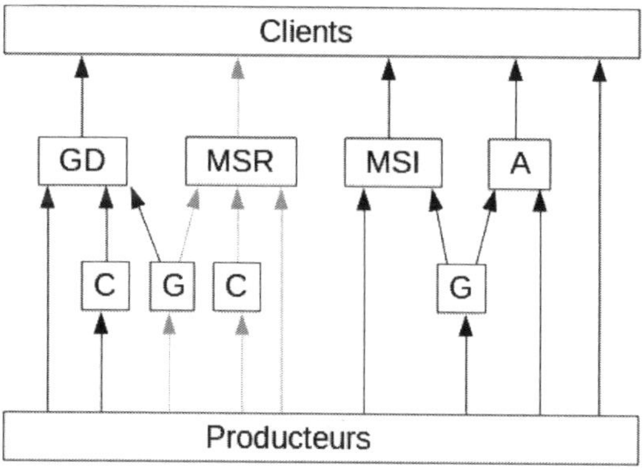

Schéma 1 : Le secteur de la distribution de produits biologiques en France
GD : grande distribution ; MSR : magasins spécialisés en réseau (comme Biocoop) ; MSI : magasins spécialisés indépendants ; A : artisans ; C : centrale d'achat ; G : grossistes

Dans cet ensemble, les magasins indépendants perdent du terrain au profit de ceux organisés en réseau. Biocoop est le réseau le plus important. Ses principaux concurrents sont La Vie Claire (créée en 1948, 200 magasins aujourd'hui), Biomonde (créé en 1992, 180 magasins) et Naturalia (fondé en 1973 par des

1 Sur la distribution voir par exemple (Allain et Chambolle, 2003 ; Moati, 2001). Sur les circuits courts en particulier, voir (Maréchal, 2010 ; Prigent-Simonin et Hérault-Fournier, 2012 ; Lamine, 2008).

2 Agence Bio (2014), *La bio en France, de la production à la consommation*, p.24.

agriculteurs et racheté en 2008 par Monoprix, 80 magasins implantés principalement en région parisienne). Dans la grande distribution généraliste comme dans la distribution spécialisée, les magasins organisés en réseau bénéficient pour leurs achats du travail d'une centrale d'achat qui sélectionne des produits, négocie leurs tarifs, et assure les livraisons (Schéma 1). En fonction de la stratégie adoptée par les enseignes, les magasins peuvent néanmoins s'approvisionner auprès de fournisseurs tiers comme des grossistes ou des producteurs (agriculteurs, groupements d'agriculteurs et industriels pour les produits transformés).

Les magasins en réseau peuvent être organisés selon trois grandes logiques : l'intégration, la franchise et l'association. Dans un réseau intégré, les magasins sont la propriété d'un groupe et leurs directeurs sont salariés. Dans un réseau franchisé, l'entreprise organisatrice concède contractuellement sa marque, son concept et un savoir-faire à des commerçants indépendants. Ces deux formes sont le plus souvent hybridées : Carrefour et Casino sont des groupes intégrés ayant une partie de magasins franchisés. De même, Naturalia est un réseau intégré avec quelques magasins en franchise, tandis qu'à l'inverse La Vie Claire exploite 80 % de ses magasins en franchise et les 20 % restants en propre. Dans le cas de l'association, des commerçants indépendants forment une structure commune dont ils ont la propriété en tant que sociétaires. Leclerc, Intermarché et Système U sont les principaux groupements de commerçants associés dans la grande distribution généraliste, tout comme Biocoop et Biomonde dans la distribution spécialisée.

L'organisation du réseau Biocoop

Association loi 1901 de sa création en 1986 jusqu'en 2002, Biocoop est aujourd'hui une société anonyme (S.A.) coopérative à capital variable : Biocoop S.A. Coop[3]. Les magasins qui constituent les sociétaires du réseau restent indépendants juridiquement. Sur les 350 magasins Biocoop, il y a environ 40 % de coopératives et 60 % de sociétés à responsabilité limitée (SARL). La part de SARL tend à augmenter puisque la très grande majorité des créations de magasins se fait désormais sous cette forme. Outre les services centraux, situés à Paris et Angers, Biocoop compte cinq plateformes régionales. Les services centraux œuvrent dans la sélection des produits, le marketing, la gestion financière et la gestion des ressources humaines. Les plateformes régionales prennent en charge la logistique (prise de commande, livraison et suivi des ventes des magasins). La fonction de centrale d'achat est donc prise en charge à Biocoop par deux entités : la direction filières et produits référence les produits et les plateformes régionales assurent l'approvisionnement des magasins (vente, logistique et conseil sur les produits).

3 Dans la suite, nous continuerons à parler de Biocoop.

Biocoop possède également deux sociétés spécialisées dans le livre (Biolidis) et l'équipement de maison (Ecodis). Il compte en tout près de 700 salariés, dont 80 pour les services centraux, tandis que les magasins en emploient environ 2 500.

Biocoop est dirigé par un président et un directeur général. Parmi les douze membres du conseil d'administration, huit sont issus des magasins et élus par leurs pairs. Les magasins, regroupés par bassin, choisissent des représentants, dits « responsables de bassin ». Ils siègent dans les conseils de maison régionale, qui sont au nombre de quatre (Grand Ouest, Sud-Ouest, Rhône-Alpes Sud-Est, et Centre Nord-Est). Chaque conseil de maison régionale choisit deux représentants qui siègent au conseil d'administration. Comme l'indique le gérant de magasin qui est responsable du bassin francilien, Biocoop « fonctionne comme un parti politique, on a des responsabilités d'élus » (entretien de janvier 2006). À côté des représentants des magasins, les quatre autres administrateurs représentent respectivement les groupements de producteurs, les salariés des services centraux et les associations de consommateurs. Au sein de cette représentation en pyramide allant des bassins au conseil d'administration, il existe donc des espaces de débats sur la stratégie de Biocoop, portant à la fois sur des principes généraux et sur leur mise en œuvre pratique, comme nous le verrons plus loin[4].

L'appartenance des magasins au réseau leur permet de bénéficier du travail et des services fournis par Biocoop S.A. Coop, et implique en retour l'application d'un cahier des charges commun périodiquement actualisé en assemblée générale. Biocoop a ainsi instauré des spécifications de vente privilégiant les produits de saison et les produits locaux. Cette organisation cherche ainsi à se singulariser en s'appuyant sur la promotion d'une « agriculture durable et équitable ». Or, le maintien d'un tel positionnement requiert l'homogénéisation des pratiques commerciales des magasins du réseau. L'attachement des magasins à Biocoop nécessite le respect de ces normes et implique le renoncement à certaines possibilités commerciales. Nous allons voir maintenant que l'alignement des magasins sur un même positionnement ne va pas de soi, et suscite des controverses quant aux règles d'encadrement des achats et des ventes.

4 Parallèlement à cette structure de représentation, le réseau complète ses principes d'action dans le cadre de commissions thématiques (référencement de produits et de fournisseurs ; projet d'ouverture de nouveaux magasins ; application des règles Biocoop en magasin) dans lesquelles siègent des représentants des magasins aux côtés de salariés des services centraux. Ces salariés mettent en œuvre les orientations choisies par les magasins à partir du travail d'étude préalablement fourni par les services centraux.

S'aligner pour se différencier : un double travail d'attachement et de détachement

L'adhésion de ses membres à des principes communs est une dimension cruciale pour le réseau Biocoop : elle met en jeu l'unité de l'organisation, qui est elle-même garante de son positionnement vis-à-vis de ses concurrents. Sandrine Barrey souligne le fait que dans la distribution alimentaire, « la construction d'un attachement singulier entre l'acheteur et l'enseigne » prime sur les autres critères de différenciation des produits (Barrey, 2006, p. 151). Il s'agit d'un marché d'organisations (Favereau, 1989), où « le jugement porté sur le bien passe par le jugement porté sur l'entreprise, et s'appuie sur la réputation ou la qualification de l'entreprise » (Eymard-Duvernay, 1994, p. 329). Un même produit biologique vendu par deux magasins différents n'est plus identique. L'homogénéisation des pratiques commerciales entre magasins est donc fondamentale dans le positionnement de Biocoop par les consommateurs. Cependant, elle ne va pas de soi et nécessite l'élaboration de règles communes. La charte de Biocoop annonce ainsi son objectif de développer l'agriculture biologique suivant les principes d'équité et de transparence. Elle présente ses « valeurs fondamentales », qui sont détaillées dans un cahier des charges comprenant une partie consacrée aux produits distribués dans les magasins (convention distribution), une partie consacrée aux exigences de comptabilité et de gestion (convention gestion), et une partie consacrée à la gestion des ressources humaines dans les magasins (convention sociale)[5]. Parmi les prescriptions de la convention distribution, nous allons voir que la mise en œuvre de la saisonnalité de la vente des fruits et légumes nécessite un travail d'attachement et de détachement. Il vise les consommateurs de produits biologiques, mais aussi et même d'abord les membres du réseau.

Les prescriptions de la convention distribution

Les magasins peuvent s'approvisionner auprès des plateformes d'achat du réseau comme auprès de n'importe quel autre fournisseur. Ils sont cependant tenus de respecter les prescriptions de la convention distribution. Elles portent notamment sur la structure des ventes des magasins : le réseau hiérarchise en effet les produits en fonction de leurs catégories. Parmi d'autres critères, le cahier des charges impose aux magasins un taux minimal de 70 % du chiffre d'affaires pour les produits alimentaires, ainsi que des taux maximaux de 20 % pour les produits non alimentaires et de 10 % pour les compléments alimentaires[6]. Ces conditions concrétisent le choix fait par Biocoop de développer l'agriculture biologique

5 Une « convention écologique » a depuis été rajoutée. Elle porte plus particulièrement sur les domaines de l'énergie et des déchets.

6 Version du cahier des charges adoptée lors de l'assemblée générale de juin 2012.

plutôt que de privilégier les compléments alimentaires et autres produits de parapharmacie, alors qu'ils sont largement présents chez d'autres distributeurs spécialisés. Le cahier des charges liant les magasins au réseau Biocoop présente également la particularité de plafonner le taux de marge brute. En fonction de la situation géographique, de la taille et du stade de développement du magasin, le taux maximal de marge brute doit se situer dans une fourchette de 25 à 31 %. À l'image de la restriction de la part des compléments alimentaires dans le chiffre d'affaires, cette modalité traduit le choix d'exclure un modèle de niche qui se caractériserait par des produits de luxe et des prix élevés. Le cahier des charges du réseau interdit également de vendre des produits transportés par avion et des légumes hors saison. Par ailleurs, les magasins sont également incités à favoriser les produits locaux et les produits équitables, en cohérence avec la conception portée par Biocoop d'une agriculture biologique solidaire et écologique.

Toutes ces prescriptions sont opérationnalisées par la mobilisation de dispositifs techniques. Les produits sont par exemple identifiés par des codes qui permettent de reconstituer la structure des ventes à partir des passages des clients en caisse. Le degré d'application des principes contenus dans le cahier des charges se traduit dans les structures d'approvisionnement et de ventes des magasins, et peut donc être évalué à partir des tableaux de bord qui en rendent compte. C'est sur cet outil que se fonde le travail d'autoévaluation des magasins, le contrôle par le réseau Biocoop puisque les magasins doivent lui transmettre ces informations une fois par an, et enfin le contrôle externe par un organisme tiers. Comme le soulignent les différents travaux menés sur les instruments de l'action publique (Lascoumes et Le Galès, 2004 ; Halpern, Lascoumes et Le Galès, 2014) et sur les outils de gestion (Moisdon, 1997 ; Chiapello et Gilbert, 2013), ces dispositifs contiennent intrinsèquement des principes, des hiérarchies, des choix de valeur, éléments qui dans le cas de Biocoop ont la particularité d'être explicites. L'ensemble de ces règles (hiérarchie des approvisionnements, répartition des ventes et encadrement du taux de marge brute) vise ainsi à concrétiser les « valeurs fondamentales » de Biocoop dans ses pratiques de distribution. Les modalités de calcul choisies par le réseau et mises en œuvre à l'échelle des magasins pour représenter l'activité économique font ainsi apparaître le système de valeurs qu'elles contiennent (Vatin, 2008).

La saisonnalité en débat

Les règles communes participent au positionnement de Biocoop comme promoteur d'une agriculture biologique exigeante et de qualité. Elles entraînent cependant une restriction des opportunités commerciales. Comment transformer ces limitations en avantages auprès des clients et des membres du réseau ?

Cet enjeu a par exemple été central dans la mise en œuvre d'une politique de saisonnalité, c'est-à-dire le fait de vendre les fruits et légumes sur une période de production et non presque tout au long de l'année. Cette caractéristique illustre bien l'ambivalence du positionnement de Biocoop sur les plans militant et marchand. L'analyse du débat qu'il a occasionné permet aussi de spécifier certains mécanismes d'attachement au-delà de la généralité du concept (François, 2008, p. 267). Nous verrons entre autres que, comme de rares travaux l'indiquent (Dubuisson-Quellier, 1999), l'attachement ne se limite pas à la relation entre vendeur et acheteur mais peut mettre en jeu des relations triangulaires. Elles engagent dans notre cas le réseau, le magasin et le client.

Les principes contenus dans le cahier des charges sont discutés par les différents membres du réseau dans des contextes variés : depuis les réunions locales jusqu'à l'assemblée générale où ils sont adoptés, en passant par les commissions et les groupes de travail qui rassemblent des représentants des magasins et des salariés des services centraux. Ainsi, un groupe de travail a été spécifiquement chargé de la question de la saisonnalité au niveau national. Il a diffusé une note provisoire pour ouvrir le débat et déterminer la position de chaque magasin. L'objectif de ce processus est d'homogénéiser les pratiques pour aboutir à un engagement commun, pouvant être inscrit dans le cahier des charges et valorisé comme une spécificité de Biocoop dans la distribution de produits biologiques. Nous avons pu l'observer lors de la réunion des magasins du bassin Île de France de février 2007.

Un tour de table est fait pour connaître la position de chacun dans le bassin. Le premier participant se dit « agréablement surpris que la saisonnalité soit discutée car Biocoop tend à oublier ses valeurs. La gestion à court terme ne doit pas être plus importante que la stratégie à moyen terme, sinon Biocoop perd sa spécificité et devient de la grande distribution lambda ». Il souhaite que la saisonnalité soit inscrite dans la charte, même si cela fait perdre un peu de chiffre d'affaires. D'autres participants avancent des arguments relativisant la contrainte commerciale que la saisonnalité représente : « la frustration des gens qui ne mangent pas des légumes hors saison fait augmenter les ventes en saison » ; « hors saison les produits ne sont pas bons, et l'absence des légumes hors saison permet de faire découvrir d'autres légumes » ; « l'étude faite sur un magasin et sur les plateformes montre qu'on n'y perd pas vraiment ». De plus, « c'est également important pour la rotation des cultures et l'équilibre des sols » ; le paradoxe étant que des pratiques ne respectant pas la saisonnalité accentuent un effet de serre faisant disparaître les saisons. Les participants en concluent que toutes les justifications (écologiques, agronomiques, stratégiques ou encore économiques) se tiennent[7]. Même si elle n'est pas mentionnée par le label « AB », la saisonnalité

7 Seule exception pendant cette réunion, un responsable de magasin pense qu'il est important d'avoir des tomates en janvier pour les personnes qui font des cures de lycopène.

est considérée comme paradigmatique de l'agriculture biologique, ou plutôt de l'agriculture biologique telle qu'elle est conçue par le réseau Biocoop.

La discussion revient ensuite sur le comportement des clients. Pour l'un des participants, « si la concurrence comme Naturalia continue à vendre des légumes hors saison, la question de l'évasion de clientèle se pose » ; le premier à être intervenu ajoute : « ou bien le démarquage commercial sera plus visible, en terme de positionnement ». La plupart des participants s'accordent sur le fait que « la saisonnalité doit permettre de prendre conscience, c'est le propre du consommateur bio ». Selon plusieurs d'entre eux, le problème est que la saisonnalité ne peut constituer un atout que si elle est suffisamment appliquée, ce qui n'est pas toujours le cas des règles fixées dans le réseau : « et autant cela peut être un point fort, une différenciation, autant c'est un gros problème à gérer si ce n'est pas respecté, par exemple dans le bassin parisien où il y a beaucoup de magasins ». S'ensuit une discussion sur la manière dont elle sera intégrée dans le cahier des charges et contrôlée.

Les représentants des magasins qui participent à cette réunion mobilisent différents mécanismes d'attachement et de détachement (Goulet et Vinck, 2012 ; Goulet et Le Velly, 2013). Le premier d'entre eux consiste à détacher les clients de la distribution lambda concurrente et des pratiques intensives qui participent au dérèglement climatique. Les acteurs soulignent ensuite les liens existant avec des entités positives telles que la conception exigeante et militante de l'agriculture biologique, le rôle joué par Biocoop dans son développement. Ils associent également de nouvelles entités : la saisonnalité est ici liée d'une part aux principes agronomiques de la rotation des cultures et de l'équilibre des sols, et d'autre part à des consommateurs conscients et responsables[8].

L'instauration d'une politique de saisonnalité nécessite donc un important travail d'attachement et de détachement, effectué par les membres de Biocoop auprès de leurs partenaires économiques (ici leurs clients) mais aussi au sein même du réseau. Le but est de conserver les clients en dépit de la restriction de la vente des fruits et légumes et cette lutte s'effectue sur plusieurs fronts. Les différents magasins Biocoop doivent d'abord agir de concert pour éviter que ceux qui n'appliquent pas la règle puissent en profiter. Cet alignement a aussi pour enjeu le positionnement des magasins de Biocoop par rapport à leurs concurrents, et ce positionnement doit en définitive susciter l'attachement des clients : « la compétition entre les firmes porte précisément sur cette dialectique de l'attachement et du détachement. S'attacher le consommateur, en le détachant

8 En lien avec le projet de Biocoop de promouvoir l'agriculture biologique par le commerce, on remarquera que la question de la saisonnalité tend à lier le domaine de la production et celui de la distribution (Bernard de Raymond, 2013, p. 246-247).

des réseaux construits par les concurrents, tel est le ressort principal de la concurrence» (Callon, Méadel et Rabeharisoa, 2000, p. 227). Biocoop cherche à donc se dissocier de ses concurrents pour susciter l'attachement auprès des consommateurs. Il joue sur différents mécanismes de captation de la clientèle (Cochoy, 2004, p. 94-96). Outre les registres de l'affectif, de la routine et du calcul rationnel, Biocoop cherche également à susciter l'engagement des clients en faveur des valeurs que le réseau promeut. Cela implique néanmoins l'attachement préalable des magasins à Biocoop afin de mettre en œuvre une politique commune. La cohésion du réseau est également nécessaire dans le sens où la revendication de valeurs tend à exposer l'organisation à la critique en cas de manquements ou de divergences d'interprétation (Massa et Testa, 2012).

La promotion de la consommation de fruits et légumes de saison a depuis été inscrite dans le cahier des charges du réseau Biocoop, assortie d'une annexe précisant les périodes d'interdiction de vente des produits. Son respect est donc garant du positionnement de Biocoop vis-à-vis des autres points de vente de produits biologiques et vis-à-vis des clients. Pour vérifier la conformité des pratiques des magasins plusieurs procédures existent, de l'auto-contrôle au contrôle par un organisme tiers, en passant par l'évaluation d'une commission interne au réseau. La concertation demeure néanmoins la voie privilégiée:

> «Si l'outil n'est pas respecté, on en discute en réunion de bassin. Et si ça dure, ça nous arrive d'aller jusqu'à la commission nationale. On se connaît entre nous, on peut voir les risques de dérives, on connaît les points positifs comme les points négatifs des uns et des autres. On marche beaucoup par l'émulation, plus que par l'observation des règles et la sanction.» (Gérant de magasin et responsable de bassin Biocoop, janvier 2006)

Le réseau Biocoop se livre de fait à un important travail d'acceptation et d'application des conditions de la concurrence par l'ensemble des membres du réseau. Cet enjeu concerne particulièrement les pratiques d'approvisionnement des magasins.

Contrôler la concurrence au sein du réseau

Au-delà des prescriptions de vente, le positionnement de Biocoop dans la distribution de produits biologiques dépend également de ses modalités d'approvisionnement. Celles-ci doivent concrétiser son engagement pour une agriculture biologique «exigeante». La convention distribution favorise d'abord les produits locaux car cela fait partie de la conception de l'agriculture que Biocoop souhaite promouvoir. Elle privilégie ensuite les achats effectués auprès des plateformes de Biocoop : les services centraux fournissent en effet un important travail d'analyse de la qualité économique et environnementale des produits (Anzalone 2014). Le réseau Biocoop instaure ainsi une double priorité dans l'approvisionnement tandis que les achats auprès de fournisseurs tiers ne sont pas encouragés. Cette hiérarchisation associe cependant deux logiques opposées. Si la charte incite les magasins à privilégier les achats locaux, cela se fait au détriment de la mutualisation opérée par les plateformes de Biocoop. Celle-ci permet de faire des économies d'échelle en regroupant les achats, mais a aussi un coût lié au travail des services centraux. Cela peut amener les magasins à se tourner vers d'autres sources d'approvisionnement. Les transactions entre plateformes et magasins combinent ainsi des relations marchandes et organisationnelles qui peuvent entrer en opposition[9]. En mettant ainsi les plateformes en concurrence avec d'autres fournisseurs, les modalités d'achat des magasins questionnent les frontières de l'organisation. La politique d'approvisionnement de Biocoop vise alors à défendre l'offre des services centraux face aux forces centrifuges qui amènent les magasins à acheter leurs produits hors du réseau. Biocoop cherche en conséquence à contrôler la concurrence en séparant la bonne de la mauvaise : il s'agit d'en définir les modalités acceptables, c'est-à-dire celles qui participent au développement d'une agriculture biologique exigeante sans nuire à l'unité du réseau.

Lutter contre les forces centrifuges

En se fournissant auprès des plateformes d'achat, les magasins bénéficient de la mutualisation réalisée au sein du réseau. En achetant hors des plateformes, ils ont accès à des produits qui ne sont pas proposés par le réseau (typiquement, des légumes hors saison ou des marques spécifiques), et éventuellement à des offres commerciales plus intéressantes. La mise en concurrence des fournisseurs peut inciter certains magasins à quitter le réseau Biocoop, comme ce fut le cas du groupe parisien « Les Nouveaux Robinson » en 2004. Entre autres raisons, l'adhésion au réseau Biocoop était intéressante pour eux dans la mesure où elle leur donnait accès à des prix d'achat plus bas. À partir du moment où ils ont pensé pouvoir obtenir des prix plus intéressants en traitant directement avec les fournisseurs, cette adhésion ne se justifiait plus. La désaffection vis-à-vis du réseau s'est également nourrie d'une insatisfaction quant à leur représentation dans les instances dirigeantes au regard de leur important poids économique.

9 Ce constat a été notamment établi par Robert Eccles et Harrison White dans leur étude des transactions entre deux centres de profits appartenant à une même firme : « *the selling and buying profit centers have roles in two different structures. They are organizational units in a hierarchy, and they are "firms" in a market. Actions in response to their role in an organizational hierarchy may interfere with their ability to compete with other firms in their market and vice versa.* » (Eccles et White, 1988, p. S24).

Cela s'explique par la forme coopérative du réseau et par le fait que pour être élu au conseil d'administration de Biocoop, il fallait réaliser plus de 50 % de son chiffre d'affaires avec la plateforme d'achat. Bien qu'étant le premier client de la plateforme d'achat en volume, ils n'atteignaient pas ce ratio.

Au-delà de ce cas particulier, les membres du réseau analysent plus généralement les pratiques d'achat des magasins en termes d'intérêt économique et « d'accord avec les idées politiques du réseau » (responsable des filières animales, Biocoop, mars 2007). Des responsables de magasin évoquent « un problème éthique et moral », et choisissent de « jouer le jeu et travailler avec Biocoop » : c'est le cas de ce magasin toulousain qui achète 90 % de ses produits à la plateforme Biocoop (entretien de février 2008). Le gérant du rayon frais est par ailleurs tenté de se fournir auprès d'un grossiste tiers pour des raisons commerciales : celui-ci propose en exclusivité une gamme de produits recherchée par la clientèle, ainsi que des produits également présents sur la plateforme d'achat Biocoop mais à des conditions de vente différentes. Ces différentes stratégies nous montrent comment la concurrence qui s'exerce dans le domaine de l'approvisionnement peut mettre à l'épreuve l'attachement des magasins au réseau. Les plateformes évaluent notamment celui-ci à partir de leur taux d'emprise, c'est-à-dire la part des ventes des magasins qui provient de leurs achats auprès de la plateforme[10]. Il est d'une importance stratégique pour le réseau. C'est en effet la marge prélevée sur les ventes des plateformes aux magasins qui finance le fonctionnement du réseau Biocoop.

Pour lutter contre les forces centrifuges, Biocoop a mis en place des mécanismes incitant les magasins à s'approvisionner auprès des plateformes. Certaines opérations promotionnelles sont par exemple conditionnées à un taux d'emprise minimum de 60 %. Le plus important de ces mécanismes est le taux de remise que les magasins peuvent obtenir auprès des plateformes. Son calcul repose sur la classification des achats des magasins en trois catégories : l'approvisionnement local ; l'achat en plateforme ; l'achat auprès de fournisseurs tiers. L'approvisionnement local est défini comme prioritaire. Il est favorisé par les règles de fonctionnement du réseau qui l'incluent dans le calcul du taux de remise alors même que ces achats ne passent pas par les services centraux. Il est en conséquence précisément délimité : l'approvisionnement local désigne pour Biocoop les marchandises produites dans un rayon de 150 kilomètres routiers à condition que l'étiquetage comporte le lieu et le nom du producteur ou du transformateur, et que l'achat soit effectué par le magasin directement auprès de celui-ci sans passer par un intermédiaire commercial. Autre critère important, il doit se faire à un prix de vente au détail par opposition au prix de gros (ce dernier étant le prix que ce même fournisseur peut proposer aux plateformes

10 Elle est calculée à partir de la valeur et non du volume des ventes.

d'achat de Biocoop par exemple). En distinguant les achats locaux du reste des achats effectués auprès de fournisseurs tiers, Biocoop sépare ainsi ce qui relève respectivement de la bonne et de la mauvaise concurrence. Les pratiques d'approvisionnement des magasins doivent soutenir une agriculture biologique exigeante sans nuire à la cohésion de Biocoop.

L'encadrement des conditions d'approvisionnement

Au-delà des achats locaux, Biocoop contrôle plus généralement les conditions d'achat des magasins auprès de fournisseurs extérieurs, et en particulier les conditions tarifaires. Le responsable des filières animales nous explique que les ventes entre fournisseurs et magasins ne doivent pas parasiter les plateformes d'achat.

> « Quand on voit le fournisseur, et qu'on sait qu'il fournit en direct, on regarde pourquoi il le fait, et surtout à quel prix. Historiquement on avait des distorsions de concurrence qui étaient assez fortes parce que les gens nous disait "ben oui mais à l'époque mes produits n'étaient pas référencés en centrale, fallait bien que je travaille avec des gens, donc je travaille avec les magasins". J'accepte. On dit aux fournisseurs "il n'y a pas de problèmes, continuez à vendre aux magasins en direct, sauf qu'il faut que vous leur vendiez avec une cohérence tarifaire, parce que là du coup vous vendez à un détaillant. Vous devez avoir deux tarifs, et l'écart entre les deux doit être de 25 %". C'est ce qui se fait dans le commerce, à peu près, entre 20 et 25 % entre les tarifs grossiste et détaillant. Si ce n'est pas dans ces proportions-là, là on peut mettre quand même la pression sur le fournisseur. En disant "vous êtes gentil mais là vous faites une distorsion de concurrence et ça on l'accepte pas". Et il y a toujours un petit peu de cordes sensibles, un petit peu d'histoire … après c'est proportionnel ; si le fournisseur a un magasin à qui il vend en direct bon, sous couvert de l'histoire ça peut aller, mais s'il a dix magasins comme ça, ça peut aller jusqu'au déréférencement, enfin jusqu'à la menace de déréférencement, en disant "vous n'êtes pas logique, vous ne pouvez pas avoir le beurre et l'argent du beurre". C'est pas normal, on fait tout le travail, tout le côté difficile, parce que le fournisseur il va aller vendre en direct aux gros magasins, et puis nous on va se charger des petits magasins, c'est-à-dire ce qui est le plus compliqué et ce qui coûte le plus cher. Quand on vend à tous les magasins, la mutualisation fait qu'on s'y retrouve ; et si le fournisseur fait les gros et nous les petits, là on s'y retrouve pas. » (Responsable des filières animales, Biocoop, mars 2007)

Biocoop leur impose alors de différencier leurs tarifs en se conformant à la distinction entre grossiste et détaillant. De fait, le responsable d'un fournisseur nous a rapporté cette demande qui lui a été expressément faite et qui l'a amené à augmenter de 20 % ses tarifs à destination des magasins. Les fournisseurs peuvent difficilement cesser ce type de ventes qui représente une part importante de leur chiffre d'affaires, étant donné que les plateformes d'achat ne distribuent généralement qu'une partie de leur gamme de produits. Imposer une distinction de tarif au fournisseur extérieur à Biocoop vise à maintenir la compétitivité de la plateforme. Les prix qu'elle propose sont grevés par le coût des services centraux et des plateformes, comme nous l'explique la responsable des ventes de la plateforme d'achat Sud-Ouest :

> « Nous on a les conseillers produits qui se déplacent, on a les services centraux, toute une artillerie qui a un coût. Donc c'est vrai qu'on essaie de s'aligner au tarif de la concurrence mais malgré tout le service que l'on rend aux magasins se paie aussi, et c'est vrai que sur une zone de très très forte concurrence nos tarifs peuvent parfois être trop élevés et ne pas permettre aux magasins de s'approvisionner de façon conséquente à la plateforme. » (Responsable des ventes, plateforme d'achat Sud-Ouest Biocoop, avril 2008)

Ce fonctionnement implique un surcoût devant être accepté par les magasins, qui dans le cas contraire sont tentés de s'approvisionner ailleurs. De fait, si le responsable des filières animales évoque une distorsion de concurrence de la part des fournisseurs, on pourrait aussi l'attribuer aux magasins. En achetant des produits directement auprès de fournisseurs référencés en plateforme, ils profitent de l'expertise des services centraux de Biocoop sans en supporter les coûts. Lorsque des magasins achètent de la marchandise à des fournisseurs qui ne sont pas référencés en plateforme, ils le font le plus souvent sans réaliser l'analyse de la qualité économique et environnementale que produisent les services centraux.

L'encadrement des conditions d'achat vise ainsi à contrer les forces centrifuges que subit Biocoop au niveau de l'approvisionnement des magasins. L'offre des plateformes est en effet exposée à la concurrence de fournisseurs extérieurs au réseau, concurrence qui est même encouragée par Biocoop dans le cas des achats locaux. Cet encadrement réalise un arbitrage entre le jeu concurrentiel dans lequel se situent les magasins et l'attachement au réseau. Si l'achat local est privilégié, il est précisément défini et à des conditions tarifaires compatibles avec celles des plateformes. De même, le taux de remise qui doit conduire les magasins à augmenter leurs achats auprès des plateformes est au final peu incitatif : cette dimension est limitée par la volonté de ne pas créer trop d'écart entre les magasins du réseau, qui vont du petit local tenu par un ou deux bénévoles au supermarché de 850 m² employant plusieurs dizaines de salariés. En participant à l'attachement et au détachement des magasins vis-à-vis de Biocoop, la mise en forme de la concurrence qui est opérée par le réseau au niveau de l'approvisionnement met ainsi en jeu l'organisation.

Conclusion

Le réseau de magasins Biocoop se distingue dans le domaine de la distribution de produits biologiques en tentant de concilier stratégies militantes et économiques. Les règles de vente et d'approvisionnement décidées par le réseau visent à créer un démarquage commercial par la promotion d'une agriculture biologique exigeante. Parmi d'autres principes, le cahier des charges privilégie ainsi les produits locaux et interdit le transports des marchandises par avion. Il instaure également la saisonnalité des ventes de fruits et légumes en définissant les périodes pour lesquelles elles sont autorisées. Plus généralement, les services centraux sélectionnent sur des critères économiques et environnementaux les produits accessibles aux magasins via les plateformes de Biocoop. Les controverses autour de la saisonnalité des ventes et de l'approvisionnement des magasins montrent néanmoins que ce positionnement, fondé sur la restriction des opportunités commerciales, ne va pas de soi. Il repose sur un travail d'attachement et de détachement des acteurs économiques (Callon, Méadel et Rabeharisoa, 2000), qui conduit notamment les membres de Biocoop à séparer la bonne concurrence de la mauvaise. L'analyse de ce travail nous éclaire ainsi sur les modalités de la concurrence dans le cadre d'une activité économique marchande.

En construisant son positionnement, Biocoop – comme tous les autres acteurs – cherche à maîtriser la concurrence au sein de son domaine d'activité. Les attachements et détachements qui le constituent concernent en premier lieu les consommateurs et les concurrents, qui sont les catégories les plus souvent mobilisées dans l'étude de la concurrence (voir par exemple Steiner et Vatin 2009, part. 4). Il s'agit alors pour Biocoop de se différencier de ses concurrents distributeurs pour capter les consommateurs de produits biologiques. L'étude des attachements et détachements réalisés par Biocoop nous permet de prolonger cette analyse. Outre les consommateurs et les concurrents de Biocoop, ils mettent également en jeu l'attachement de ses propres membres.

Nous avons en effet montré que pour être mis en œuvre, les mécanismes d'attachement des clients à Biocoop nécessitent eux-mêmes l'attachement des membres du réseau à cette organisation. La règle de la saisonnalité implique ainsi l'alignement des plateformes et des magasins sur une position commune. De même, le positionnement de Biocoop demande l'adhésion des magasins à la politique d'approvisionnement décidée au sein du réseau ainsi qu'au travail effectué par les services centraux. Les attachements et détachements ainsi réalisés résultent de différents processus (Goulet et Vinck, 2012 ; Cochoy, 2004), qui peuvent relever des registres économique, politique, environnemental ou autres. Ce faisant, les membres de Biocoop sont amenés à distinguer ce qui relève de la bonne et de la mauvaise concurrence, pour déterminer ce que l'on peut faire ou ce que l'on ne doit pas faire au sein du réseau. La bonne concurrence doit permettre de promouvoir la conception de l'agriculture biologique défendue par Biocoop sans remettre en cause la cohésion du réseau. Cela interroge notamment les modalités de transposition de la concurrence depuis l'espace général de la distribution à celui de l'organisation : jusqu'à quel point les magasins Biocoop peuvent-ils se différencier les uns des autres ? Jusqu'à quel point peuvent-ils se détourner des plateformes du réseau pour préférer d'autres fournisseurs ? Les forces centrifuges qui s'expriment ainsi dans le réseau mettent en jeu la cohésion interne de l'organisation en replaçant ses activités dans un espace de concurrence plus large. La délimitation de la bonne et de la mauvaise concurrence traverse ainsi l'organisation et questionne de ce fait les frontières de Biocoop. En construisant les attachements et détachements constitutifs du positionnement de Biocoop, ses membres élaborent une définition croisée de Biocoop et de la concurrence dans le domaine de la distribution de produits biologiques.

Chapitre 9

Concourir en régime d'abondance : le cas du tsunami de 2004[1]

Malka Older

Il peut paraître étrange de s'intéresser au secteur de l'aide internationale humanitaire sous l'angle de la concurrence. Après tout, qu'elles agissent ou non au nom de l'« humanité » comme indiqué dans leur intitulé, les organisations non gouvernementales internationales (ONG) sont le plus souvent à but non lucratif ; qui plus est, leurs missions, bien que vagues et idéalistes, semblent plus ou moins convergentes ou, du moins, compatibles entre elles et sont, en tout cas, trop larges pour être assumées par une seule organisation (par exemple « lutter contre la souffrance, la pauvreté et l'oppression »[2]). Dès lors, on pourrait s'attendre à ce que la coopération soit un mode de relations privilégié par rapport à celui de la concurrence. De fait, la littérature académique et professionnelle abonde d'efforts pour améliorer les relations entre les acteurs[3].

Or, nous montrerons d'abord que les questions de concurrence sont autant prégnantes dans ce sous-secteur spécifique que dans celui des organisations à but non lucratif dans son ensemble, que certains sociologues ont déjà recommandé d'analyser comme un marché (Zald et Ash, 1966 ; McCarthy et Zald, 1977 ; voir aussi le chapitre de Magali Robelet dans le présent ouvrage). Les rares productions écrites qui ont traité spécifiquement de la concurrence dans un contexte de réponse humanitaire sont d'ordre professionnel, ce qui leur a fait privilégier une perspective normative (en l'occurrence, en vue de « réduire » la concurrence, alors que notre chapitre privilégiera une perspective compréhensive).

1 Traduction par Gaëlle Dakan.

2 http://www.mercycorps.org/about-us/our-mission (dernière consultation juillet 2015).

3 Pour avoir des exemples récents, voir notamment Baker, J. (2014). Humanitarian Capacity-Building and Collaboration: lessons from the Emergency Capacity Building Project. *The Humanitarian Practice Network, Overseas Development Institute, Discussion Paper 78*. Saavedra, L. et P. Knox-Clarke (2015). Working together in the field for effective humanitarian response. *ALNAP Working Paper*. ALNAP, 2015 Le Réseau d'apprentissage actif pour la redevabilité et la performance dans l'action humanitaire (ALNAP) a été créé en 1997 ; il est constitué de différents acteurs du secteur (ONG, donateurs institutionnels, agences de l'ONU, représentants du secteur pivé). Il est un « forum sur les questions d'apprentissage, de responsabilisation et de performance pour le secteur humanitaire ».

Le cas du tsunami ayant frappé l'Océan Indien en 2004, examiné ici, présente au moins deux intérêts. D'une part, il permet d'illustrer à quel point la concurrence existant entre associations est perçue comme un problème par les acteurs du secteur. En effet, alors que la concurrence est perçue dans d'autres secteurs comme un mode de coordination efficace, elle est dans notre cas perçue comme contradictoire avec l'objectif – symboliquement et financièrement[4] valorisé – de coordination. D'autre part, de manière originale, lors de cette catastrophe, ce ne sont pas les ressources financières qui ont manqué, bien au contraire, mais le temps, l'espace et les bénéficiaires pour les dépenser ; les ressorts de la concurrence dans ce cas ont donc davantage résidé dans *l'excès* de ressources financière. Ce cas à contre-courant vient démontrer que la concurrence n'est pas uniquement une réponse à un manque de ressources dans cet environnement mais un phénomène véritablement ancré dans la structure-même du secteur. Il vient aussi souligner le décalage entre l'image et la réalité de l'aide humanitaire.

Ce chapitre analyse d'abord la littérature, essentiellement théorique, qui s'intéresse à la question de la concurrence dans le contexte des organisations à but non lucratif en général et celui de l'aide humanitaire internationale non-gouvernementale en particulier. Est abordé ensuite le cas spécifique de la compétition entre ONG au moment de la réponse faite au tsunami ayant touché l'Océan Indien en 2004. Sur la base de ce cas pratique, des conclusions préliminaires sont proposées au sujet des rôles perçus et réels de la concurrence dans ce secteur.

Méthodologie

L'analyse se fonde principalement sur l'examen de la littérature foisonnante, développée à propos de ce désastre : articles académiques, rapports d'organisations, évaluations menées par des tiers et par les organisations entre elles. En effet, la réponse apportée au tsunami marqua un tournant décisif au sein de la communauté humanitaire ; l'afflux de financements, la pléthore d'agences dépêchées sur place et l'intensité de la couverture médiatique ont abouti à une véritable remise en question des évaluations et des réformes du secteur. Alarmés des difficultés rencontrées à ce moment-là, un certain nombre d'organisations, de réseaux d'associations et de groupes de consultation ont requis voire mené des évaluations. Les plus importantes d'entre elles ont été réalisées par la Coalition d'Evaluation pour le Tsunami (Tsunami Evaluation Coalition - TEC), composée des principaux bailleurs de fonds, des agences des Nations Unies (ONU) et d'ONG, rassemblant cinq évaluations thématiques concurrentes au sein d'un rapport synthétique. Bien qu'ils ne soient pas académiques, ces rapports collectent des données qui, par leur variété et leur quantité, peuvent les rapprocher de certains travaux de sciences sociales, mais qui

4 Puisque la coordination est un critère privilégié d'attribution des fonds par les donateurs institutionnels.

sont traitées de manière différente : « les évaluations se sont basées sur des études nationales approfondies, des sondages menés auprès des bénéficiaires et de longues consultations avec les parties prenantes[5]. Le rapport s'est également enrichi de nombreuses sources secondaires produites au moment du tsunami » (Telford *et al.*, 2006, p. 5). D'autres rapports significatifs furent écrits par des agences individuelles ; par InterAction, un réseau d'organisations non-gouvernementales[6] ; par le Comité d'Urgence face aux Catastrophes (Disasters Emergency Committee - DEC)[7], un consortium rassemblant les plus grandes agences d'urgence au Royaume-Uni ; et par le Projet des « retours d'expériences » sur le Tsunami[8], dont le comité de pilotage était composé de représentants des gouvernements affectés par le tsunami, de la Croix Rouge/Croissant Rouge Internationale et des Nations Unies. L'étendue de la catastrophe souleva également l'intérêt de la sphère académique qui produisit de nombreux articles et études sur le sujet.

En outre, l'auteure a une expérience personnelle de ce cas, ayant notamment travaillé sur la réponse faite au tsunami au Sri Lanka. Cette analyse se base en conséquence également sur ses expériences et les discussions qu'elle a pu avoir avec ses collègues qui ont travaillé avec elle là-bas et en Indonésie.

Organisations à but non lucratif et mouvements sociaux

Dès 1966, Tullock (1966, p. 141) remarquait que « les activités caritatives forment une part significative de notre économie et pourtant elles n'ont reçu qu'une attention très limitée de la part des économistes ». Il n'était pas le seul à l'observer. La même année, Zald et Ash (1966) décrivaient le cycle de vie des organisations à but non lucratif, et une décennie plus tard McCarthy et Zald (1977) poussaient l'analyse jusqu'au cœur de leur travail sur la recherche de financements.

Les premières réflexions de Tullock (1966) expliquaient la différence fondamentale entre les échanges d'argent pour des biens et des services et les dons faits pour des

5 Bennett, J., Harkin, C. et S. Samarasinghe (2006). Coordination of international humanitarian assistance in tsunami-affected countries: Evaluation findings: Indonesia. Cosgrave, J. (2007). Joint evaluation of the international response to the Indian Ocean tsunami. Flint, M. et H. Goyder (2006). Funding the tsunami response. Telford, J. Cosgrave J. et R. Houghton (2006). Joint Evaluation of the international response to the Indian Ocean tsunami: Synthesis Report. London: Tsunami Evaluation Coalition

6 Ferluto, K. (2005). InterAction Member Tsunami Response Accountability Report: A Guide to Humanitarian and Development Efforts of InterAction Members in Tsunami-Affected Areas December 26, 2004 – March 26, 2005.

7 Vaux, T. (2005). Independent Evaluation of the DEC Tsunami Crisis Response: Final Report.

8 Tsunami Global Lessons Learned Project (2009). The Tsunami Legacy: Innovations, Breakthroughs and Change, *TGLLP*.

organisations caritatives par le degré d'accès à l'information : « ceux qui donnent par charité [...] risquent d'être particulièrement mal informés des conséquences de leur don» (p. 142) En conséquence, selon lui, «l'activité caritative est plus encline à être mal conçue et mise en œuvre» (*Ibid.*). Pour l'expliquer, Tullock soutient (tel que cela est avancé par les économistes classiques) qu'un don d'argent n'est pas un acte gratuit, parce que le donateur «reçoit» quelque chose en retour, que ce soit une satisfaction personnelle ou bien une reconnaissance extérieure ; cependant, puisque ce «quelque chose» dépend fondamentalement de l'acte de donner (ce que Tullock désigne comme «un sentiment de satisfaction issu d'un sacrifice», p. 146), les effets de ce don sont d'importance négligeable, voire nulle pour le donateur. La compétition pour obtenir des fonds (du moins de la part de ce type de donateur) est en conséquence davantage basée sur le sentiment généré chez le donateur plutôt que sur les effets qu'aura ce don sur les bénéficiaires. Bien que l'argument principal de Tullock s'articule autour des asymétries d'information qui existent entre le donateur et l'association, il mentionne dans une note de bas de page un autre problème qui est d'importance significative dans le domaine du travail humanitaire moderne :

> «Un problème général, largement souligné, d'information dans le domaine caritatif vient du fait que le donateur ne peut que très difficilement recevoir une information pertinente sur l'utilité programmée de son don auprès des bénéficiaires. Aussi, son don, à moins qu'il ne soit un don numéraire direct, ne répondra-t-il pas directement aux désirs des bénéficiaires.» (Tullock, 1966, p. 157)

Déjà dans ce modèle, nous observons la contradiction de base qui existe lorsque la charité est envisagée comme un système de marché : ceux qui achètent le travail ne sont pas ceux qui sont touchés par sa qualité.

Aujourd'hui, ce paradoxe est désigné sous le terme de «double responsabilité» qui reflète la croyance selon laquelle les organisations à but non lucratif doivent rendre des comptes à la fois aux donateurs dont elles reçoivent des financements et à leurs bénéficiaires supposés. Le rôle de ces organisations peut être perçu comme celui d'un tunnel d'information reliant les donateurs aux bénéficiaires. Cependant, même à l'heure actuelle des recherches sur Internet et des visioconférences, l'information continue d'avoir des coûts et des défaillances. La relation entre les donateurs, les organisations à but non lucratif et les bénéficiaires peut être conceptualisée non seulement en termes d'information mais aussi de pouvoir : «la capacité des organisations humanitaires, qui évoluent au sein d'un marché faussé, souvent similaire à un monopsone, à changer les termes de la discussion autour de la responsabilité demeure le plus souvent limitée» (Stein, 2008, p. 130). Aussi longtemps que les donateurs seront ceux qui paieront pour la mise en œuvre des activités, il est très probable que l'intérêt qu'ils tirent de l'acte de donner, étayée par des brochures d'information et des sites Internet débordant de photographies, prime sur l'intérêt pour les bénéficiaires, du moins aux yeux des organisations qui vivent de ce travail.

La théorie (partielle) des sociologues McCarthy et Zald (1977) sur la recherche de financements s'intéresse quant à elle aux stratégies des organisations impliquées dans les mouvements sociaux ; en particulier, ces auteurs examinent « l'interaction entre la disponibilité des ressources, la préexistence de structures préférentielles et les tentatives entrepreneuriales pour combler les préférences de la demande » (p. 1236). Pour les auteurs, même en l'absence de recherche de profit, ces organisations « opèrent comme si la survie organisationnelle était l'objectif fondamental. La poursuite d'autres objectifs ne peut être menée que si cette survie est d'abord assurée » (McCarthy et Zald, 1977, p. 1226). Dans une perspective pas si éloignée, Tullock avance également que les organisations qui survivent cherchent à s'agrandir :

> « En général, le prestige, la compensation, le pouvoir [des directeurs de ces organisations caritatives] varieront avec la taille globale de l'organisation caritative [...]. Plus large est l'organisation caritative ou le bureau, mieux elle se porte » (Tullock, 1966, p. 151).

L'aide humanitaire internationale : une structure de financement duale

Bien qu'il soit possible d'associer l'origine de l'aide humanitaire internationale dès la création du Comité International de la Croix-Rouge (CICR) en 1863, il faut attendre la seconde guerre mondiale pour commencer à constater l'importance des organisations non-gouvernementales (ONG) internationales dans ce secteur. Durant la décennie qui suivit, leur nombre explosa, leurs missions étant multipliées dans certains cas et élargies dans d'autres. A partir des années 1980 et 1990, des attentes, une complexité et une demande croissantes ont soulevé des questions de légitimité et d'efficacité qui « furent adressées en rationalisant, en bureaucratisant et en professionnalisant » (Barnett, 2005, p. 729). Originellement idéaliste et pragmatique, l'assistance apportée en cas de conflit et de catastrophe commença progressivement à se standardiser, à intégrer des éléments de quantification et de professionnalisation (*Ibid.*).

Pour comprendre ce changement, il est important de noter que les théories sur les organisations à but non lucratif basées sur un modèle « caritatif » ne peuvent que partiellement expliquer l'économie duale de l'aide internationale. Alors qu'une source de financement provient en effet de dons privés tels que Tullock les envisage, une autre source importante de financement a des origines plus formelles : les budgets de l'aide étrangère de riches gouvernements.

Ce type de financements institutionnels pour des urgences humanitaires est devenu commun dans les années 1970 lorsque « beaucoup des principaux bailleurs de fonds bilatéraux d'Europe et d'Amérique du Nord ont créé des unités d'urgence spécialisées » (Davey *et al.*, 2013, p. 31). Depuis, leur développement a engendré un système de financement des ONG dual, inégal et non pérenne. D'un côté, les agences gouvernementales conditionnent l'aide à des propositions de projets de plus en plus élaborées ; elles encadrent en amont du projet ce qui peut être fait avec l'argent accordé, même dans le contexte de catastrophes humanitaires où le temps est compté. De l'autre, les citoyens se mobilisent face à l'actualité ou à des appels aux dons émouvants et font des dons individuels – souvent plus petits. Si la concurrence pour accéder à des dons privés s'avère discrète, indirecte et potentiellement fructueuse (puisque les donateurs peuvent être amenés à donner davantage que leur intention initiale), celle pour obtenir des fonds gouvernementaux est explicite, directe et prenant le plus souvent la forme d'une réponse à un appel à projet[9].

Alors que l'éloignement et la rapidité des interventions lors de catastrophes internationales continuent de maintenir des asymétries d'information, les donateurs gouvernementaux et institutionnels cherchent à s'assurer que leurs fonds sont bel et bien utilisés comme ils le désirent. Ainsi, ils « ont commencé à mettre en œuvre des « principes de nouvelle gestion publique » en demandant aux organisations humanitaires de fournir la preuve que leur argent est bien dépensé » (Barnett, 2005, p. 730). Cette exigence s'est accompagnée d'évaluations indépendantes, d'audits et d'un contrôle très strict des budgets. De leur côté, les donateurs privés restent largement dépendants de la publicité faite par les associations elles-mêmes pour connaître l'usage qui est fait de leurs dons. Toutefois, des organisations à but non-lucratif comme Guidestart (fondée en 1994) et Charity Navigator (fondée en 2001) fournissent désormais de l'information, essentiellement financière, aux potentiels donateurs. Bien que ces sites restent encore loin des rapports détaillés demandés par les donateurs institutionnels, ils n'en représentent pas moins des efforts pour rationaliser le marché des dons caritatifs. Néanmoins, il reste difficile d'évaluer dans quelle mesure ces outils d'évaluation et de comparaison ont pénétré la culture du don privé[10], à la différence d'autres secteurs[11].

9 Les ONG peuvent même être en compétition avec des firmes privées, mais cela reste peu fréquent dans le cas d'une réponse à une urgence humanitaire.

10 En 2014, un commentaire sur le blog "The Able Altruist" fait référence à un sondage qui montre que 45 % des donateurs n'ont jamais vérifié si une organisation caritative présentait les critères éthiques pour recevoir des dons avant d'effectuer le leur. http://able-altruist.softwareadvice.com/survey-do-watchdog-ratings-impact-giving-0714/

11 Voir, à ce sujet, dans le présent ouvrage, les cas des palmarès hospitaliers et des *rankings* des *business schools*.

Décrier la concurrence

Si la concurrence a été une composante caractéristique de l'aide humanitaire internationale presque depuis ses débuts, les efforts pour y échapper l'ont été tout autant : elle y est en effet perçue comme un élément contre lequel il faut lutter. Après tout, se dit-on, malgré leurs mandats et domaines de spécialités très différents, ces ONG poursuivent toutes le même objectif global : réduire la pauvreté, atténuer la souffrance, éliminer la faim, sauver le monde. Quelque soit le donataire, il contribuera à cet objectif commun, alors que la concurrence, vue sous cet angle, entraînerait le gaspillage de ces ressources. De plus, face à un objectif si ambitieux, aucune ONG, même au sommet de son influence, n'a jamais pu être plus puissante que les gouvernements, les multinationales et les organisations internationales ; aussi, combiner leurs forces apparaît-elle comme la seule solution viable pour qu'elles puissent se faire entendre.

Si la concurrence est à ce point critiquée, c'est qu'elle est perçue comme étant en opposition avec l'objectif de coordination. Par exemple, en 1991, les Nations Unies lançaient un effort important pour réformer la coordination de l'aide humanitaire à travers une résolution explicitement intitulée « Renforcer la coordination de l'aide humanitaire d'urgence des Nations Unies » qui, se déclarant « soucieuse du besoin de renforcer et rendre plus efficace les efforts collectifs de la communauté internationale », établissait, entre autres, le Comité Permanent Inter-agences (Interagency Standing Committee), renforçait le rôle du Coordinateur de l'Aide contre les Catastrophes (Disaster Relief Coordinator) et créait un poste de Coordinateur de l'Aide d'Urgence (Emergency Relief Coordinator)[12]. Cependant, les difficultés de coordination persistèrent et d'autres réformes s'en suivirent pour les résoudre. Citons notamment l'approche de 2005 dite « par grappes » (cluster approach), où les grappes désignent des « groupes d'organisations humanitaires », appartenant ou non aux Nations Unies, spécialisés dans des domaines d'intervention comme l'eau, la santé, la logistique, et ayant des « responsabilités de coordination »[13] ; citons encore le « Projet de Transfert des Compétences dans le Domaine de l'Urgence » (Emergency Capacity Building Project), financé par la fondation Gates et lancé avec six ONG entre 2004 et 2013 pour améliorer l'efficacité de la réponse lors de catastrophes humanitaires[14].

12 (Davey *et al.*, 2013, p. 13). United Nations A/RES/46/182 (1991). Strengthening of the coordination of humanitarian emergency assistance of the United Nations.

13 https://www.humanitarianresponse.info/fr/home.

14 http://www.ecbproject.org/. L'auteure du présent chapitre a participé à cette initiative, en tant que représentante d'une des ONG participantes.

Selon certains experts du secteur, rechercher davantage de coordination serait une solution rationnelle. Par exemple, le rapport de la Coalition d'Evaluation pour le Tsunami (TEC) en Indonésie indique trois facteurs liés à une analyse en termes de coûts de transaction et justifiant le recours à la forme de la coordination :

> « [Les coûts de transaction de coordination] permettent à un spécialiste ou à une petite ONG de maximiser leur impact en collaborant et en intégrant les apports de tiers ; en second lieu, en montrant les fruits de cette collaboration, les ONG peuvent attirer des fonds supplémentaires provenant des donateurs bilatéraux ; en troisième lieu, développer des positions communes (common advocacy) est essentiel, notamment pour des raisons de sécurité et de mutualisation des accès. » (Bennett *et al.*, 2006, p.18)

D'autres experts estiment que la coordination permet également un meilleur apprentissage et un partage de l'information (Baker, 2014) ; pour d'autres encore, la coordination enlève une partie de la pression liée au besoin de se distinguer des autres concurrents.

Au sein d'un secteur qui débat autant de la responsabilité, de l'innovation et de la recherche d'une plus grande efficacité, il est étonnant que les aspects bénéfiques de la concurrence ne soient pas davantage envisagés. Selon la conception classique de l'économie de marché, la concurrence constitue un facteur important permettant de baisser les prix et d'améliorer la rentabilité des activités. Et l'on trouve, de fait, des experts pour défendre, mais de manière plus marginale, la concurrence, qui « incite les gens à s'améliorer et promeut l'égalité des opportunités » (Ahrens et Rudolph, 2006, p. 211) :

> « Au sein de marchés compétitifs, les ressources vont généralement suivre les mérites d'un projet plutôt que les connexions sociales ou politiques d'un entrepreneur. Le degré de compétition joue également sur l'innovation. » (*Ibid.*)

Mais, dans l'ensemble, dans le secteur humanitaire, la concurrence est euphémisée (par des agences individuelles) ou décriée (dans les rapports communs). Comment l'expliquer ?

Le cas du tsunami de 2004

Le 26 décembre 2004, un important tremblement de terre au large de la côte de Sumatra, d'une magnitude de 9.0 sur l'échelle de Richter, engendrait une série de tsunamis dans l'Océan Indien, tuant plus de 230 000 personnes et provoquant le déplacement de plus d'un million de personnes.

L'incroyable réponse humanitaire apportée à ce désastre fut sans précédent. Le montant total des dons[15] fut estimé autour de 13,5 milliards de dollars américains (Telford *et al.*, 2006). Ce fut l'une des rares fois où près de la moitié de ces dons provint de donateurs privés et non des institutions de financement. Par conséquent, l'argent était disponible immédiatement et non soumis aux contraintes liées à l'élaboration de dossiers de financements et de contrats. Un montant stupéfiant de cet argent fut donné aux ONG. Bien que l'essentiel de cet argent fut assigné à un petit nombre d'organisations bien connues – le TEC notait que « plus de 80 % des financements privés allèrent à 12 agences et à des consortia » (Cosgrave, 2007, p. 21) –, des centaines d'acteurs individuels et collectifs de l'urgence furent aussi concernés : les agences les plus établies (qui reçurent l'essentiel des fonds), mais aussi des groupes de taille plus modeste, de (très) petites organisations créées sur place, voire des volontaires.

Ce ne fut pas seulement la plus large réponse internationale jamais enregistrée mais aussi celle qui observa le plus grand montant de don par bénéficiaire (Flint et Goyder, 2006) :

> « Le financement total pour les 2 millions de personnes (approximativement) touchées par le tsunami fut de 13,5 milliards de dollars américains soit 7 000 dollars américains par personne. Il faut comparer ce chiffre avec les 3 dollars américains donnés pour chaque individu par la communauté internationale lors des inondations au Bangladesh en 2004. » (Cosgrave, 2007, p. 31)

Ce financement semble même avoir dépassé les espérances des acteurs : le rapport du TEC sur le financement estima ainsi que « les dons et les promesses internationales ont dépassé l'ensemble de l'impact économique du tsunami (soit 9,3 millions de dollars américains) [...] Il peut être conclu que les ressources ont été et sont toujours suffisantes pour couvrir les besoins d'assistance et de reconstruction » (Flint et Goyder, 2006, p. 31).

La structure des financements eut peut-être plus d'impact encore que leur seul montant[16]. Les dons privés – soit ceux du public, en opposition à ceux des bailleurs de fonds – ont atteint 40 % du montant total alors qu'ils sont estimés en moyenne à 15 % dans d'autres situations (Flint et Goyder, 2006, p. 8). Comme cela a été souligné plus haut, ce type de don est beaucoup plus flexible que les

15 Ce chiffre, issu du rapport synthétique du *TEC* au milieu de l'année 2006, comprend l'argent « promis ou donné » ce qui signifie que tout cet argent n'était pas disponible immédiatement. Néanmoins, les 5,5 milliards de dollars américains provenant de dons privés ne devaient comporter que des dons disponibles.

16 Ce point fut suggéré, lors d'un entretien, par un chargé de mission humanitaire impliqué dans cette réponse, le 12 septembre 2013, de même que dans les évaluations.

subventions accordées par les gouvernements ; ils ne nécessitent pas un document de projet, une réponse à un appel d'offres ou un rapport final ; ils sont disponibles immédiatement et ne sont pas soumis à une liste de conditions et de règles, bien que la plupart des organisations essayèrent de respecter la règle simple selon laquelle l'argent donné pour une réponse à une catastrophe précise devait être uniquement utilisée à cette fin. Alors que, dans la plupart des interventions d'urgence, l'argent issu de dons privés permet principalement de compléter les subventions institutionnelles, payant notamment les dépenses qui ne sont pas prises en compte par de grands bailleurs, dans ce cas précis, l'argent pouvait être utilisé intégralement pour des projets, y compris pour payer leur infrastructure (recrutements, locaux et autres dépenses dites de « frais administratifs »).

En outre, ce fut précisément ces « fonds privés qui ont permis aux ONG et aux Mouvements de la Croix Rouge de devenir des acteurs si importants (et si nombreux) » (Flint et Goyder, 2006, p. 8). Alors que les gouvernements préféraient donner de manière bilatérale (soit directement aux gouvernements des pays affectés), ou bien à travers les Nations Unies, les individus envoyaient leur argent aux organisations caritatives ; 59 % des financements privés sont allés à des ONG (*Ibid.*, p. 17). En partie en raison de cette multiplication des financements, la réponse au tsunami a enregistré un très grand nombre d'acteurs individuels et collectifs actifs sur le terrain (*Ibid.*, p. 23). Selon Fernando et Hilhorst (2006), il n'était pas rare de croiser sur le terrain des individus qui avaient récolté des fonds à proximité de chez eux avant de s'envoler vers les territoires sinistrés pour leur apporter une aide directe. Du fait de la nature temporaire et souvent non enregistrée de ces organisations, il est impossible d'en avoir un chiffre précis.

Selon les rapports, en dépit du grand nombre d'acteurs impliqués, les financements furent étonnamment suffisants pour tous (voire même trop importants) [17]. Avec tant de ressources financières et bien plus d'ONG que nécessaires, on aurait pu s'attendre à ce que la concurrence disparaisse dans le contexte de la réponse humanitaire au tsunami. La situation paraissait idéale pour que les organisations, disposant de beaucoup de ressources, partagent l'information, se répartissent les tâches selon leurs avantages comparatifs respectifs et adaptent leurs actions aux caractéristiques des différentes régions concernées. Au lieu de cela, les rapports collectifs mentionnèrent fréquemment la concurrence comme une source d'inquiétude (il y est en revanche peu fait référence dans les rapports individuels des agences) et, à l'inverse, le besoin de coordination fut rappelé de manière insistante par toutes les évaluations collectives et l'un des cinq thèmes considéré comme suffisamment important pour faire l'objet d'une investigation particulière

17 Si l'on considère que la majorité des fonds destinés aux ONG s'est répartie entre un petit nombre d'agences humanitaires, cela peut laisser sous-entendre que le reste des organisations était plus ou moins autofinancé (Fernando et Hilorst, 2006).

au sein du rapport du TEC[18]. La concurrence, dans ce contexte particulier, n'était néanmoins pas considérée dans sa terminologie classique ; avec autant de ressources, les agences n'étaient désormais plus en concurrence pour récolter des fonds mais plutôt pour les dépenser.

Abbott (2014) suggère que les marchés peuvent être compris comme des moyens de gérer les excès : « la théorie des marchés naît d'un problème de coordination qui est en quelque sorte un problème d'excès lui aussi (la multiplicité des choix possibles rend toute décision individuelle impossible), qu'elle parvient à régler en imposant une forme de rareté » (p. 12). Dans le cas du tsunami, l'excès de financement permettait aux ONG de financer un grand nombre de projets sur place, un nombre certainement trop important pour pouvoir choisir entre ces projets ; ce problème fut résolu en valorisant de façon différente les projets – et souvent en privilégiant les projets qui avaient une forte visibilité. Dans une étude portant sur l'équité dans la réponse/aide, Grewal (2006) montre qu'au Sri Lanka « les hauts niveaux de financement et le ciblage limité utilisé par la plupart des organisations ont mené à une course inhabituelle aux bénéficiaires » (p. 28). Il s'agissait d'une compétition pour acquérir des bénéficiaires plutôt que d'être sélectionné par ces derniers, tel que cela est ici mis en évidence ; « si cela n'a pas abouti à soulever la question de l'équité dans tous les secteurs, cela a poussé néanmoins à se focaliser sur les aspects visibles de l'intervention plutôt que de passer du temps sur des activités plus compliquées et moins reconnues »[19].

Le manque de temps aggrava la difficulté de gérer des fonds excédentaires de manière adéquate. Les agences sont « généralement obligées de dépenser les fonds et le matériel qu'elles reçoivent » (Kent, 1987, p. 101) et, dans la plupart des cas, doivent les distribuer dans la même urgence qu'elles les ont reçus, dans la mesure où la plupart des agences obéissent « à des règles internes interdisant la réallocation des dépenses vers des projets de réhabilitation/rétablissement de moyen terme » (Benett *et al.*, 2006, p. 19) ou vers d'autres besoins urgents à d'autres endroits de la planète. Tout cela concourt à créer une urgence temporelle qui va au-delà du besoin immédiat de sauver des vies ou de délivrer du matériel de première nécessité : l'argent avait besoin d'être dépensé et ce, rapidement. Bien plus, si l'approvisionnement en fonds sembla sans fin, celui des personnes touchées par la catastrophe ne l'était pas. Comme l'expliqua un travailleur de l'aide internationale, « il existait seulement un nombre limité de « bénéficiaires »

18 Les quatre autres thèmes étaient : le rôle de l'évaluation des besoins dans la réponse au tsunami ; l'impact de la réponse sur les capacités locales et nationales ; les liens entre l'aide, la réhabilitation et le développement *(Links between Relief, Rehabilitation and Development - LRRD)* ; et la réponse financière apportée au tsunami.

19 Grewal, M. K. (2006). Approaches to Equity in Post-tsunami Assistance. Sri Lanka: A Case Study. Office of the UN Secretary General's Special Envoy for Tsunami Recovery, 28.

et seule une zone géographique particulière était touchée par le tsunami. Le résultat fut que les premiers arrivés commencèrent à rebâtir leur territoire à la fois spatialement et en termes d'activités» (Stirrat, 2006, p. 13).

«Gagner» des bénéficiaires au sein de cette concurrence inversée pouvait se faire de différentes manières. Afin de respecter la sacro-sainte injonction à la coordination, la plupart des principaux donateurs exigeaient que les propositions de projets déposés ne développent pas d'activités et ne s'adressent pas à des populations recevant déjà des financements par ailleurs. Cela voulait dire qu'avoir reçu une subvention pour un territoire ou une population spécifique pouvait empêcher d'autres ONG de travailler sur un sujet similaire par la suite. Néanmoins, comme nous l'avons indiqué, la plupart des organisations disposaient dans le cas du tsunami de suffisamment de financements privés, non-fléchés, pour pouvoir mener des projets sans avoir recours à des subventions publiques. Dans ces circonstances, l'exigence de coordination s'est vite transformée en moyen de compétition: alors qu'aucun acteur n'avait la capacité (légale, physique voire même coutumière) d'imposer à un autre acteur où il pouvait (ou non) travailler, déclarer son intention de mener un projet particulier auprès d'une population spécifique lors d'une réunion de coordination ne servait à rien. Plus rien n'empêchait les organisations qui refusaient de se plier au principe de coordination de lancer un programme n'importe où. En dépit des déclarations portant sur la notion de double responsabilité (cf. *supra*), la concurrence était davantage orientée vers la satisfaction des donateurs ou en fonction de la conception de l'ordre que partageaient les intervenants, plutôt qu'en fonction de l'impact desdites actions sur les personnes touchées par la catastrophe.

Les grandes catastrophes humanitaires se présentent comme d'importantes opportunités pour les agences humanitaires (Kent, 1987). En effet, ce genre d'intervention d'envergure apporte des bénéfices allant au-delà des simples financements, tels qu'un statut, une visibilité, de nouveaux donateurs, de l'expérience, etc. Ces avantages secondaires se traduisent indirectement par l'obtention de financements mais intervenir rapidement et de manière visible comporte également un impact financier plus direct. Natsios explique que «les frais de gestion des organisations non-gouvernementales figurent parmi les critères les plus courants d'évaluation de la qualité de leurs actions en tant qu'organisations caritatives» (Natsios 1995, p.409) (par exemple, par les groupes d'évaluation des organisations à but non-lucratif cités plus haut). Au moment d'une catastrophe, la couverture médiatique se charge de l'essentiel de la levée de fonds à tel point que «l'appel aux dons dans le contexte des crises humanitaires permet de récolter plus d'argent et à moindre coût que toute autre campagne publicitaire», ce qui permet de maintenir les frais généraux assez bas (Natsios, 1995, p. 409). Selon Natsios, cela crée un «cycle auto-renforçant qui incite à une implication visible et au plus tôt dans les opérations d'aide humanitaire» (*Ibid.*).

Profiter de la couverture médiatique de ces catastrophes permet non seulement de réduire les coûts de levée de fonds mais aussi de paraître plus vertueux en dépensant moins d'argent dans les frais généraux.

Cette autre forme de concurrence divise tout autant, voire plus, que celle pour obtenir des financements. Bennett et ses collègues indiquent qu'avec autant d'argent, «les motifs traditionnels devant inciter à la coordination – nouer des partenariats actifs afin de mutualiser les financements et les expertises dans ce secteur – étaient absents» (Bennett *et al.*, 2006, p. 18). Le TGLLP s'accorde à reconnaître que «des financements sans précédent ont réduit les incitations à la coordination et ont mené à davantage de concurrence entre des organisations dotées de fonds pour acquérir des projets et, au-delà, de la publicité» (TGLLP, 2009, p. 22). Au lieu d'utiliser les surplus de financement pour chercher de nouvelles synergies, «avec plus d'argent qu'espéré à dépenser, les ONG ont plus souvent produit et fait de la rétention d'information comme une porte d'entrée exclusive pour une certaine clientèle et ont étendu leur mandat bien au-delà de leurs domaines de compétences traditionnels» (Bennett *et al.*, 2006, p. 18). Disposant de plus d'argent qu'elles n'auraient pu le dépenser si elles s'étaient limitées à un seul secteur précis d'intervention, les ONG se sont alors tournées vers d'autres secteurs (par exemple, une ONG travaillant historiquement dans le domaine de l'eau et de l'hygiène a pu lancer un programme portant sur la santé), fragilisant potentiellement leur efficacité et contribuant à renforcer la concurrence entre opérateurs du fait que les frontières entre les domaines de spécialisation devenaient plus floues.

Alors que l'excès de financements aurait pu amener les donateurs à relâcher le contrôle sur la gestion de leurs dons, ce ne fut pas le cas. Daly et Brassard écrivent que «la recherche de l'efficacité et le besoin de produire rapidement des résultats tangibles, au regard de la quantité de parties prenantes et de ressources impliquées, créa un environnement où les décisions furent centralisées et des standards arbitraires imposés» (Daly et Brassard, 2011, p. 508). Le TEC estima que «l'importance des fonds générés encouragea une obsession virtuelle pour la responsabilité des actions menées sur le terrain par rapport aux donateurs, aux médias et au public des pays donateurs. Cela découragea les efforts de responsabilité envers les populations touchées par les catastrophes et ceux de responsabilité «latérale» auprès des autres agences et des gouvernements des pays affectés» (Cosgrave, 2007, p. 11). C'est particulièrement frappant lorsque l'on considère que la plupart de l'argent a été donné sous forme de petites sommes par des individus qui n'avaient aucun contrôle sur la manière dont leur argent était dépensé et qui souhaitaient vraisemblablement que leur argent fasse autant de bien que possible. Cependant, plutôt que de laisser cette nouvelle flexibilité affaiblir la responsabilité envers les donateurs et renforcer les demandes des bénéficiaires, les ONG ont eu tendance à faire l'opposé.

La concurrence persiste et persiste sa condamnation

La plupart des interprétations contemporaines associent cette tendance à la situation extrême dans laquelle se déroulent ces interventions. Stirrat l'explique par le fait que les agences «devaient faire face à un vaste nombre d'«actionnaires» qui se sentaient plus ou moins «propriétaires» de l'effort humanitaire. Depuis le début, les agences ne devaient pas seulement être efficaces mais aussi devaient montrer qu'elles l'étaient» (Stirrat, 2006, p. 13).

Selon lui, la persistance de la compétition entre les organisations humanitaires est liée à celle existant entre les donateurs, puisque «pour les donateurs les plus motivés par des valeurs éthiques, le plus important consiste à ce que leur don ait un impact maximum, ce qui génère automatiquement une compétition entre donateurs pour prouver que les organisations qu'ils soutiennent et elles seules ont le plus grand impact» (*Ibid.*, p. 16). Barnett (2013) reprend cette idée en référence à Adam Smith et observe que «si la compassion devient d'ordre public au point de devenir en quelque sorte le symbole d'un statut, elle peut alors également nourrir une dynamique compétitive» (Barnett, 2013, 385).

Dans le contexte que décrit Stirrat, cette compétition entre donateurs souffre d'une sérieuse déconnexion. Les donateurs veulent que leurs dons aient le maximum d'impact mais les agences sont prêtes à renoncer à une partie de cet impact afin d'offrir aux donateurs un résultat plus visible, ce qui rappelle ce que Tullock affirmait, à savoir que «l'investissement de «trop» de ressources dans une activité promotionnelle [...] ne réduirait cependant pas la satisfaction du donateur, mais au contraire l'accroîtrait à moins qu'elle ne lui soit portée de force à son attention» (Tullock, 1966, p. 150). Cela suggère également que la pression pour produire des résultats pour cette communauté invisible et dispersée de donateurs privés affecte davantage le comportement des organisations que celle pour produire des résultats pour les communautés affectées par la catastrophe travaillant sur le terrain. C'est une conclusion quelque peu surprenante, en dépit de la modélisation effectuée par Tullock. Après tout, nous parlons d'un environnement disposant d'un excès de financements et d'une large couverture médiatique. Si la compétition pour les fonds donne davantage de pouvoir aux donateurs (similaire à un marché d'acheteurs) alors la compétition pour les bénéficiaires (course aux bénéficiaires) devraient réciproquement donner plus de pouvoir à ceux qui reçoivent l'aide. Or, il n'en a rien été.

Certes, dans certains cas isolés, il semble que la situation inhabituelle ait amélioré les capacités de négociation des bénéficiaires. Le rapport du TEC sur la coordination en Indonésie observe ainsi qu'une mauvaise coordination dans certaines zones de travail a mené à «la duplication des actions ou à une surenchère (upward bargaining) (par exemple, un meilleur logement, ainsi que d'autres bénéfices) entre agences pour une même population» (Bennett *et al.*, 2006, p. 33). Mais ce ne fut pas souvent le cas[20]. Il est facile de comprendre comment les défauts d'information ont conduit à ce que les villageois ne sachent pas en qui avoir confiance et à quel type d'assistance s'attendre, précisément dans un contexte faisant suite à une catastrophe où la communication avec leurs pairs était particulièrement restreinte. D'une certaine manière, les bénéficiaires ont dû faire face aux problèmes d'information que Tullock (1966) décrit au sujet des donateurs. Plutôt que de dire que les bénéficiaires ont peu d'intérêt pour les résultats de telle ou telle organisation qu'ils ont choisi de soutenir, il serait plus juste de dire qu'ils n'ont en fait peu, voire aucun moyen de connaître les options qui leur sont offertes, malgré tout l'intérêt qu'ils portent à l'efficacité de ces actions ; leur capacité à choisir est limitée par le manque d'information.

Il est encore plus surprenant que cette «surenchère» (upward bargaining) et la compétition pour acquérir un espace donné ne soient pas perçues plus positivement. Si les évaluateurs déplorent implicitement cette «surenchère», ce n'est pas tant parce qu'elle irait à l'encontre d'une situation où les bénéficiaires auraient accès à plus d'information ou auraient plus de pouvoir, mais parce qu'elle s'oppose à une division géographique disposant d'une «logique ou d'une coordination intrinsèque». Derrière cette conceptualisation, on comprend que l'intérêt pour les modalités et les capacités de fonctionnement internationales des ONGS prime sur la connaissance fine des besoins locaux. Malgré toute la rhétorique construite autour de la participation et de l'importance du local (grassroots), cette attitude suggère un fort penchant pour le paternalisme : les professionnels établissent, de manière «objective», ce qui est le mieux pour aider les victimes.

L'examen des rapports indique que la concurrence y est souvent traitée comme un mal en soi plutôt que comme un facteur de perturbation. Cosgrave écrit que dans le cas du tsunami l'emphase mise sur la responsabilité des donateurs «a abouti à de la concurrence, de la duplication et du gaspillage» (Cosgrave, 2007, p. 11). En somme, pour lui, la concurrence est, de manière univoque, négative, et il ne semble pas envisager que celle-ci, si elle peut conduire parfois au gaspillage ou à la duplication des efforts, peut aussi, dans d'autres cas, les modérer. Dans le manifeste de Clinton (2006) sur les retours d'expériences, intitulé «Des propositions clés pour mieux reconstruire», la Proposition 9 associe directement la concurrence au manque de services adéquats pour les bénéficiaires : «les bénéficiaires méritent des organisations partenaires qui vont au-delà de la rivalité

20 Notons que, même dans ces cas, cela n'a pas toujours eu les résultats annoncés : «particulièrement dans le secteur de la protection où, dans presque tous les cas, le nombre de maisons réellement construites fut beaucoup moins important que celui promis» (*Ibid.*).

et d'une concurrence malsaine». Le texte ne se concentre toutefois pas sur ce qui rend la concurrence malsaine mais plutôt sur les avantages du partenariat, la plupart d'entre eux se basant sur le fait que «des organisations différentes proposeront naturellement des atouts différents» (Clinton, 2006, p. 22).

De la même manière, l'évaluation du *DEC* soutient cette idée de cause commune, affirmant :

> «les membres du DEC ont tendance à agir de manière compétitive. Il n'existe pas de bonnes raisons à cela. Dans une perspective plus large, ils font partie d'un système humanitaire où ils occupent certaines niches au sein d'une réponse collective.» (Vaux, 2005, p. 55)

Le rapport du TEC sur la coordination en Indonésie rappelle que l'importance croissante des «organisations de la société civile, notamment les ONG internationales, a introduit un élément significatif de concurrence au sein du «marché» qu'est l'assistance et la réhabilitation humanitaire» (Bennett *et al.*, 2006, p. 4), une formulation étonnante qui suggère à la fois que la concurrence est nouvelle et que le secteur n'est qu'un «marché». Si, comme l'écrit Barnett (2013), «les organisations humanitaires rivalisent entre elles pour attirer l'attention des donateurs ; [...] mais cependant pas pour gagner l'affection des «consommateurs» de leur produit» (Barnett, 2013, p. 388), la plupart de ces rapports, en revanche, n'effectuent pas de telles distinctions. Plutôt que de critiquer le système et ses rouages, la concurrence y est montrée simplement comme un mal, sans pour autant en donner les raisons.

Conclusion

Le but de ce chapitre n'est pas d'avancer que la coordination n'est pas importante ou qu'elle est mauvaise ; la coordination présente des avantages évidents pour des organisations individuelles de même que pour les gens qui cherchent à aider, permettant aux organisations de mobiliser leurs avantages comparatifs lorsqu'ils existent. Le but de ce chapitre n'est pas non plus de suggérer que les principes du libre marché devraient être appliqués à l'aide humanitaire : des carences dans l'information et les économies d'échelle, parmi d'autres questions, le rendraient sans doute inefficace. Cependant, la résistance opposée à la concurrence démontre les contradictions propres au système.

Au sein du système humanitaire, la concurrence n'est un secret pour personne : effacée des supports de communication institutionnelle mais pourtant largement reconnue par les professionnels. Les bénéfices possibles de la concurrence sont enterrés profondément. Même les donateurs institutionnels, qui orchestrent les formes les plus directes de la concurrence, en prêchant les principes de nouvelle gestion publique et en appelant à une efficacité proche de celle du marché, en appellent simultanément à une meilleure coordination et collaboration sans pour autant en reconnaître la contradiction partielle.

Barnett (2013) écrit que le système humanitaire tel qu'il est globalement compris, ou bien ce qu'il appelle « la gouvernance humanitaire », « opère dans un monde fait d'éthique (concerné par le besoin des autres), tandis que la gouvernance économique et sécuritaire opère dans un monde fait de politique et de pouvoir (chacun est concerné par ses propres besoins) » ; l'une des conséquences est que « les questions d'efficacité glissent souvent vers des discussions portant sur la justice » (Barnett, 2013, p. 380). La persistance de cet exceptionnalisme rend plus difficile l'acceptation de comportements en apparence plus basiques liés à la course au profit, telle que la concurrence. Stein (2008) écrit que « Les organisations humanitaires ont été, traditionnellement, réticentes à reconnaître leur pouvoir [...] l'image de soi axée autour d'un engagement à apporter un service impartial aux personnes démunies est remise en question par une reconnaissance explicite du pouvoir et des ressources significatives dont les organisations humanitaires ont la direction et le contrôle » (p. 128). De la même manière, l'idée de rivaliser pour l'accès aux ressources ou à la publicité correspond mal avec celle d'efforts désespérés menés pour autrui. S'intéresser aux raisons pour lesquelles les organisations cherchent à plaire davantage aux donateurs plutôt qu'à leurs bénéficiaires souligne les contradictions bien ancrées du secteur ; il est plus facile de simplement condamner toute concurrence. Au sein d'un système qui en appelle à la double responsabilité, le déni de la concurrence sabote la transparence dans les deux directions, présumant que ni les donateurs ni les bénéficiaires de l'aide ne peuvent décider mieux que le secteur lui-même de qui fait quoi.

Chapitre 10

Le monopole des professions : inclure, exclure, redéfinir la concurrence

Léonie Hénaut

La notion de monopole occupe une place de choix dans les travaux de sociologie des professions. Elle a été utilisée par les auteurs fonctionnalistes pour désigner une étape du processus de professionnalisation au terme duquel certaines activités deviennent des professions établies (Wilensky, 1964), puis par les interactionnistes pour décrire « l'idéal » qui structure plus généralement les aspirations et les revendications professionnelles (Chapoulie, 1973). Dans tous les domaines d'activité, en effet, les professionnels cherchent à ce que leur marché du travail soit protégé en étant soumis à une autorisation d'exercer ou *license* délivrée par l'Etat (Hughes, 1958). Plus récemment, les auteurs dits néo-wébériens ont fait de la constitution de monopoles non plus un aspect mais le cœur de la dynamique des groupes professionnels (Larson, 1977 ; Abbott, 1988). Ils empruntent à Max Weber l'idée selon laquelle les professions résultent d'un processus de « clôture » ou de « fermeture sociale » lui-même engendré par une situation de compétition économique accrue (Weber, 2003 [1921]). En définitive, cependant, le mécanisme décrit par toutes ces approches est le même : des professionnels offrent un service similaire à une population limitée de clients ; certains se regroupent et arguent de la supériorité de leur expertise auprès des pouvoirs publics pour se voir réserver l'accès aux ressources. Le modèle professionnel s'oppose ainsi radicalement à celui du marché (Freidson, 2001), le but étant, pour les professionnels, de limiter la libre concurrence et le libre choix des clients à leur avantage.

Dans ce chapitre, nous allons voir que la réalité est plus complexe. D'abord, d'autres acteurs que les professionnels peuvent être à l'origine d'un processus de clôture, comme par exemple un groupe de clients ou les pouvoirs publics. Il s'agit alors de comprendre comment les contours de la profession et les règles d'accès au marché se construisent en interaction et en interdépendance, ce que les uns doivent aux autres et réciproquement. Ensuite, la réglementation d'une activité ne s'établit pas seulement dans un face à face entre un groupe professionnel et les représentants de l'Etat ou d'autres professions. Elle repose aussi sur des négociations qui ont lieu entre les membres du groupe, ces derniers n'ayant pas tous les mêmes intérêts ni les mêmes idées sur ce qu'il convient de faire pour «protéger» la profession. Les négociations qui ont lieu à l'intérieur des professions sont peu étudiées à l'exception de quelques travaux sociohistoriques sur la profession médicale (Starr, 1982; Berman, 2006; Bergeron et Castel, 2015). Or, avant qu'un groupe professionnel s'engage dans une quête de monopole, il faut bien que ses membres s'accordent sur les termes de celui-ci, si bien que les négociations internes font partie intégrante du processus de construction des règles d'accès à un marché.

Bien souvent, par ailleurs, les revendications pour l'établissement d'un monopole ne sont pas uniquement motivées par des préoccupations économiques mais aussi par un désir de reconnaissance symbolique, passant par l'existence d'un titre que tout le monde ne possède pas. Enfin, un monopole n'est pas instauré dans le vide, ou plutôt dans un monde dépourvu de règle et de hiérarchie, un monde de libre concurrence. D'autres réglementations ont été mises en place dans le passé, d'autres formes de sélection, sans compter les frontières et les hiérarchies symboliques structurant la population des professionnels aux yeux des clients, que ce soit en fonction de leur formation d'origine ou d'une réputation acquise au gré des années. L'instauration d'une clôture vient rebattre les cartes. Elle peut d'ailleurs constituer une ouverture du marché pour certains professionnels qui en étaient exclus auparavant du fait des modalités de la concurrence en vigueur.

Nous proposons donc de regarder l'établissement d'un monopole professionnel non pas comme une manœuvre de protection conduite par un groupe de professionnels, mais comme un travail collectif de définition ou de redéfinition de la concurrence, et plus précisément de la concurrence légitime ou acceptable. L'enjeu est de dire qui peut concourir ou être mis en concurrence et selon quelles modalités. Nous allons voir que les luttes pour cette définition ne s'exercent pas seulement entre les professionnels et les représentants des pouvoirs publics mais aussi entre professionnels, et qu'elles conditionnent autant qu'elles dépendent de la définition des contours du groupe. Les luttes débordent également le cadre de la négociation d'une nouvelle législation pour se dérouler en amont et en aval du processus, ainsi que dans des contextes de discussion informels. Cela suppose de ne pas limiter notre analyse à la rhétorique que les professionnels développent auprès des pouvoirs publics et dont nous savons qu'elle consiste principalement en la mise en valeur de leur compétence scientifique (Paradeise, 1988) mais d'observer aussi, à l'instar de ce qui a été fait sur la profession médicale, les discussions qu'ils ont entre eux, leurs visions de la concurrence et de sa limitation, et les justifications qu'ils élaborent, selon le contexte économique.

Encadré 1. Le cas et les données

Toutes spécialités confondues (mobilier, peinture, sculpture, art graphiques, textiles, céramiques, objets archéologiques, instruments de musique, etc.), le nombre de restaurateurs en France est estimé à 4 000. Leur travail consiste à stabiliser ou améliorer l'état des œuvres qui leur sont confiées par des clients, sachant que certains restaurateurs offrent également d'autres services (vente, création, décoration, expertise). La plupart exercent en tant qu'indépendants. A partir des années 1970, on assiste à la création de formations de type universitaire là où n'existaient auparavant que des formations artisanales par apprentissage. Les diplômés des formations spécialisées sont aujourd'hui plus de 1 300 à exercer dans toutes les spécialités et auprès de toutes les clientèles, le plus souvent sous le statut de profession libérale alors que les autres restaurateurs ont celui d'artisan. Depuis 2002, seuls les diplômés peuvent intervenir sur les collections des musées de France et répondre aux appels d'offre les concernant, tandis que les autres marchés (collectionneurs privés, antiquaires, Monuments historiques) restent ouverts à la libre concurrence.

Ce chapitre s'appuie principalement sur des données recueillies dans le cadre d'une thèse de doctorat (Hénaut, 2008). Des entretiens ont été conduits auprès d'une vingtaine de restaurateurs et de conservateurs de musées ayant participé aux débats entourant la loi musées, ainsi que sur des ressources documentaires. Tous les journaux professionnels du domaine produits depuis les années 1970 ont été dépouillés (bulletins d'associations de restaurateurs ou d'étudiants-restaurateurs, revue de l'association des conservateurs de musées). En 2005, des observations ont également été conduites dans les services de restauration des musées où viennent travailler des restaurateurs indépendants choisis pour intervenir sur les œuvres.

Notre analyse s'appuie sur le cas des restaurateurs d'œuvres d'art en France (Encadré 1). Nous focaliserons notre attention sur les débats entourant la réglementation de la restauration des collections des musées pour montrer ce que le développement d'une profession doit à la constitution d'un monopole, et réciproquement. Le chapitre suit la chronologie des événements. Dans les années 1980, les restaurateurs qui travaillent pour les musées et ceux qui sont diplômés des nouvelles formations se regroupent et commencent à réfléchir aux frontières de leur profession. En 1990, quand leurs commanditaires publics cherchent à fixer des règles d'accès au marché des musées de façon unilatérale, ils se mobilisent et parviennent à rejeter leurs propositions. S'engagent ensuite des négociations entre restaurateurs, conservateurs de musées et représentants des pouvoirs publics, aboutissant en 2002 au vote de la « loi musées ». Elle règlemente, entre autres, l'accès au marché de la restauration des collections des musées de France. Si le contenu de la loi est suffisamment ouvert pour continuer de laisser la place à des profils variés de praticiens, son application tend à fermer le marché et, à sa suite, la profession, selon un critère unique de qualification fondé sur le diplôme.

Les restaurateurs d'œuvres d'art se mobilisent

Jusqu'à la fin des années 1970, les restaurateurs d'œuvres d'art sont très faiblement organisés en France. Certains adhérent à des groupements avoisinant leur spécialité : l'union des métiers de l'ameublement pour les restaurateurs de meubles, ou le syndicat national des doreurs et les encadreurs pour les restaurateurs de tableaux. Cela n'est pas très étonnant si l'on considère qu'à cette époque, la restauration constitue une voie de spécialisation possible après avoir appris la peinture, la sculpture, la dorure, la lutherie, l'ébénisterie ou encore la tapisserie. En termes d'identité professionnelle, un restaurateur de meuble se sent alors plus proche d'un fabricant de meuble que d'un restaurateur de tableaux. Dans les organisations artisanales comprenant des restaurateurs, aucune discussion ne concerne spécifiquement leur formation ni la réglementation de l'activité de restauration. Cependant, des revendications émergent ailleurs : du côté des restaurateurs travaillant pour les musées, et des étudiants sortant des nouvelles formations spécialisées en restauration.

Du côté des musées : restaurateurs agréés et fonctionnaires

Travailler pour les musées n'est pas à la portée de tous, déjà à cette époque. En ce qui concerne la restauration des tableaux, seuls des restaurateurs « agréés » peuvent se voir confier une œuvre de musées. Bien qu'indépendants, ils viennent travailler dans des ateliers situés au musée du Louvre puis également à Versailles, et administrés par des conservateurs. Le système d'agrément réglementant la restauration des peintures existe depuis 1935 pour les tableaux du musée du Louvre, et depuis les années 1960 pour ceux des musées nationaux et des musées classés et contrôlés[1]. Selon le statut de leur musée, les conservateurs envoient leurs tableaux au service de restauration des peintures des musées nationaux ou au service de restauration des musées classés et contrôlés. Les restaurateurs sont agréés par l'un ou l'autre des deux services soit sur nomination, soit à la suite d'un concours comportant des épreuves pratiques de copie et de restauration.

---

1 La loi de 2002 a mis fin à cette distinction en créant un label commun pour tous les musées, appelés désormais « musées de France ». Auparavant, le fonctionnement des musées était régi par l'ordonnance de 1945 qui avait notamment instauré une distinction entre deux catégories de musées : les musées nationaux, d'un côté, et les musées classés et contrôlés, de l'autre. La première comptait une trentaine d'établissements conservant des collections considérées comme les plus importantes et prestigieuses. Financés par l'Etat, ils étaient contrôlés par la direction des musées de France (DMF) au sein du ministère de la culture. Les musées de la seconde catégorie – environ 35 musées classés et 1 100 musées contrôlés – étaient financés par les collectivités territoriales mais aussi par l'Etat, et placés sous la tutelle de l'inspection générale des musées classés et contrôlés (IGMCC) œuvrant pour la DMF.

Les restaurateurs agréés que nous avons interviewés se souviennent du concours comme si c'était hier, non sans fierté : « ça durait deux mois, c'était tuant », « on était tous dans la même salle et on voyait ce que faisaient les autres ». Les membres du jury – des conservateurs essentiellement – tenaient à ce que les restaurateurs auxquels ils allaient faire appel soient jugés sur pièce quel que soit leur lieu d'apprentissage ou de formation. Les conservateurs qui dirigent les ateliers de restauration de peinture revendiquent une préférence pour la variété des profils des restaurateurs, de façon à disposer d'une plus grande palette de compétences. De fait, dans les années 1970 et 1980, les lauréats ont des parcours hétérogènes mais beaucoup ont suivi des formations spécialisées à l'étranger, à une époque où il n'en existait pas encore en France. Une part de moins en moins grande a appris le métier uniquement par la voie de l'apprentissage auprès d'un maître.

Les restaurateurs de peinture agréés sont perçus comme l'élite de leur profession et, parmi eux, les lauréats du concours des musées nationaux comme l'élite de l'élite. Pourtant, ils parviennent à surmonter la distinction entre les deux services pour fonder en 1975 l'union syndicale des peintres restaurateurs des musées de France (USPRM)[2], qui rassemble une trentaine d'adhérents. D'après des entretiens conduits avec des membres de la première heure, l'essentiel de leurs revendications s'adresse aux conservateurs administrant les services, et porte sur les tarifs et la répartition des commandes. Cependant, comme nous l'avons déjà évoqué, les praticiens ne sont pas préoccupés par leur survie. L'un des restaurateurs travaillant dans le service de restauration des musées classés et contrôlés depuis les années 1970 se souvient : « Il y avait un tas de tableaux à restaurer. C'était pas : "qui le veut ?" mais presque… et surtout qu'on n'était même pas en concurrence ! On faisait le devis… le devis n'était jamais discuté jusqu'en 1990… c'est-à-dire que pendant dix ans pratiquement, j'avais des tableaux pendant les trois années à venir… » Reste cependant le sentiment de compétition concernant la « qualité » des tableaux, l'idéal étant d'avoir le privilège de travailler sur un tableau célèbre ou d'un grand peintre ou d'un musée renommé.

Jusqu'aux années 1990, les autres types d'objets que les peintures (mobilier, objets archéologiques, ferronnerie, textile, céramique, etc.) sont rarement ou mal restaurés (Cresson, 1974). Les musées nationaux possèdent néanmoins des ateliers où exercent des restaurateurs fonctionnaires[3]. En 1977, ces derniers forment l'association professionnelle des restaurateurs d'art des musées et administrations d'Etat (APRAMAE). En 1984, l'association compte une quarantaine d'adhérents dont la préoccupation première est d'obtenir une revalorisation de leur statut au sein de la fonction publique, avec la création d'un corps de restaurateurs de

2 En annexe figure une présentation synthétique des différents groupements de restaurateurs.

3 Le corps de restaurateurs d'art (corps d'Etat, catégorie B) existe depuis 1965. Certains ouvriers de la fonction publique (catégorie C) exercent également le métier de restaurateur.

catégorie A équivalent à celui des conservateurs de musées. Leurs revendications sont aussi alimentées par le sentiment que les restaurateurs de peinture sont injustement mieux lotis qu'eux. La présidente de l'APRAMAE se souvient qu'ils étaient « à part » : indépendants, travaillant sur devis, davantage « connus » par les conservateurs et ayant de « meilleures relations avec eux », « une position bien assise » et des revenus nettement plus élevés.

Sans être en concurrence sur un marché de service, les restaurateurs fonctionnaires perçoivent donc les restaurateurs agréés comme des rivaux dans une quête de prestige et de reconnaissance. Les diplômés sortant des premières formations spécialisées en restauration sont au contraire directement concurrents puisqu'ils cherchent au même moment à se constituer une clientèle notamment du côté des musées.

Entre les diplômés : une concurrence déloyale

Les deux premières formations à avoir été créées préparent à tous les domaines de spécialité (peinture, textiles, arts graphiques, sculpture, objets archéologiques, etc.). La première est ouverte à l'université Paris 1 en 1973 sous le nom de maîtrise de sciences et techniques en conservation-restauration des biens culturels (MST), dans le cadre du développement des filières universitaires professionnelles, ici en lien avec le cursus d'archéologie. La seconde voit le jour en 1978 avec la création de l'institut de formation des restaurateurs d'œuvres d'art (IFROA) par le ministère de la culture, mais marque en fait l'aboutissement d'une longue série de projets d'école élaborés à partir des années 1930 au musée du Louvre. Au début des années 1980, enfin, les écoles des beaux-arts de Tours et d'Avignon ouvrent des sections restauration, respectivement pour les œuvres sculptées et les œuvres peintes. Ces quatre programmes sont, aujourd'hui encore, les seuls à être reconnus par l'Etat comme délivrant un diplôme suffisant pour exercer sur les collections publiques.

Pourtant, au début des années 1980, rien ne pouvait laisser présager que les quatre diplômes seraient un jour considérés comme équivalents, ni que leurs diplômés fassent preuve d'une quelconque cohésion, tant ils étaient différents quant à leur contenu et leur réputation auprès des conservateurs de musées. De part son important contenu théorique en chimie, biologie et histoire de l'art, la formation universitaire s'inscrit en complète rupture par rapport aux formations héritées du XIXe siècle, tandis que les enseignements de l'IFROA témoignent d'une continuité avec les formations aux métiers d'art. Surtout, les diplômés de la MST jouissent au départ d'un très faible crédit auprès des conservateurs de musées et des responsables des services de restauration qui ont par ailleurs contribué à créer l'IFROA. Ils fustigent même la formation universitaire, la décrivant comme dangereuse car trop conceptuelle. Au contraire, dès le début de leur formation, les étudiants de l'IFROA sont en contact direct avec les conservateurs qui les considèrent comme des super-praticiens, et travaillent avec les restaurateurs exerçant déjà pour les services centraux de restauration. Quant aux formations de Tours et d'Avignon, elles sont vues comme des classes préparatoires à l'entrée à l'IFROA, donc d'un niveau inférieur. La compétition entre diplômés était donc plus que biaisée.

C'est pour lutter contre les représentations négatives associées à leur diplôme et pour obtenir davantage de moyens pour leur formation, que les étudiants et les diplômés de la MST créent une association en 1982 : l'association des restaurateurs d'art et d'archéologie de formation universitaire (ARAAFU)[4]. Au même moment, les élèves et les diplômés de l'IFROA fondent eux aussi leur association : l'association des élèves et des anciens élèves de l'IFROA (AEAE-IFROA). Ils contactent les conservateurs en charge des monuments historiques pour tenter de faire reconnaître leur diplôme comme une garantie de qualité. Cette entreprise a achevé de faire enrager les diplômés de la formation universitaire : « Non seulement ils avaient les moyens, ils avaient l'étiquette ministère de la culture, et en plus ils fermaient la porte aux autres ! Ils avaient le pognon, le réseau, tout ! C'était assez craignos », se souvient un membre de l'ARAAFU. A force de se rencontrer, cependant, les tensions s'apaisent : « parmi les étudiants, certains commençaient à se côtoyer, des professionnels avaient commencé à se rencontrer, à discuter. Politiquement, idéologiquement, tout le monde n'était pas si éloigné que ça, même si certains avaient un peu la grosse tête... Y avait quand même des gens avec qui il y avait moyen de discuter... », poursuit le membre de l'ARAAFU. Pendant plus d'un an, ils se retrouvent dans un café le samedi matin avec les représentants des restaurateurs agréés et des restaurateurs fonctionnaires, jouant un rôle de médiateurs.

La « fièvre associative » ou l'émergence de revendications professionnelles

L'objectif affiché de ces réunions inter-associatives est la rédaction d'une « charte française de la restauration », qui voit le jour en 1984. Le texte révèle que les différents diplômés et les différents restaurateurs des musées ont réussi à construire une position commune autour du respect de certains principes éthiques et du suivi d'une formation à la fois scientifique, artistique et technique,

4 Les étudiants des premières promotions de la MST s'étaient déjà rassemblés à la fin des années 1970 en une association universitaire pour la recherche et l'information en restauration d'art (AUPRIRA) mais, de leur propre aveu, cette association a été rapidement moribonde.

et requérant des stages pratiques. Ils ont d'abord traduit les chartes américaines et canadiennes, puis sont parvenus à l'idée selon laquelle «l'acquisition d'un savoir théorique concernant les matériaux et les technologies» est ce qui les rend à la fois équivalents entre eux et différents du reste de la population des restaurateurs. Ce travail de mise en équivalence a également bénéficié des discussions qui avaient lieu à la même époque au sein du comité pour la conservation du conseil international des musées (ICOM-CC)[5].

Le projet de charte a été lancé par la présidente de l'association des restaurateurs fonctionnaires et celle du syndicat des restaurateurs agréés dans le cadre des travaux de la section française de l'institut international de conservation (SFIIC) créée en 1982 pour préparer le congrès de l'IIC qui allait se tenir à Paris en 1984. Au départ, seuls des conservateurs et des scientifiques devaient participer à cette nouvelle association. Mais dès la première réunion, des restaurateurs insistent et obtiennent que deux d'entre eux figurent dans le conseil d'administration. En 1987, l'association compte 420 membres dont 62% de restaurateurs. Enfin, une autre association est née en réaction à la création de la SFIIC et à la première volonté affichée par les conservateurs et les scientifiques d'organiser seuls la manifestation: la fédération nationale des artistes restaurateurs d'œuvres d'art (FNAROA). En 1984, elle compte un peu plus de 150 membres. Ce sont des restaurateurs travaillant pour les musées, en grande majorité en peinture, et des restaurateurs ayant suivi la formation continue de l'IFROA. Tous, mêmes les plus établis, s'inquiètent de leur devenir par rapport aux diplômés ayant suivi la formation initiale. Ils ont aussi à cœur de créer une revue spécialisée en restauration[6].

Un indice de l'amplification de la mobilisation des restaurateurs au début des années 1980 est l'inquiétude qui s'exprime alors chez les commanditaires publics. A l'occasion d'un colloque sur la restauration des objets archéologiques en 1985, le conservateur en charge du service de restauration et l'inspection générale des musées classés et contrôlés décrit ainsi la situation:

> «Pendant très longtemps, les restaurateurs ne se sont pas rencontrés et se sont plaints de leur isolement. Et tout à coup, une fièvre associative a eu lieu dans le milieu de la restauration [...]. C'est un phénomène qui s'amplifie et, comme

5 Ses membres ont notamment élaboré un texte de définition de la profession de restaurateur et de ses principes déontologiques auquel les diplômés français se réfèrent systématiquement: «Le conservateur-restaurateur: une définition de la profession», 1984.

6 Des dissensions existent entre la SFIIC et la FNAROA, et une certaine compétition se fait jour pour recueillir les adhésions des restaurateurs – le président de la FNAROA suspectant ceux préférant rejoindre la SFIIC de vouloir se rapprocher de la «carotte», c'est-à-dire des conservateurs commanditaires participant aussi à la SFIIC – mais les deux projets qui les animent, la charte et la revue, ne sont pas concurrents.

toujours en France, cela n'est pas satisfaisant parce qu'après une grande période de vide, des initiatives personnelles se développent dans le désordre. Je dois dire que, du point de vue de l'Inspection des Musées, ces associations nous font problème parce que cela associe ce secteur public ou semi-public qui est le nôtre, avec un secteur privé, et c'est bien peut-être, mais cela peut devenir envers nous des instruments de pression. » (Mourey et Mourey, 1987, p. 51)

Les restaurateurs se mobilisent effectivement contre l'ingérence des conservateurs dans leur activité. Leurs actions sont motivées par une aspiration à davantage d'autonomie dans la conduite de leur travail, dans la publication de leurs écrits, dans la définition de leur métier et des critères de qualification, ou encore dans la représentation de l'activité vis-à-vis des collègues étrangers.

En même temps que se développe un corpus de savoirs abstraits en matière de restauration, on assiste donc à l'émergence de revendications professionnelles, animées par le souci de reconnaissance de la dimension intellectuelle et spécialisée de l'activité exercée, là où n'existaient auparavant que des revendications tournées vers la défense d'intérêts matériels particuliers. Cependant, à la fin des années 1980, la mobilisation s'essouffle pour diverses raisons : manque de relève, apaisement des tensions, ou encore départ des restaurateurs fonctionnaires vers d'autres alliances[7]. Le fait est qu'il ne reste plus grand-chose des groupements initiaux. Mais les liens tissés lors des rencontres inter-associatives, notamment entre les jeunes diplômés des deux principales formations, sont réactivés en 1990 à la faveur d'une nouvelle vague de mobilisation.

Maîtriser la définition de la profession : des alliances de circonstances contre la tentative extérieure de clôture

A partir de la fin des années 1980, les différences entre diplômés s'atténuent. Le contenu des deux principaux programmes s'homogénéise car l'IFROA prend ses distances avec le monde des métiers d'art et renforce ses enseignements théoriques. Surtout, les restaurateurs issus de la formation universitaire cessent d'être discriminés à l'entrée sur le marché des musées car les diplômés sortis de

7 La charte et la revue créées en 1984 tombent dans l'oubli. Le groupe formé par les quatre associations ayant travaillé à la rédaction de la charte est dissous en 1988. Les activités de la FNAROA ralentissent à partir de 1989 puis prennent fin faute de relève. L'association des restaurateurs fonctionnaires cesse de fonctionner dans la seconde moitié des années 1980 quand ses membres se syndiquent au sein de la fédération de l'éducation nationale auprès de fonctionnaires d'autres corps de métier. Ils suivent une autre voie de revendication que leurs confrères indépendants, qui aboutit en 1992 avec la création du corps de chef de travaux d'art de catégorie A.

l'IFROA après 1988 ne peuvent pas y accéder non plus. Une restauratrice de peinture se souvient ainsi du choc reçu à sa sortie de l'école :

> « Jusqu'en 88, les gens de l'IFROA sortaient et allaient directement dans les musées pour travailler, c'était la voie royale, avec l'assurance d'avoir un boulot à la clé, et en 88 ça s'est complètement arrêté, on nous a dit : "Ben non, à partir de maintenant on prend plus personne… vous vous débrouillez avec ce qui reste comme marchés…" […] Alors que vraiment dans les prospectus, dans tout ce qui était dit sur l'IFROA, c'était : "Vous aurez du boulot pour les musées…" Même on n'arrêtait pas de nous dire : "Il est hors de question de travailler pour les privés… le privé c'est vraiment pas pour vous… vous serez amenés à travailler que pour les collections publiques, en ayant un peu une démarche de service public… vous travaillerez pour l'Etat…" »

Ces propos sont corroborés par les résultats d'une enquête menée par l'AEAE-IFROA sur l'insertion professionnelle des anciens élèves de l'IFROA, qui révèle chez les diplômés sortis depuis 1988 un « malaise face à un marché saturé dans le domaine privé et bloqué pour la plupart des collections publiques »[8]. Notre enquêtée et ses collègues doivent se tourner vers une clientèle qu'ils ne sont pas préparés à conquérir ni à servir – les conventions et les exigences en vigueur dans les musées n'étant pas les mêmes que celles des particuliers et des marchands, ou encore des représentants des monuments historiques. Cependant, les diplômés de la MST et de l'IFROA qui ne peuvent pas travailler au sein des ateliers de Versailles ne sont pas complètement coupés du milieu des musées. Certains travaillent pour les musées de la ville de Paris ou d'autres organismes publics qui ne dépendent pas de la direction des musées de France (DMF), et pour des musées en région faisant appel à des restaurateurs locaux.

Quand la DMF dévoile son projet d'établir une liste de restaurateurs habilités pour toutes les spécialités, les diplômés n'ayant jamais pu travailler pour les services de restauration auraient pu y voir une opportunité de pénétrer enfin le marché des musées. Mais ils y ont vu une énième manœuvre d'exclusion et une absence de considération pour leurs diplômes. De façon inattendue mais stratégique, ils se sont mobilisés aux côtés des restaurateurs travaillant déjà pour les musées et craignant, eux, d'être disqualifiés par le nouveau dispositif.

Une mobilisation inédite

Les propositions de la DMF s'inscrivent dans un projet plus large de restructuration de l'activité de restauration comportant la fusion des deux services centraux,

8 *Bulletin de l'AEAE-IFROA*, 1er semestre 1993.

leur extension à tous les domaines de spécialité, ainsi que la création d'ateliers décentralisés en régions. Le conservateur plus particulièrement chargé du dossier de la restauration à la DMF présente ainsi le nouveau dispositif :

> «Il existe plusieurs formations en France dont l'IFROA, la MST, l'école de Tours et celle d'Avignon, qui délivrent un diplôme après quatre années d'études. Les restaurateurs diplômés de ces formations, ou ceux qui auront acquis un niveau équivalent par des voies différentes, bénéficiant de cinq années d'exercice professionnel, devront pour travailler dans les ateliers des musées de France être habilités. Cette habilitation est en fait un examen fondé sur des épreuves pratiques et théoriques qui permettra de juger des qualités et capacités du restaurateur. Il se caractérisera par une volonté d'égalité pour tous les candidats, quelle que soit la formation dont ils sont issus. En 1990, trois examens d'habilitation auront lieu : peinture et textile avant juillet 90, sculpture durant le second semestre 90. D'autres disciplines seront ouvertes en 1991. Ces examens se répèteront ensuite tous les deux ans et permettront l'établissement d'une liste d'aptitude. Après avoir été reçu à l'examen d'habilitation et au bout d'une période probatoire de 18 mois, les restaurateurs figureront sur cette liste, révisée tous les deux ans par le conseil scientifique de restauration des musées de France.»[9]

Le projet des conservateurs de la DMF correspond à la volonté de clôture des employeurs, ou de l'Etat, qui cherchent à «s'assurer les services d'une main-d'œuvre rare et non substituable» (Paradeise, 1988). Mais ils rencontrent l'opposition des restaurateurs qui ont – ou plutôt se mettent à avoir – leurs propres normes de recrutement et de promotion à défendre.

Dès l'annonce du projet d'établir une liste de professionnels habilités par la DMF, les restaurateurs travaillant au sein des ateliers du Louvre et de Versailles – environ 200 selon le rapport d'activité de la DMF – créent l'association professionnelle des restaurateurs indépendants des musées (APRIM). Le fondateur, diplômé de l'IFROA en section mobilier, était déjà à l'origine de l'AEAE-IFROA en 1982. Selon lui, en 1990, «les restaurateurs se sont révoltés pour des raisons différentes les uns et les autres… […] c'était un remue-ménage total, entre des gens qui n'avaient absolument pas la même approche.» D'un côté, ceux qu'il appelle les «vieux crocodiles», c'est-à-dire les anciens des services de restauration, considèrent qu'ils n'ont pas besoin d'une habilitation en plus du concours qu'ils ont passé, de leur diplôme étranger le cas échéant, et surtout de tous les travaux déjà réalisés. De l'autre, les «jeunes loups», les restaurateurs issus des formations françaises, trouvent qu'ils n'ont pas besoin d'une habilitation en plus de leur diplôme. Tous s'élèvent alors contre le principe de la liste d'aptitude.

9 Erlande-Brandebourg A., «La restauration est aujourd'hui une des priorités de la politique de la direction des Musées de France… », *L'Estampille/L'objet d'Art*, 235, avril 1990, 48-49.

Alors qu'au début des années 1980 les diplômés étaient minoritaires en nombre et se ralliaient aux initiatives de leurs aînés, qui étaient par ailleurs souvent leurs professeurs dans les formations, ils conduisent cette fois la mobilisation. Un rôle pivot et fédérateur est notamment joué par les diplômés travaillant dans les ateliers des musées. En effet, après avoir contribué à la fondation de l'APRIM, ils favorisent le rapprochement des restaurateurs des musées et des diplômés en une «Coordination des restaurateurs» réunissant les membres de l'ARAAFU, de l'AEAE-IFROA et de l'APRIM, soit plus de 350 restaurateurs exerçant dans différentes spécialités[10].

Qui est restaurateur, qui ne l'est pas: dessiner la profession

A partir du moment où les «Versaillais» et les «non-Versaillais» s'allient en une Coordination, les revendications des restaurateurs cessent d'être celles de travailleurs à qui l'on veut imposer de nouvelles normes de recrutement pour devenir celles de praticiens cherchant à définir eux-mêmes leur profession.

Un diplômé de la MST ayant eu la chance de travailler dans les ateliers de Versailles depuis 1982 explique pourquoi il s'est mobilisé aux côtés des diplômés non-Versaillais en 1990:

> «C'est le fruit des années de côtoiement, de confiance et de respect... [...] On s'est bagarré, certains d'entre nous qui étions soi-disant bénéficiaires du système Versaillais, on s'est bagarré pour que cette liste-là ne soit pas promulguée, et qu'il fallait défendre un schéma général de la profession, comme depuis toujours les gens de la fac, à partir des diplômes, à partir de l'expérience acquise pour effectivement les gens qui étaient en activité, mais avec l'idée qu'on n'accède plus à cette activité professionnelle sans passer par un niveau d'études exigeant et élevé, et que c'était sur cette base là qu'il fallait définir notre profession... [...] S'il fallait sortir une liste c'était l'ensemble des diplômés et pas simplement les quelques personnes qui avaient eu le privilège d'accéder au service de restauration.»

Les diplômés qui se mobilisent contre les propositions de la DMF œuvrent donc pour faire valoir le diplôme comme principal critère de qualification. Cependant, ils ne nient pas les qualités des restaurateurs non-diplômés travaillant pour le service. Comme le dit l'enquêté, ils tiennent même à ce que soit reconnue

10 Rapidement, la coordination a regroupé d'autres associations créées en 1990-1991 : l'association des conservateurs-restaurateurs en archéologie (ACREA), l'association des conservateurs-restaurateurs en textile (ACRET), l'association française de conservateurs-restaurateurs de peinture (AFCOREP), l'association des conservateurs-restaurateurs du patrimoine graphique, photographique et du livre (AGRAPHOL).

« l'expérience acquise » des restaurateurs ayant commencé à travailler avant la création des formations spécialisées, parce qu'ils ont appris à les connaître au sein des réunions inter-associatives évoquées plus haut ou dans les ateliers de restauration. Comment alors définir la profession ?

Tout le travail des restaurateurs de l'APRIM puis de la Coordination consiste à construire une équivalence entre le fait d'avoir un diplôme et le fait d'avoir travaillé pour les musées, pour que les professionnels ayant l'une ou l'autre de ces caractéristiques, ou les deux, puissent se reconnaître et être reconnus comme des pairs. La définition de la profession n'est pas réalisée de manière désincarnée, sur la base de critères abstraits, mais s'effectue en situation, à partir de cas concrets de personnes.

Un des membres fondateurs de l'APRIM, diplômé de la plus prestigieuse école de restauration italienne et travaillant pour les musées depuis les années 1970 se souvient ainsi des premières réunions de l'association :

> « C'était surtout la recherche de faire, de réglementer une profession… et donc de comprendre qui était là, de comment accepter de faire rentrer dans cette association des restaurateurs comme X, Y, et tous ceux qui n'avaient pas de diplôme…[11] donc accepter les personnes qui avaient été formées sur le tas mais qui travaillaient depuis très longtemps… donc je veux dire c'est surtout sur comment canaliser la profession et savoir qui était restaurateur et qui ne l'était pas… dans mes souvenirs ces premières réunions c'était pour essayer d'unifier nos cursus et de travailler un peu d'une même façon au sein des musées… »

Au début des années 1990, les restaurateurs qui s'intéressent à la réglementation de leur activité ne défendent pas des intérêts particuliers, en tout cas pas seulement. Ils cherchent à donner un sens au tissu de relations dans lequel ils sont pris, et aux alliances nouées à la faveur de la mobilisation contre la liste d'aptitude.

La profession de restaurateur naît donc en réaction à la tentative d'imposition de règles concurrentielles extérieures. La coalescence des professionnels en une entité collective durable tient moins à l'existence d'intérêts communs qu'aux liens concrets qui unissaient alors les professionnels – ils ont suivi la même formation, ont travaillé côte à côte pendant des années, ont été professeur et élève, sont devenus amis… autant d'attachements interindividuels qui ont tissé la trame de la profession. Par la suite, cependant, cette entité va encore évoluer avec la transformation des règles du marché.

11 L'enquêté cite des noms de personnes.

Règles de la concurrence et contours de la profession : une co-construction continue

Après avoir obtenu le retrait des propositions de la DMF, la Coordination met tout en œuvre pour que soit inclus dans le premier projet de loi sur les musées en cours de préparation un texte réglementant l'activité des restaurateurs[12]. Pour la première fois, il est question d'instaurer un titre protégeant la profession et l'accès au marché de la restauration des œuvres de musées, ce qui ne manqua pas de susciter des luttes et des débats. Au commencement du travail de préparation de la loi, les différentes parties prenantes sont toutes enthousiastes à l'idée de réglementer l'activité, sans être d'accord sur les moyens d'y parvenir. D'un côté, les représentants des commanditaires publics sont toujours en faveur d'un système de liste d'aptitude leur permettant de contrôler la qualité de leurs prestataires. De l'autre, les restaurateurs mobilisés en 1990 continuent de se battre pour que soit reconnue la nécessité de détenir un certain niveau de formation sanctionné par un diplôme[13]. Enfin, des praticiens de formation traditionnelle spécialisés dans la restauration de mobilier se regroupent pour défendre une troisième option de protection de l'activité – le label de qualité – classiquement observé chez les professions artisanales qui cherchent à fermer le territoire professionnel en multipliant les « reconnaissances d'excellence » attribuées par l'Etat (Dubar et Tripier, 1999)[14].

Les artisans contre « l'élite universitaire »

Fondé en 1992, le groupement des ébénistes-restaurateurs français (GERF) a rapidement étudié la possibilité de créer une certification pour que les clients puissent distinguer les restaurateurs qualifiés de ceux qui n'ont pas une connaissance suffisante des techniques et des matériaux, sur le modèle du

12 Le projet de loi visait à moderniser le fonctionnement des musées et la réglementation touchant à la protection des collections publiques, qui à l'époque reposaient encore sur l'ordonnance de 1945. Un premier projet de loi a vu le jour en 1993 mais a rapidement été mis en sommeil en 1994. Le second projet, élaboré à partir de 1996, donna lieu à la loi du 4 janvier 2002 relative aux musées de France, dite « loi musées ».

13 En 1992, les associations membres de la coordination des restaurateurs se sont regroupées en une fédération française des associations de conservateurs-restaurateurs (FFACR) autour d'une déontologie commune, énoncée dans le « Code d'éthique et de formation » adopté en 1993 par l'*European Confederation of Conservators-Restorers' Organizations* (ECCO). L'ECCO regroupe vingt associations, réparties dans dix-sept pays, et représente environ 5 000 membres.

14 Des reconnaissances non spécifiques à la restauration mais concernant des restaurateurs existaient déjà : par exemple le titre de « maître d'art » créé en 1994 par le ministère de la culture, ou encore le titre de « meilleur ouvrier de France » (MOF).

label « Artisan Ebéniste de France »[15]. Le GERF réunit les praticiens formés dans les ateliers de restauration parisiens les plus réputés et exerçant pour une clientèle de particuliers et d'antiquaires prestigieux, mais aussi pour les musées et les organismes publics comme le mobilier national. Dans le contexte de la préparation de la loi, ils s'engagent dans une lutte de juridiction des plus classiques avec les restaurateurs diplômés de la section mobilier de l'IFROA. Ces derniers sont alors très peu nombreux mais décidés à faire valoir la supériorité de leur expertise. Les deux groupes s'affrontent par articles de presse interposés, les restaurateurs de formation artisanale dénonçant les propos des jeunes diplômés et condamnant leurs manœuvres pour s'arroger les faveurs des commanditaires publics :

> « On ne peut pas cloisonner une profession simplement par une forme d'élitisme sans donner aux gens qui la composent les moyens de s'épanouir dedans en acquérant ce qui éventuellement leur a manqué dans leur cursus au départ, ni faire complètement abstraction des formations artisanales et des potentiels des artisans équivalents à ceux des professionnels issus de la voie académique. »[16]

A partir de la fin des années 1990, leurs revendications sont relayées par l'union nationale de l'artisanat et des métiers de l'ameublement (UNAMA) et la société d'encouragement aux métiers d'art (SEMA). Dans le cadre de la préparation de la loi, leur cheval de bataille devient la recherche d'équivalence avec les diplômes universitaires.

Habilitation, diplôme, VAE : une clôture juridique bricolée

Au lendemain du vote de la loi, en 2002, les représentants des restaurateurs de formation traditionnelle et des restaurateurs diplômés, de même que ceux des conservateurs, se félicitent tous du résultat des négociations auprès de leur base. Est-ce à dire que la loi emprunte finalement un peu à chacun des modes de protection de l'activité ? L'article 13 du décret accompagnant le texte de loi précise les qualifications requises en matière de restauration (Encadré 2).

Du modèle du label, la loi ne conserve rien. Les représentants des artisans et des métiers d'art se félicitent néanmoins de la reconnaissance de l'expérience professionnelle comme critère de qualification possible, tout en restant inquiets à

15 Ce label, créé en 1993, est décerné par un comité d'agrément national composé de membres issus de l'enseignement technique, d'un institut technologique spécialisé dans le bois et l'ameublement, et de professionnels.

16 « Les restaurateurs-conservateurs de mobilier défendent l'avenir de la profession », *Le courrier du meuble et de l'habitat*, n° 1946, 2 mars 2001, p. 9.

propos de l'application effective du décret. C'est en effet la possession d'un diplôme de niveau II (aujourd'hui Master) qui vaut comme premier critère de qualification, et c'est la formation de l'université Paris 1 qui est responsable de la procédure de validation des acquis de l'expérience (VAE). Les représentants des restaurateurs diplômés voient en cela un succès de leurs revendications et une reconnaissance de leur profession. Cependant, la loi ne touche finalement que le marché de la restauration des œuvres de musées, dans la continuité des projets proposés précédemment par les conservateurs de la DMF. Ces derniers sont satisfaits dans la mesure où ils gardent la main sur la procédure d'habilitation des non-diplômés – ils sont majoritaires dans la commission qui examine les dossiers de demande d'habilitation.

La clôture juridique ainsi instaurée ménage donc les différents intérêts en présence et reconnaît à la fois l'expérience et le diplôme comme critères de qualification. Elle doit son aspect bricolé au rapport de force qui existe alors au sein du ministère de la culture entre la direction des musées de France soutenant les restaurateurs diplômés, et la direction des monuments historiques et les représentants des métiers d'art soutenant les restaurateurs de formation traditionnelle[17].

Le bricolage se voit aussi dans la liste des quatre formations dont le diplôme est reconnu dans la loi. Leur équivalence semble moins fondée sur la base du contenu précis de la formation que sur leur histoire. Ainsi, l'argument selon lequel l'école de Condé ne fait pas partie des « formations historiques » est souvent mobilisé par les représentants de la DMF comme par les restaurateurs issus des dites formations pour justifier leur non-reconnaissance par la loi. Au contraire, les restaurateurs non-diplômés qui travaillaient dans les ateliers de Versailles sont reconnus comme étant équivalents aux diplômés parce qu'ils ont été à l'origine de l'organisation en profession et qu'ils ont suivi des formations certes étrangères mais qui ont servi de modèle à la création des premières formations françaises.

17 Nous avons montré ailleurs que l'établissement du monopole des diplômés est le produit de l'évolution des tensions au sein du ministère de la culture (Hénaut, 2011), selon la théorie des «écologies liées» d'Andrew Abbott (2003).

Encadré 2. La restauration dans la «loi musées»

Extrait du décret n°2002-628 du 25 avril 2002 pris pour l'application de la loi n° 2002-5 du 4 janvier 2002 relative aux musées de France :

«Sont habilitées à procéder à la restauration d'un bien faisant partie des collections des musées de France [...] :

1° Les personnes titulaires d'un diplôme français ou délivré dans un Etat membre de la Communauté européenne, à finalité professionnelle dans le domaine de la préservation et de la restauration du patrimoine et reconnaissant un niveau au moins équivalent à quatre années d'étude et à la fin d'un second cycle de l'enseignement supérieur* ;

2° Les personnes dont les acquis de l'expérience en matière de restauration ont été validés [...] ;

3° Les personnes qui, au cours des cinq années précédant la publication du présent décret, ont restauré des biens des musées [...] et qui ont été habilitées [...] à assurer des opérations de restauration sur les biens des musées de France, après avis favorable d'une commission scientifique** [...] ; cette habilitation peut être subordonnée au suivi d'une formation complémentaire ;

4° Les fonctionnaires appartenant à des corps ayant vocation statutaire à assurer des travaux de restauration ;

5° Pour les biens des musées de France relevant du ministre de la défense, les personnes habilitées par celui-ci [...].»

* Un texte joint au décret précise la liste des formations ainsi reconnues : il s'agit des quatre formations déjà mentionnées que sont l'IFROA, la MST, et les sections restauration des écoles de Tours et d'Avignon.

** Cette commission comporte essentiellement des conservateurs et quelques restaurateurs issus des formations spécialisées, ainsi qu'un représentant des métiers d'art.

Clôture pour les uns, ouverture pour d'autres

Si tous les restaurateurs de peinture connus des services centraux obtiennent l'habilitation[18], ce n'est pas le cas de ceux qui travaillaient pour les musées en dehors des services de Versailles. Nous avons interviewé par exemple une restauratrice de tableaux de chevalet installée en Savoie depuis la fin des années 1980 après avoir suivi une formation dans une école des beaux-arts et des stages dans l'atelier d'une

18 Une vague massive d'habilitations concernant les restaurateurs travaillant régulièrement pour les services centraux depuis les années 1970 ou 1980 est suivie de flots plus sporadiques, si bien que la procédure peut être vue comme un moyen de régulariser les situations acquises plus que comme une voie d'accès au marché. De même, les restaurateurs qui sont invités à suivre la procédure de VAE et qui l'obtiennent sont essentiellement des praticiens chevronnés et déjà connus des commanditaires publics (DEVER et MCVA, 2004).

restauratrice, qui a rapidement travaillé pour des particuliers et des marchands, puis pour les monuments historiques et pour le musée de Chambéry :

> « Pour l'instant je n'ai pas l'agrément musée, et je sais pourquoi je ne l'ai pas… J'ai été passé un entretien sur Paris, c'est le conservateur du musée de Chambéry qui voulait que je passe cet agrément pour continuer à travailler sur certaines œuvres, et donc en fait je ne sortais pas de la bonne école […] Ça m'a beaucoup contrariée, parce que j'ai eu ce titre de meilleur ouvrier de France, je pensais que ça voulait dire quelque chose, ça donne quand même un diplôme qui est reconnu au niveau de l'éducation nationale, au niveau des monuments historiques, tout ça, mais pas du tout au niveau des musées […] Ce qu'ils m'ont proposé après c'est de refaire une formation, de recommencer des études pour avoir leur diplôme à eux… Parce que j'étais en contact avec un meilleur ouvrier de France restaurateur de meubles, lui il travaillait vraiment que pour les monuments historiques et les musées, et il a décidé de s'y remettre avec les cours du soir. Moi je n'ai pas voulu, j'avais assez donné… Donc c'est vraiment que ça : les gens qui travaillent pour les musées, parce qu'ils n'ont pas de diplôme, ils sont plus bons. »

Derrière ce drame individuel, il y a le souci de contrôle des services centraux en matière de restauration des peintures : ce ne sont pas les non-diplômés qui sont visés, mais les non-diplômés ne travaillant pas pour les services de Versailles, et les conservateurs faisant appel à ces derniers. Dans la lignée de la politique mise en œuvre par la DMF et les services centraux depuis les années 1970, la procédure d'habilitation permet ainsi de renforcer le contrôle sur les restaurations réalisées dans les musées classés et contrôlés (Poulard, 2008). Le cas de cette restauratrice ayant remporté le concours de MOF, un an à peine avant de se voir refuser l'habilitation, révèle également le cloisonnement et la non-congruence des différents systèmes ministériels de reconnaissance de la qualification, en l'occurrence ici des systèmes portés par le ministère de la culture et par celui de l'éducation nationale.

La Loi musées a donc indéniablement restreint l'accès au marché de la restauration des collections publiques en rendant nécessaire la possession d'une habilitation pour toutes les spécialités. Cependant, dans le même temps, elle représente une ouverture pour les diplômés qui n'avaient pas accès au marché auparavant pour diverses raisons. Il en va ainsi de la restauratrice de peinture diplômée de la MST qui se met à travailler pour la conservatrice du musée de Chambéry parce que celle qu'elle employait précédemment n'est pas habilitée. Très concrètement, la conservatrice a puisé dans la liste des professionnels autorisés à exercer. Les gagnants de la loi semblent être les jeunes diplômés et ceux qui sont installés en région car les conservateurs peuvent maintenant faire directement appel à eux sans passer par les services centraux.

Conclusion

Depuis la coalescence d'une entité ressemblant à une profession en 1990, les critères d'appartenance à celle-ci ont évolué. Les revendications portées dans le cadre de préparation de la loi ont recentré la définition de la profession sur la possession d'un diplôme, plus précisément l'un des quatre diplômes reconnus par la loi, alors qu'auparavant les pairs se définissaient principalement par le fait de travailler pour les musées. En 1998, la fédération française des associations de conservateurs-restaurateurs (FFACR), née en 1992 de la Coordination des restaurateurs formée en 1990, est devenue une association de membres individuels – la fédération française des conservateurs-restaurateurs (FFCR). Dans les statuts de l'association, il est précisé que toute personne diplômée de l'une des quatre formations reconnues par l'Etat est admise d'emblée, tandis que les autres candidatures sont examinées par une commission adhésion-radiation et les admissions votées par le conseil d'administration. Dans les conversations et les conférences, les représentants de la profession font sans cesse référence aux diplômes et évoquent la loi comme un fondement du groupe, au même titre que les textes et les codes déontologiques rédigés au niveau européen ou dans les instances muséales internationales. La définition même de la profession – qui est restaurateur, c'est-à-dire qui est légitime à exercer – a donc été transformée avec l'édiction de nouvelles règles du marché. Elle s'est s'alignée sur le droit à concourir et à exercer.

Le parti pris adopté dans ce chapitre était de focaliser notre attention sur les interactions entre la formation d'un groupe professionnel et les règles de la concurrence régissant le secteur d'activité et le marché de service correspondant. Nous avons montré que les négociations internes au groupe travaillent la concurrence, tout comme la définition du droit à concourir, réciproquement, façonne les frontières de la profession. Ce processus est continu et s'observe dans la suite de l'histoire des restaurateurs d'œuvres d'art. D'autres épisodes seraient intéressants à étudier avec ce prisme d'analyse. En particulier, l'introduction systématique de procédures d'appels d'offre pour l'attribution des marchés publics de restauration[19] a mis à l'épreuve la définition de la profession. Peu à peu, les relations intergénérationnelles se sont transformées : la coopération et la transmission des savoirs ont laissé place à de la défiance et à un certain isolement des professionnels. Ces dernières années, la multiplication des dénonciations publiques de collègues accusés d'avoir « cassé les prix » en soumettant des propositions de devis « à la limite de la déontologie », et les débats qui les suivent, révèlent le malaise des praticiens et l'impact du changement des règles de la concurrence sur la profession[20].

---

19 A partir de la fin des années 1990, de nouvelles règles d'attribution des marchés publics sont introduites dans le cadre des réformes des services publics. Des mises en concurrence systématiques sont organisées et les procédures d'appels d'offre se généralisent alors qu'auparavant les conservateurs ne sollicitaient qu'un restaurateur et la commande était passée de gré-à-gré après devis.

20 Voir notamment le « Forum des fêlés du scalpel et du clavier » : http://conservateurs-restau.meilleurforum.com.

Annexe : les groupements de restaurateurs

USPRM (1975) : Union Syndicale des Peintres Restaurateurs des Musées de France – Restaurateurs de couche picturale agréés par les musées

APRAMAE (1977) : Association Professionnelle des Restaurateurs d'Art des Musées et Administrations d'Etat – Restaurateurs fonctionnaires des musées spécialisés principalement en objets d'art et mobilier

ARAAFU (1982) : Association des restaurateurs d'art et d'archéologie de formation universitaire – Étudiants et diplômés de la Maître de Sciences et Technique en conservation-restauration des biens culturels de Paris 1

AEAE-IFROA (1982) : Association des Elèves et des Anciens Elèves de l'IFROA – Etudiants et diplômés de l'Institut Français de Restauration d'œuvres d'art

SFIIC (1982) : Section Française de l'Institut International de Conservation – Conservateurs, scientifiques et restaurateurs réunis en premier lieu pour organiser la conférence de l'IIC puis travail des restaurateurs autour de la charte

FNAROA (1982) : Fédération Nationale des Artistes Restaurateurs d'Œuvres d'Art – Restaurateurs de tous les domaines mais surtout de peinture, restaurateurs ayant suivi la formation continue de l'IFROA, projet de revue

APRIM (1990) : Association Professionnelle des Restaurateurs Indépendants des Musées – Restaurateurs travaillant pour les musées dans les ateliers du musées du Louvre et de Versailles, principalement des restaurateurs agréés anciennement membres de l'USPRM ainsi que des diplômés de l'IFROA

Coordination des restaurateurs (1991): APRIM + ARRAFU + AEAE-IFROA

FFACR (1992): Fédération Française des Associations de Conservateurs-Restaurateurs – Coordination + autres associations de diplômés

GERF (1992): Groupement des Ebénistes-Restaurateurs de France – Restaurateurs de mobilier de formation traditionnelle, travaillant souvent pour les musées

FFCR (1998): Fédération Française des Conservateurs-Restaurateurs – FFACR devenue une fédération de membres individuels, principalement des diplômés des quatre formations reconnues par la loi

Chapitre 11

La course à l'excellence scientifique : un PRES dans la compétition pour les LabEx

Mathieu Cloarec, Stéphanie Mignot-Gérard

Introduction

> « Pour reprendre la métaphore de la course, on est partis, on y croyait, on croyait à *GrandEtablissement*[1] mais sans avoir une idée très claire de l'objectif à atteindre… Au printemps 2010 on n'avait pas l'idée de ce qu'apportait le LabEx au labo. On nous fait courir mais l'objectif n'est pas d'une grande clarté pour l'universitaire de base. » (Professeur de sociologie, UniCentre1)

La mise en concurrence pour l'accès aux financements publics est une marque de fabrique du nouveau management public (NMP), dont l'influence gagne aujourd'hui le pilotage de nombreux secteurs de l'action publique. Les travaux en sciences sociales qui étudient ce mécanisme de régulation étatique quasi-marchand insistent le plus souvent sur les effets contraignants de celui-ci. Ainsi Epstein, dans son étude des politiques de la ville post-contractuelles, note que la concurrence pour l'accès aux financements publics est un puissant outil de gouvernement à distance poussant les élus locaux à « intégrer l'approche, les objectifs et les actions définis par l'agence [nationale] » (Epstein, 2005, p. 141). Dans un autre domaine, celui de la recherche scientifique, la systématisation du financement sur projet a modifié en profondeur le travail des chercheurs – notamment dans le champ des sciences appliquées (Barrier, 2011 ; Jouvenet, 2011) – qui doivent désormais adapter leurs agendas de recherche aux orientations et calendriers de leurs financeurs[2].

1 Pour préserver l'anonymat des établissements, les noms utilisés dans ce texte sont fictifs.

2 Les auteurs parviennent néanmoins à des conclusions nuancées quant à l'ampleur de ces transformations. Alors que Jouvenet avance la thèse d'une déprofessionnalisation, Barrier souligne que les chercheurs parviennent à se ménager des espaces d'autonomie scientifique malgré un « travail d'articulation » fastidieux.

Toutefois, parce qu'elles s'intéressent surtout aux effets *ex post* du financement sur projets, ces recherches laissent dans l'ombre les mécanismes qui régissent la compétition entre les acteurs locaux pour les financements publics, et suggèrent en creux que les règles du jeu de cette compétition sont « données » une fois pour toutes : les acteurs en concurrence et leurs évaluateurs semblent clairement identifiés ; l'objet de la concurrence – l'obtention d'un financement – est sans ambiguïté ; les concurrents paraissent également motivés pour entrer dans la lutte. L'objectif de ce chapitre est à l'inverse de révéler la nature construite, processuelle et relative de la concurrence dans le cadre d'un appel à projets compétitif.

Le cas exploré est celui de l'appel à projets « Laboratoire d'Excellence » (LabEx), l'un des instruments de financement du programme des investissements d'avenir (PIA) pour l'enseignement supérieur et la recherche (ESR).

Entre 2006 et 2012, le système d'ESR français a été la cible d'une série de réformes qui se sont succédé à un rythme intense (Ravinet, 2012). Qu'elles mettent l'accent sur la prise en compte de la performance dans l'allocation des moyens publics aux universités (LOLF, système SYMPA), renforcent les prérogatives des présidents d'université (loi Liberté et Responsabilité des Universités – LRU de 2007), généralisent le financement de la recherche par projet (création de l'Agence Nationale de la Recherche – ANR en 2006) ou systématisent l'évaluation de la qualité des unités de recherche et des diplômes (création de l'Agence d'Evaluation de la Recherche et l'Enseignement Supérieur - AERES), ces réformes s'inscrivent plus nettement que par le passé dans ce qu'il est convenu d'appeler le « nouveau management public » (Musselin et Paradeise, 2009). Par-delà la diversité des instruments d'action publique qu'elles mobilisent, la plupart de ces politiques tendent en effet à remettre en cause le principe d'égalité formelle et la faible différenciation des universités qui prévalaient jusqu'alors dans le paysage français. Ces réformes adviennent dans un contexte de rationalisation de la gestion des finances publiques justifiant de mettre fin au « saupoudrage » pour passer à des modes de répartition des moyens plus raisonnés, fondés sur une mise en compétition des établissements et des équipes de recherche. En labellisant et finançant des pôles universitaires « d'excellence », le PIA figure parmi les instruments les plus emblématiques de cette nouvelle orientation.

Le chapitre s'intéresse à l'organisation au sein d'un Pôle de Recherche et d'Enseignement Supérieur (PRES) de la course pour le label LabEx, l'un des premiers appels à projets lancés dans le cadre du PIA. Le LabEx revêt un intérêt particulier pour l'étude des processus concurrentiels au sein de la communauté académique puisqu'il a suscité une forte mobilisation chez les équipes universitaires (241 projets candidats) et engagé des montants financiers conséquents (1 milliard d'euros pour 100 projets finalement financés).

Notre analyse s'appuie sur une enquête de terrain qui visait à rendre compte de la manière dont un PRES (appelé dans la suite du texte le *PRES Capitale*) s'est organisé pour répondre aux appels d'offre LabEx du PIA. Les matériaux empiriques ont été recueillis à deux niveaux. A l'échelle nationale, les discours officiels du chef de l'Etat, de la ministre de l'enseignement supérieur et les textes des appels à projets LabEx ont été analysés afin de saisir les objectifs visés par le PIA, mais aussi les diverses conceptions de la notion d'excellence prévalant au sommet de l'Etat.

Au niveau local, dix-sept entretiens semi-directifs ont été conduits auprès des acteurs impliqués dans la compétition organisée au sein du *PRES Capitale* (Encadré 1). Fondé en février 2010, le *PRES Capitale* réunit huit établissements (quatre universités et quatre grands établissements). Il rassemble 120000 étudiants et 13500 personnels dont 2100 chercheurs à temps plein. L'enquête a été ciblée sur quatre établissements membres du PRES, que nous appellerons ici *UniCentre1*, *UniCentre2*, *GrandEtablissement*, *UniPeriph*. L'échantillonnage a été construit de manière à inclure des académiques (chercheurs et enseignants-chercheurs), soit les principaux protagonistes de la compétition, mais aussi des dirigeants élus à la tête des universités, qui, ces vingt dernières années, se sont graduellement imposés comme des relais entre l'Etat et les communautés universitaires (Musselin, 2001 ; Barrier et Mignot-Gérard, 2013). L'échantillon visait également à tenir un double équilibre : d'une part une répartition équitable des enquêtés entre les différents échelons de la « pyramide hiérarchique » universitaire ; d'autre part une sélection d'enseignants-chercheurs issus de champs disciplinaires diversifiés.

Encadré 1. Méthodologie

Entre février et juillet 2011, dix-sept entretiens ont réalisés dans le but de retracer la chaîne des évènements ayant jalonné le processus de réponse des équipes du PRES à l'appel à projets LabEx, à saisir le niveau de participation des enquêtés à ces projets, mais aussi à recueillir leurs opinions sur l'instrument LabEx et plus généralement sur les politiques d'excellence menées dans le secteur de l'ESR. D'une part, 7 entretiens ont été réalisé avec des personnes travaillant au PRES : 4 vice-présidents de Conseils Scientifiques, 1 cadre administratif membre de l'équipe de direction, et 2 ingénieurs projet. D'autre part, 10 entretiens ont été effectués dans les unités décentralisées des universités du PRES (UFRs, laboratoires) : 2 directeurs d'UFR, 3 directeurs de laboratoire, 5 chercheurs ou enseignants-chercheurs (SHS, médecine, sciences de la vie). Parmi ces 10 enseignants-chercheurs, 5 ont été impliqués dans le montage d'un LabEx, 2 ont été exclus de la course, 3 ont finalisé un projet dont 1 a été lauréat.

Contrairement à l'idée que l'on peut se faire d'un concours dans le milieu académique, nous allons montrer que la compétition pour les Labex s'analyse comme un processus, caractérisé par des règles du jeu instables, négociées, et en partie co-construites par les acteurs locaux. Le chapitre s'organise en quatre parties. Après avoir rappelé la genèse et les objectifs du programme des investissements d'avenir (1), nous développerons successivement trois arguments révélant la nature processuelle de la concurrence. Nous verrons d'abord que la définition de «l'excellence» au sommet de l'Etat est évolutive et qu'elle débouche sur des orientations floues obligeant la direction du PRES à des interprétations pour organiser la compétition (2). Nous montrerons ensuite que la communauté de chercheurs est diversement mobilisée par la compétition, le LabEx suscitant des désirs et des représentations variés chez les chercheurs (3). Enfin, bien que dans un second temps les critères de l'excellence se précisent, nous découvrirons qu'ils donnent lieu à des appropriations contrastées par les candidats (4).

Le programme des investissements d'avenir : un dispositif à double détente

Le PIA advient dans un contexte marqué par le lancement en 2007 de la révision générale des politiques publiques (RGPP), qui vise la baisse des dépenses et l'amélioration des politiques publiques, et se manifeste notamment par une politique drastique de réduction des fonctionnaires. La difficulté liée à la tension budgétaire que connaît la France depuis quelques décennies est en effet accentuée par la crise financière dite «des *subprimes*» de 2007 ayant frappé les institutions économiques et financières d'une large partie des pays de l'OCDE. Ce contexte de pénurie rend plus prégnante et incertaine la question des ressources pour les services publics, dont l'enseignement supérieur et la recherche.

Le secteur de l'ESR est en outre percuté par le classement «de Shanghai», qui propose pour la première fois en 2003 un classement des 500 «meilleures universités mondiales». Les universités françaises n'y apparaissent que faiblement. Le classement de Shanghai rencontre un succès immédiat: il est repris par les médias, les pouvoirs publics et une partie de la profession. Ce succès s'accompagne de contestations vigoureuses appuyées par des analyses en sociologie des sciences qui pointent son extrême polarisation sur des critères d'excellence scientifique, conduisant à ignorer la multi-dimensionnalité des missions universitaires (Larédo, 2007) et amenant à des distorsions de la perception de la qualité des universités (Gingras, 2008). Quoi qu'il en soit, ce classement a pour effet de projeter les universités françaises dans une comparaison mondiale difficile à esquiver. Les pouvoirs publics s'en emparent pour justifier leurs réformes (Loi 2006 de programme sur la recherche créant les PRES) ou comme un indicateur valable d'orientation politique, comme l'atteste un des objectifs assignés par le Président de la République à la ministre de l'enseignement supérieur: «l'amélioration du rang de nos établissements d'enseignement supérieur dans les classements internationaux, avec l'objectif de classer au moins deux établissements français parmi les 20 premiers et 10 parmi les 100[3].»

C'est dans ce contexte qu'en juin 2009, Nicolas Sarkozy annonce devant le parlement le lancement d'un grand emprunt national, qui est, dans l'esprit du parti au gouvernement de l'époque, le choc qu'il faut administrer à l'économie en réponse à la crise financière. L'élaboration des priorités du Grand Emprunt est confiée à une Commission présidée par deux anciens premiers ministres, Alain Juppé et Michel Rocard, chargée de mener les consultations et d'élaborer un programme d'action. Le rapport de la Commission est remis en novembre 2009 et met en avant sept priorités parmi lesquels l'enseignement supérieur et la recherche. Le montant total du Grand Emprunt s'élève à 35 milliards d'euros. Cinq priorités sont finalement retenues par le gouvernement, dont l'enseignement supérieur (à hauteur de 11 milliards) et la recherche (8 milliards). L'objectif est clair: il s'agit de «faire émerger une dizaine de campus d'excellence avec les moyens, la taille critique, les liens avec les entreprises qui leur permettent de rivaliser avec les meilleures universités mondiales» (Conférence de presse de N. Sarkozy du 14 décembre 2009). C'est le Programme des Investissements d'Avenir. La France s'est inspirée pour cet appel à projets d'un concours mis en œuvre une année auparavant en Allemagne: *l'Excellenz Initiativ*. Ce concours avait établi une compétition entre les universités pour un nombre limité de trois types de labels avec financements associés: les *graduate schools*, les *research centers*, ainsi qu'un label global pour les stratégies d'excellence décerné à un établissement dans son ensemble.

Le PIA est construit de manière similaire à *l'Excellenz Initiativ*, il se fait lui aussi sous les auspices de «l'excellence», qui émaille l'ensemble des textes et discours officiels dont il fait l'objet. Il présente cependant un nombre d'instruments plus importants. Les universités concourent d'abord pour l'obtention d'instruments ciblés sur un type de collaboration ou d'activité. Les laboratoires d'excellence (LabEx) visent à fédérer une ou plusieurs équipes appartenant à un ou plusieurs établissements sur une thématique ou un programme scientifique de leur choix, d'une durée de dix ans, pour un budget allant de 1 à 10 millions d'euros. Les équipements d'excellence (Equipex) dotent d'un «équipement de recherche de valeur intermédiaire (1 à 20 millions d'euros)» une ou plusieurs équipes ou

3 Lettre de mission de M. Nicolas Sarkozy, Président de la République, à Mme Valérie Pécresse, ministre de l'enseignement supérieur et de la recherche, sur les priorités en matière d'enseignement supérieur et de recherche, le 5 juillet 2007.

établissements autour d'objectifs scientifiques. D'autres instruments ciblent spécifiquement certains secteurs de la recherche : les Institut de Recherche Technologique pour la recherche appliquée, les Instituts Hospitalo-Universitaires et les Cohortes en médecine, ou encore les projets en biotechnologies. Ils visent eux aussi à structurer des coopérations entre plusieurs entités, publiques et privées, l'association d'entreprises aux projets et la valorisation économique étant des leitmotivs du PIA.

Après une première phase de compétition de quelques mois, dédiée à ces instruments, est lancé un appel à proposition pour les Campus d'excellence, peu après rebaptisé Initiative d'excellence (IdEx). Ce label, doté du plus gros financement se comptant en centaines de millions d'euros, est contingenté à une dizaine de groupements d'établissements (PRES) qui présenteront à la fois une masse critique et une qualité scientifique élevée dans plusieurs secteurs dont témoigneront les succès à la première phase de l'appel à projet (nombre de LabEx, d'Equipex, etc. obtenus). Les groupements qui postulent à l'IdEx doivent présenter un projet, une stratégie globale dotée d'une gouvernance adaptée, traitant de l'ensemble des missions de l'université : recherche, formation, vie étudiante, diffusion de la culture scientifique. Cet ensemble d'appels à projets constitue la première vague du PIA, une deuxième édition devant être lancée en 2011.

Sur le plan opérationnel, la Commission Juppé-Rocard préconise initialement de confier les fonds à l'Agence Nationale de la Recherche (ANR) afin que les financements alloués au Grand Emprunt soient autonomes des budgets ministériels et d'éviter ainsi le risque d'une dispersion dans l'allocation des moyens ; elle prévoit en parallèle la création d'un comité de surveillance auprès du premier ministre. Mais le ministère de l'enseignement supérieur et de la recherche réagit contre cette option craignant que l'ANR ne bénéficie des pleins pouvoirs sur l'administration du programme (Gally, 2014). L'exécutif présidentiel décidera finalement de la création d'un Commissariat Général de l'Investissement (CGI), pouvant être compris comme le fruit d'un compromis entre une délégation totale aux agences et la création d'un ministère du Grand Emprunt (Gally, 2014). Le Grand Emprunt sera *in fine* piloté par un Commissariat Général de l'Investissement (CGI) rattaché au premier ministre, composé d'experts du privé et du public (dont un certain nombre d'universitaires), qui coordonne l'action des opérateurs du programme d'investissements. La rédaction des appels à projets (i.e. les cahiers des charges) est assurée par le MESR et fait l'objet de navettes de co-validation par le CGI. L'évaluation et la sélection des projets, notamment l'organisation des jurys internationaux chargés de l'examen des propositions, sont confiées à l'ANR.

A LA RECHERCHE DE L'« EXCELLENCE »

Entre l'annonce présidentielle du Grand Emprunt en décembre 2009 et la publication des premiers appels d'offre du Programme des Investissements d'Avenir fin juillet, il s'écoule six mois durant lesquels le mot « excellence » – véritable balise des discours politiques et des présentations du PIA – va faire l'objet de définitions successives où se joue le périmètre d'inclusion (ou le degré de sélection) des acteurs de l'enseignement supérieur. Il s'agit d'un marqueur de la politique gouvernementale en matière d'enseignement supérieur et de recherche conduite à travers le PIA qui en indique l'ambition et qui fera l'objet de batailles, d'interrogations et d'interprétations au niveau national.

Bataille autour de l'excellence : un aménagement de la concurrence

Dans son discours fondateur du 14 décembre 2009, Nicolas Sarkozy affirme sa conception de l'excellence :

> « Avec les meilleures universités du monde, nous nous préparons à gagner la bataille de la compétitivité. Ces universités recevront après un processus de sélection rigoureux et peut-être même une période probatoire, des dotations [...] autour d'un milliard [...] L'essentiel permettra de doter les universités bénéficiaires d'un capital générateur de revenus à l'image de ce qui se fait dans les pays où les universités sont au premier rang de la performance mondiale ».

Aussi, pour l'exécutif présidentiel, la politique des investissements d'avenir vise-t-elle à distinguer un nombre restreint de pôles universitaires aptes à rivaliser avec les meilleures universités du monde. Ce discours énumère également les conditions de cette excellence, parmi lesquelles : la « nouvelle gouvernance », la « contractualisation », l'« autonomie », les « partenariats avec les entreprises ».

A la suite du discours du président de la République, la Conférence des Présidents d'Université (CPU) critique une vision « étroite » de l'excellence qui risque de creuser l'écart entre les grandes universités qui retireront tous les bénéfices et les plus petites qui, au mieux, seront condamnées à « survivre et à se disputer quelques lots de consolation » (Lettre de la CPU, 21 décembre 2009). L'excellence, oui, à condition que toutes les universités puissent bénéficier des subsides de l'Etat pour continuer à se développer. La modération du concept d'excellence par la CPU tient largement à la composition de cette dernière. La CPU est une instance créée en 1971 qui s'est peu à peu émancipée de la tutelle ministérielle (elle n'est plus présidée par le ministre de l'enseignement supérieur depuis la loi LRU de 2007). Elle se définit comme « une force de proposition et de négociation auprès des pouvoirs publics» et un porte-parole de ses établissements. Association loi 1901, elle représente l'ensemble des universités françaises (y compris les écoles normales supérieures). Sa position est donc dictée par une légitimité assise sur la pluralité des établissements (petits, grands, mono ou pluridisciplinaires, technologiques ou non) représentant une large part des opérateurs et une écrasante majorité des étudiants scolarisés. La CPU ne peut pas défendre officiellement une position visant à privilégier quelques élus (10 % environ des établissements) sans trahir ce qu'elle est. En creux, sa position consistera à transiger sur un appel d'offre IdEx relativement sélectif (convoité par les universités les mieux dotées qui savent qu'elles sont en position de répondre avec des chances de succès) en contrepartie d'une distribution plus large de Labex, d'Equipex et des autres instruments de financement à travers le territoire.

L'autre sujet sur lequel la CPU se mobilise est celui de la «nouvelle gouvernance». Pour prétendre au statut de «Campus d'excellence», il était prévu que les universités candidates adoptent les modes de gouvernance décrits par le rapport Aghion (2010). Ce rapport préconise, en bref, de s'inspirer du mode de gouvernance des universités américaines basé sur un conseil d'administration – composé exclusivement de personnalités externes – associé à un Sénat académique. La CPU s'élève contre cette proposition, arguant que la loi LRU avait donné lieu trois ans auparavant à de nombreux changements des organes de gouvernement des établissements et qu'il convenait de ne pas bouleverser les équilibres nouvellement établis.

Entre janvier et juillet 2010, le dispositif initialement décrit par le Président de la République est largement amendé dans le sens souhaité par les universitaires. C'est le 2 avril 2010 que les premiers contours officiels du PIA sont donnés par la Valérie Pécresse à l'occasion du colloque annuel de la CPU. Sont détaillés les différents instruments du PIA (voir *supra*), leur nature et leur articulation. La ministre réaffirme l'excellence comme principe de sélection, tout en modérant sa portée en précisant que chaque université «doit pouvoir trouver sa place dans le dispositif». Fin mai elle déclare, à propos de la gouvernance, qu'il «n'y aura aucune gouvernance ou schéma imposé mais partout où cela est possible les *logiques collaboratives* doivent l'emporter». Le 1er juin, lors de la réunion d'information organisée pour les universitaires au MESR, ces infléchissements sont encore plus nets, puisque la ministre insiste sur la diversité des formes de l'excellence tout en reconnaissant que ce point a «parfois paru ambigu»:

> «L'excellence, qui vous le savez, est le critère de tous ces appels à projets, c'est à la qualité de vos projets qu'elle se mesure, et non à la taille, au prestige ou à l'ancienneté des établissements auxquels vous êtes rattachés. Ce qui importera,

> ce sera donc l'originalité et la fécondité des projets [...]. Rien n'est *a priori* exclu du périmètre des investissements d'avenir, vous êtes donc par conséquent tous candidats légitimes aux appels à projets, quels que soient votre statut, votre discipline, votre laboratoire ou votre établissement [...]. Viser l'excellence pour une équipe de recherche, pour un laboratoire, et même pour une université ou pour un campus, c'est engager une dynamique profonde pour accroître sa visibilité. ».

Les déclarations de la ministre encouragent ainsi l'ensemble de la communauté universitaire à répondre aux appels à projets du PIA. Elle insiste notamment sur deux points : l'importance de la qualité des projets indépendamment du prestige de leur établissement ou unité d'appartenance, mais aussi sur la dimension collaborative desdits projets.

La mise en concurrence a donc subi un premier aménagement sous la pression de la profession : la définition de l'excellence a ainsi été transformée et déplacée d'une *institution* de type entrepreneuriale vers un *projet* doté de qualités (collaboration, originalité, fécondité).

L'entrée du PRES Capitale dans la course aux LabEx : interpréter les contenus et règles du jeu de l'excellence

Les établissements du PRES Capitale se mobilisent tôt dans la réponse au PIA, dès début 2010, concomitamment à la création du PRES datée du 13 février 2010. Les présidents des universités et directeurs des établissements membres du PRES annoncent le lancement du PIA à leurs équipes en janvier 2010 et des points d'information sont faits aux conseils scientifiques en février. A l'instar d'autres universités (Mignot-Gérard, 2012), la mobilisation précoce dans le PIA se justifie d'abord par l'enjeu que représente celui-ci pour la visibilité des communautés scientifiques et les gains financiers conséquents attendus.

> « Que penser du Grand Emprunt ? Je suis comme tout le monde. Voir passer des sommes comme ça, ne pas les avoir, ne pas entrer dans la compétition, c'est suicidaire. » (Vice-président du conseil scientifique, UniCentre2)

L'investissement en amont dans la compétition s'explique en outre par le fait que le PRES Capitale vise la labellisation IdEx dès la première vague, qui exige d'engranger plusieurs succès à l'appel d'offre LabEx. Aiguillés par les indications de la ministre et désireux de profiter du PIA pour construire le PRES, les exécutifs universitaires poussent les chercheurs à fabriquer des projets inter-établissements.

> «On a validé le PRES quelques mois avant le lancement des appels d'offre. [...] On était dans la logique de construction du pôle recherche du PRES. [...] Avec les investissements d'avenir on a eu en rafale une multitude d'appels d'offre. La réflexion a commencé sur les LabEx bien avant le lancement de l'appel d'offre. On avait des infos par des réunions organisées par la ministre, le rectorat, même la préfecture... On avait des infos et des annonces contradictoires. Mais on a fait avec, on a essayé d'interpréter ce que pourraient être les appels d'offre, pour anticiper au mieux... On a réfléchi entre VP CS et parallèlement le bureau du PRES avait réfléchi à des projets intéressants pour la recherche mais aussi pour la construction du PRES, des projets ayant une dynamique collaborative au sein du PRES.» (Vice-président du conseil scientifique, UniCentre2)

Du fait du flou des orientations ministérielles et en l'absence du texte de l'appel à projets qui ne paraîtra que six mois plus tard, la direction du PRES se met activement à la recherche d'informations auprès du MESR et du CGI afin de mieux cerner les attentes des deux opérateurs pour l'évaluation des projets. Elle s'appuie pour cela sur le réseau relationnel de son directeur du développement. Au cours de ces interactions, il s'agit non seulement pour le PRES d'anticiper l'appel à projets, mais aussi de faire valoir ses compétences aux tutelles en participant à l'ingénierie des projets. Afin de démontrer sa capacité à élaborer des critères de jugement et à filtrer les projets en amont, le PRES met sur pieds une instance interne de pré-évaluation, le Comité d'Orientation Scientifique et Pédagogique (COSP), composé de personnalités scientifiques reconnues et primées (dont deux Prix Nobel, deux professeurs au Collège de France et un médaillé d'or CNRS). Le COSP est chargé d'évaluer les propositions émanant des équipes, qui doivent ensuite être validées au comité de direction lequel réunit les chefs d'établissements et le président du PRES Capitale.

> «Le canevas général du directeur du développement qu'on a suivi, on voulait montrer au CGI qu'on était capable de réguler, [qu'on avait une] capacité de structuration en interne, donc [de] déposer un nombre limité de projets bons, acceptables. Parce que derrière, il y avait le travail de lobbying du directeur du développement auprès du CGI pour dire: "regardez on a bossé pour vous, on a pré-évalué les projets".» (Ingénieur Projet, PRES Capitale)

Trente projets de LabEx vont remonter et être soumis au COSP début juillet. S'organisent alors des discussions entre le PRES et les porteurs de projets. Pour reprendre la formule des protagonistes, il s'agit alors d'une phase de «maturation-sélection», au cours de laquelle le tandem COSP/directeur du développement travaille en étroite collaboration pour conseiller sur les orientations scientifiques, proposer des ré-appariements ou des regroupements, voire réécrire des projets.

A ce stade, le PRES conçoit donc le « laboratoire d'excellence » comme une entité fédératrice porteuse d'un projet de haute qualité scientifique. Les résultats du concours LabEx montreront *a posteriori* que la dimension collaborative n'a pas toujours payé.

> « Ce qu'on peut dire aussi, on était parti sur une philosophie, manifestement une erreur, une philosophie PRES : favoriser les projets inter-établissements, interdisciplinaires… Quand on regarde les projets retenus par le jury, c'est pas ce qu'ils ont retenu. […] Mais on a fait une erreur, le grand emprunt c'est pas fait pour construire le PRES. Pour prendre un exemple on a eu le LabEx X, le LabEx Y, ce sont des projets complètement mono-thématiques. Le projet pluri-Z était bon. Il n'a pas été retenu. On a quelque part confondu la construction du PRES et le concours LabEx. Quand on nous dit "structurant", c'était pour nous le PRES. » (Vice-président du Conseil Scientifique, UniCentre1)

Dans les six premiers mois de la compétition, l'objet « LabEx » présente donc des caractéristiques assez floues. Les assouplissements de la notion d'excellence et des critères de sélection concédés par la ministre aboutissent à des positions vagues et difficiles à opérationnaliser par les acteurs locaux. Le PRES Capitale, qui vise simultanément la labellisation LabEx et IdEx, stimule et sélectionne donc des projets aptes à conjuguer « qualité scientifique » et « effet structurant ».

Du côté des chercheurs : désir inégal de LabEx et auto-sélection

Outre que les règles du jeu sont peu claires et sujettes à la production de règles locales par les équipes de direction du PRES, les scientifiques n'ont pas tous la même représentation de l'objet de la lutte – le LabEx –. Les valeurs et conceptions de la science que celui-ci charrie, l'intérêt financier qu'on lui associe, expliquent l'intérêt plus ou moins grand que les universitaires et chercheurs lui accordent.

Le LabEx est d'abord porteur d'une charge symbolique et politique forte. Comme on l'a dit précédemment, le PIA incarne une rupture dans les modes d'action de l'Etat sur le système d'enseignement supérieur français et suscite des oppositions au sein de la communauté universitaire. C'est ainsi que dans le PRES étudié, certaines équipes, qui disposent pourtant d'atouts scientifiques pour entrer dans la compétition, décident de ne pas se porter candidates. Le boycott du PIA est alors justifié par des prises de positions politiques ou syndicales et ou par des conceptions de la recherche publique radicalement en opposition avec le principe du financement par projets et la concentration des moyens.

> «Il y a des équipes qui ne voulaient pas aller dans le Grand Emprunt. Mais leurs discours sont connus : 'le grand emprunt déstabilise nos unités de recherche'. Il y a aussi des opinions qui sont *a priori* contre le système d'appel à projet, d'appel d'offre, et qui ne voulaient pas répondre. Nous on a répondu à ces collègues 'on vous comprend, mais que voulez-vous qu'on y fasse ?'» (Vice-Président du Conseil Scientifique, Unicentre2)

Si ce cas de figure traverse les disciplines des sciences du vivant aux humanités, la culture disciplinaire est également structurante pour saisir le degré de réactivité et d'adhésion aux appels à projet LabEx. Si le nombre de projets déposés par le PRES Capitale en SHS (6 projets sur 16 au total) reflète peu ou prou son potentiel de recherche dans ce secteur (environ 2200 chercheurs et enseignants-chercheurs SHS sur 5600 au total), les témoignages recueillis dessinent un clivage entre les chercheurs du secteur des sciences de la vie et celui des sciences humaines et sociales. Dans le domaine des sciences appliquées et de la médecine, le LabEx constitue un passage obligé pour sécuriser des financements pérennes.

> «Je suis quelqu'un [qui estime que] en recherche la compétition est normale, la recherche de l'excellence ne peut se faire sans la compétition. Et je pense que la France n'est pas le pays où il y a les plus grands moyens de recherche. Il fallait faire quelque chose. J'espère que ça ne va pas être repris d'un autre côté à l'ANR, comme le disent certaines rumeurs. Je pense que ça s'est fait très vite… Et que les sites ont été mal servis. Il y aura un site très bien financé et d'autres pas du tout. Par exemple ici il y a 6 ERC[4], dont 3 sont sur des unités qui sont en dehors de l'Institut Hospitalo-Universitaire ; avec le Grand Emprunt, il y aura 170 M€ ciblés que sur les unités de l'IHU. C'est beaucoup d'argent. La France ne met pas les moyens suffisants. Ici, vous avez vu. On est sur un site mondial. Les locaux vétustes. C'est l'histoire de l'attractivité. L'idée que c'est l'excellence et que ça ne peut pas être fait partout, je suis d'accord avec ça.» (PU-PH, UniCentre1)

De leur côté, les représentants du secteur SHS sont plus prudents, la plupart des enquêtés soulignant l'importance des coûts de coordination de telles structures au regard des bénéfices attendus. Les chercheurs en SHS interrogés assimilent souvent le LabEx à un surplus de bureaucratie, pour des disciplines qui peuvent fonctionner avec des moyens financiers relativement plus modestes que dans d'autres secteurs.

> «Ça été plus vite en médecine qu'en lettres et SHS parce que euh…. j'en sais rien… Mais pour les collègues de SHS les LabEx ça apparaît comme des superstructures

4 Les ERC désignent ici les financements sur projets alloués par l'European Research Council, considérés par la communauté scientifique comme les financements publics parmi les plus sélectifs et rémunérateurs.

qui se rajoutent aux structures existantes. Ils ont pris ça avec pas mal de distance, en disant : "il faut y aller, on va aller à la soupe, on verra après". Le PRES lui-même se présente comme un rajout d'anti-production, d'exigence de rendus, de machines [...]. Maintenant ces structures doivent vivre pour elles-mêmes, c'est de l'anti-production. Tout ça c'est on reçoit des mails, on répond, c'est de l'administration, c'est pas du travail, c'est pas de la recherche. C'est la bureaucratie. » (Directeur d'une unité SHS, Unicentre2)

Côté SHS, outre l'anticipation d'un apport marginal de ressources financières à travers l'obtention d'un LabEx, l'acquisition de ressources réputationnelles associées au label semble moins attractive que pour d'autres domaines. Dans la mesure où la production scientifique est plus individuelle, les mécanismes de reconnaissance le sont aussi, comme le rappelle ce chercheur.

« J'ai senti que je ne devais pas empiéter sur ce projet de laboratoire. J'ai été un peu vexé que la responsable du projet de LabEx Y ne me prenne pas, mais j'ai mes publications. Je publie beaucoup, je suis connu à l'étranger et je me débrouille très bien sans ça. » (Enseignant-chercheur en Linguistique, directeur d'UFR, UniCentre2)

Un troisième élément peut être avancé pour expliquer l'implication plus prudente des Sciences humaines et sociales du PRES Capitale dans la course au LabEx : les trois quarts des chercheurs de ce domaine sont aussi des enseignants – alors qu'en Sciences dites « dures », chercheurs et enseignants-chercheurs sont à parité – qui doivent assumer des responsabilités chronophages de pédagogie et de pilotage de filières de formation. L'abandon du projet de LabEx en sociologie (un mois avant la parution de l'appel à projets) porté par des enseignants-chercheurs d'UniCentre1 illustre ce constat et révèle la fragilité de la mobilisation d'entrepreneurs de LabEx dans le secteur SHS.

« Notre président disait que c'était pour construire le PRES... Rétrospectivement, ça a manqué de signaux forts pour motiver la base de l'université, c'est-à-dire les enseignants-chercheurs qui ne sont pas en charge particulière, qui ne sont pas dans les instances... *Même pour obtenir des moyens ?* Oui, mais c'est le propre des SHS et de l'Histoire. Beaucoup de sociologues estiment ne pas avoir besoin de moyens. Les autres estiment que les appels d'offre existants suffisent. Le problème d'un universitaire en sociologie, on sait qu'il y a de l'argent, notre problème c'est de trouver le temps pour faire le montage d'un ANR, d'un INCa[5], d'un appel d'offre européen. Il faut voir aussi la chronologie spécifique de UniCentre1. En 2008-2009 on sortait du bilan et projet quadriennal. Moi j'avais fait beaucoup, et là arrivent les LabEx et Idex... Et quand est-ce qu'on fait de la recherche et

5 Institut National du Cancer

l'enseignement… ça a compté pour moi… C'est quand même un flux permanent de bilan, projets, bilans, projets… Lassitude… J'étais incapable de verbaliser le LabEx devant les collègues… » (Professeur de Sociologie, UniCentre1)

Comme l'exemplifie ce précédent témoignage, c'est souvent la conjonction de deux facteurs qui a découragé les chercheurs d'entrer en compétition : le faible rendement (financier et symbolique) anticipé du LabEx et le manque de temps et d'énergie à y consacrer, suite aux efforts dépensés dans des missions d'enseignement et d'évaluation. L'analyse du comportement des chercheurs révèle ainsi que tous n'entrent pas en compétition, quand bien même ils sont poussés par les équipes de direction pour monter des projets. L'attrait de l'objet en concurrence varie donc en fonction de plusieurs facteurs, parmi lesquels les valeurs des chercheurs, la nature du travail universitaire et les cultures épistémiques jouent un rôle central.

La note AERES des unités de recherche : un critère de sélection controversé et plus ou moins restrictif

Les règles du jeu de la compétition et les contours des LabEx vont se clarifier lorsque, le 31 juillet, paraît le cahier des charges de l'appel d'offre LabEx. Celui-ci précise que « les candidats devront être des équipes ou un réseau d'équipes de haute qualité scientifique telle qu'évaluée par l'AERES ». La notion d'excellence, omniprésente dans les discours mais jamais explicitée jusque-là, est enfin définie par un indicateur : la notation AERES des laboratoires qui va de A+ à C. A la suite de ce durcissement des règles, les différents acteurs vont en faire des usages stratégiques variés, en fonction de leur position relative sur l'échelle de prestige scientifique.

Dans sa première évaluation, le COSP avait présélectionné une vingtaine de projets dont certains impliquaient des équipes notées B par l'AERES. Lors de la parution de l'appel à projets, les équipes de direction des établissements et celle du PRES sont consultées sur la stratégie à suivre dans la finalisation des projets (la date limite de dépôt est fixée à novembre 2010) et appelées à prendre position. Des débats internes se font jour quant à la question de savoir si les équipes notées B associées aux projets de LabEx peuvent ou non rester parties prenantes. Deux camps s'affrontent. Une partie du COSP et la direction administrative du PRES forment une première coalition contre un usage mécanique de la note AERES pour décider des équipes participant aux LabEx : les membres du COSP font valoir que la note AERES ne peut être considérée comme une mesure exclusive de la qualité, et certains membres de la direction du PRES estiment qu'une stratégie inclusive doit être privilégiée. Un second groupe – représenté par les présidents d'*UniCentre1* et le directeur de *GrandEtablissement*, soit les établissements les plus prestigieux du PRES – juge cette stratégie trop risquée et plaide pour une application stricte du critère AERES.

> «A notre grande surprise, les collègues du COSP ont dit, une équipe B n'est pas forcément une mauvaise équipe. La réunion du bureau a considéré qu'on prenait un très grand risque en présentant des équipes classées B. Pour le projet X, on avait un porteur de très haute qualité, le problème c'est que les jugements de l'Aeres qui dataient de la première année, étaient fragiles. C'est une discussion qu'on a eue très tôt avec le VP CS, est-ce qu'on allait associer les équipes B aux projets? On savait que certaines n'avaient pas démérité, qu'elles s'étaient améliorées. Mais on a fini par considérer que c'était difficile de les mettre. L'intensification de la compétition a fait que le critère A et A+ est devenu de plus en plus important. Au sein du bureau, les présidents d'*UniCentre1* et de *GrandEtablissement* considéraient que c'était un risque trop élevé. La philosophie générale du PRES, qui est présentée par beaucoup, c'est: ne faisons pas quelque chose d'élitiste, essayons d'amener la périphérie au même niveau que le centre. Mais la philosophie du grand emprunt, de concentrer, c'est une logique qui va en sens inverse. L'appel à projet avait un instrument qui était l'effet d'entraînement. Le constat dans l'enseignement c'est que le fossé se creuse entre l'élite et le peuple.» (Président du COSP)

Les directions des établissements parviennent finalement à un consensus minimal: seules les équipes notées A+ par l'AERES pourront être porteurs de projets LabEx. La question de savoir si des équipes moins bien cotées (A ou B) peuvent être parties prenantes n'est pas spécifiée dans l'appel à projets et donne lieu à une position plus ambiguë du bureau du PRES, laissant des marges d'interprétation aux vice-présidents recherche. Ainsi, pour certains vice-présidents comme celui d'*Unicentre1*, le critère A+ est impératif pour l'ensemble des équipes associées aux projets LabEx. Soulignons que dans cette université, le président avait, dès le lancement du PIA, sollicité la candidature de ses unités de recherche notées A+, anticipant que la «cotation» (sic) serait déterminante pour avoir des chances de l'emporter.

> «Pour le projet N., classé C par le COSP en première évaluation, on a beaucoup plus travaillé avec eux. Ils avaient beaucoup d'états d'âme politiques, notamment pour exclure les équipes B. Il y a eu beaucoup d'allers retours. Ça a posé problème d'ailleurs à l'université. Quels problèmes? C'était pas A, c'était même écrit A+. Ça a posé un problème politico-philo-scientifique. Certains disaient: "nous on n'est pas d'accord qu'il n'y ait que les équipes A+, on veut des équipes A". En face il y avait l'argument stratégique d'être dans les clous, que c'était un critère éliminatoire.» (Vice-Président de la Recherche, UniCentre1)

A *UniPeriph*, le mot d'ordre a été plus souple, autorisant même des équipes B à rejoindre certains projets.

> «Il y a eu un débat au sein du bureau du PRES et entre VP CS sur : faut-il associer des équipes classées B à des projets ? La réponse a été non, sauf exception. Ça a créé des tensions au sein d'autres LabEx du PRES où des équipes d'*UniPeriph* classées B avaient été impliquées. Le classement des équipes était-il un critère selon vous ? C'était affiché assez clairement par la ministre et l'appel d'offre que les équipes classées A+, voire A pouvaient participer aux LabEx. Pour être honnête, on s'est retranché derrière ça [pour écarter certains projets]. Il y a des exceptions quand même où des équipes de labos B ont été intégrées dans des projets de LabEx parce que la thématique du LabEx les rendait indispensables. Par exemple sur le projet I, des économistes classés B ont été intégrés, d'ailleurs, il y en a d'autres à *UniPeriph* qui sont dans un LabEx en biologie médecine. Il y a quand même eu quelques débats au conseil d'administration et des gens réservés.» (Vice-Président de la Recherche, UniPeriph)

La note AERES a également été mobilisée dans les négociations au sein du PRES sur le périmètre des projets LabEx. Des établissements au sommet de l'échelle de prestige se sont saisis de ce critère pour exclure certaines équipes membres d'établissements partenaires du PRES.

> «Le texte incontournable est tombé pendant l'été. Vous savez que dans un premier temps on nous disait : il faut 100, 150 personnes (pour un LabEx). Puis le COSP a dit qu'il fallait réduire la voilure. Dans le LabEx G., on a dû sortir des collègues, même après une première cure, *GrandEtablissement* nous a dit qu'on en avait encore trop... Les critères utilisés étaient A+, A, B.» (Vice-Président de la Recherche, UniPeriph)

Bien que l'appel à projet précise que la sélection sera adossée à la note AERES des laboratoires, la recommandation reste donc sujette à interprétations quant à son degré d'application et laisse encore aux acteurs locaux des marges d'appréciation. Les différents établissements du PRES Capitale optent pour des stratégies diverses, résultant d'un calcul bénéfices/risques, fondé sur leurs ressources inégales pour y satisfaire.

Comme les exécutifs présidentiels, les chercheurs font un usage stratégique de la note AERES pour exclure certaines équipes dans la seconde phase de la compétition. Il apparaît à nouveau que les chercheurs bénéficiant des positions scientifiques les plus avantageuses ont été les plus enclins à se saisir de ce critère pour maximiser leurs chances de réussite.

Certains projets se sont construits d'emblée exclusivement avec des équipes A+, y compris en allant les chercher en dehors du PRES, enfreignant ainsi le principe de construction de LabEx inter-établissements (voir *supra*). D'autres les ont exclus au cours du processus d'élaboration des projets.

> «Le COSP et le PRES nous ont conseillé de diminuer les équipes B, même s'ils ont dit clairement que ce n'était pas un empêchement pour le projet... Certes, nous n'avons pas pris de risques, pour des raisons diverses et variées, on a supprimé, enlevé toutes les équipes B. [...]. Au moins, c'était un justificatif, et on s'appuyait sur un commentaire du COSP. Et ça, je pense que ça sert, parce que j'ai appris que d'autres ne l'ont pas fait et ils ne l'ont pas eu [le LabEx]. Il est clair que cette évaluation était importante, c'était un critère de sélection.» (Professeur de médecine, lauréat, UniCentre1)

A l'autre bout du spectre, certaines équipes notées B se sont auto-censurées, estimant leurs chances trop limitées face à des équipes voisines candidates satisfaisant les critères affichés.

Ainsi, l'irruption d'une mesure synthétique de la qualité (la note AERES des laboratoires), explicitement mobilisée pour la sélection des projets, ne tarit ni les débats au sein du PRES, ni les interprétations par les différentes compétiteurs et leurs négociations internes, bien au contraire. Cela s'explique de deux manières. Premièrement, si l'appel à projets invoque ce critère, il laisse de la marge aux acteurs quant à son opérationnalisation: en particulier, ceux-ci doivent définir si ce critère s'applique exclusivement aux porteurs de projets ou à l'ensemble des équipes participantes. En second lieu, les acteurs se saisissent de manière variable de la mesure: ceux qui s'y conforment et ou bénéficient d'une rente de prestige en font une application stricte et la mobilisent pour exclure les autres; ceux qui occupent des positions plus moyennes dans la hiérarchie sont contraints de se montrer plus inclusifs.

Conclusion

Mis en œuvre dans le secteur de l'enseignement supérieur et de la recherche au tournant des années 2010 en France, le programme des investissements d'avenir est emblématique de l'action publique de la cité néo-libérale: il institue un «gouvernement par les instruments» (Lascoumes et Le Galès, 2004) qui procède par mise en concurrence des acteurs et s'appuie sur des indicateurs quantitatifs (Desrosières, 2012). Ce nouveau management public s'impose-t-il pour autant comme une «cage de fer» aux universités et à leurs communautés académiques?

Notre analyse de la course aux LabEx au sein d'un Pôle de Recherche et d'Enseignement Supérieur invite sérieusement à nuancer cette perspective. Tout d'abord, les objectifs fixés aux compétiteurs sont mouvants et objets de négociations intenses au plus haut sommet de l'Etat : la définition de compromis de l'excellence au niveau national débouche sur des imprécisions qui obligent les acteurs locaux à composer leurs propres règles d'éligibilité et de sélection des candidats internes. Loin de la vision d'un « gouvernement à distance », on a pu mettre en lumière le rôle joué par la direction du PRES, qui se pose en véritable organisateur et médiateur de la concurrence entre l'Etat et les communautés académiques. Ensuite, lorsque les règles de la compétition se stabilisent et se concrétisent par des mesures quantifiées, ces dernières rétroagissent sur les acteurs, mais pas de manière univoque : si l'évaluation quantifiée de la qualité académique suscite des comportements de conformité (qu'elle procède d'une incitation à ou d'un refus de concourir), elle n'empêche pas certains acteurs de s'en départir en jouant sur ses imprécisions irréductibles. Aussi l'entrée en compétition peut-elle se lire comme le résultat de stratégies d'anticipation inscrites dans une configuration singulière de ressources et de contraintes spécifiques, parmi lesquelles le statut scientifique, les interactions et négociations avec les partenaires et concurrents locaux jouent un rôle central. Le cas de la course aux LabEx montre enfin que l'objet en concurrence, loin d'être neutre, est chargé en significations politiques, matérielles et scientifiques, qui le rendent plus ou moins désirable aux yeux des compétiteurs potentiels. Aussi la très grande hétérogénéité de la profession académique (Paradeise, 2011) en termes de statuts administratifs, de cultures épistémiques, d'engagements politiques et de ressources scientifiques, constitue-t-elle la limite la plus nette à l'imposition d'une concurrence pure et parfaite pour l'accès aux financements publics.

Ainsi et plus généralement, l'analyse des positions des universitaires lors de la compétition LabEx invite à nuancer la thèse classique qui consiste à opposer d'un côté des « managers universitaires », relais supposés des orientations du nouveau management public et, de l'autre, une profession universitaire prétendument unifiée. Notre étude met au contraire en lumière à la suite d'autres (Gumport, 1993 ; Musselin, 2013) l'existence d'une élite universitaire qui participe, de manière indépendante ou aux côtés de certains managers, au renforcement des hiérarchies préétablies au sein de la communauté académique.

Postface

Denis Segrestin

Sur une question telle que la concurrence, comment échapper tout à fait à l'emprise de l'économie ? De prime abord, le phénomène de la concurrence nous renvoie à l'image idéal-typique – au demeurant suggestive et belle – de la « place de marché ». Fernand Braudel voyait dans la place de marché l'espace initial d'une « économie de marché » émergeant peu à peu d'une « économie de survie » dans laquelle les producteurs ne se souciaient pas encore de doter ce qu'ils produisaient d'une valeur d'échange. La place de marché, c'est par essence le lieu de l'échange et de la concurrence, où celui qui garnit son étal se prête à la confrontation directe de ce qu'il exhibe avec ce qu'exhibent ses voisins. Sur la place de marché, c'est le produit lui-même qui « parle » et que le client soupèse, mais pas seulement : le marchand parle lui aussi, ainsi que son étal, plus ou moins vaste et fourni. Le marchand inspire ou non confiance au passant, dit son prix, accepte ou non de « marchander »... Ce n'est pas un hasard si le présent ouvrage s'arrête sur une place de marché d'aujourd'hui : ce salon international d'échange de programmes télévisés. On y voit les acteurs du marché se prêter à la mise en scène de leur commerce, à l'aide d'une « plateforme » (extension électronique de la rencontre physique des protagonistes) grâce à laquelle l'organisateur se fait fort de « faire parler » les programmes, ceux qui les conçoivent et ceux qui sont venus « faire leur marché ».

À propos de l'économie d'aujourd'hui, une autre représentation de la concurrence surgit, typique de l'activité industrielle : les directions des achats établies dans les grandes sociétés, chargées d'identifier, puis de sélectionner les fournisseurs dont celles-ci vont s'entourer. Sur ces marchés intermédiaires, les acheteurs sont par excellence des agents de l'organisation de la concurrence. Présupposant qu'en économie ouverte, les partenaires potentiels de la firme sont multiples et interchangeables, ils élaborent les batteries d'indicateurs qui permettront de les comparer ; ils portent à la connaissance des fournisseurs déjà en place que des *outsiders* sont en état de les remplacer, les poussant ainsi à baisser leurs prix ou à monter en qualité. Tel *outsider* est appelé à travailler aux côtés d'un fournisseur attitré, de sorte que le moment venu, l'un et l'autre se retrouveront à égalité pour prétendre à de nouveaux contrats.

Faut-il croire que, du fait-même de leur extrême diversité, les travaux présentés dans cet ouvrage échapperaient à ces figures de la concurrence tirées de «l'économie normale»? On plaidera plutôt le contraire. Au fond, les situations que ces travaux nous rapportent attirent notre attention sur deux phénomènes remarquables. Le premier, explicitement mis en avant par les promoteurs de ce projet, tient au constat que de nos jours, le moteur de la concurrence anime une part croissante de l'activité humaine, comme en atteste sa propagation progressive de la sphère marchande vers le champ de l'action publique. Le second nous ramène de façon paradoxale à la «place de marché»: dans leur diversité, ces situations nous confirment que les états de concurrence ne sont *jamais* réductibles à cette arithmétique simple qu'y perçoit de prime abord le sens commun. Jamais les places de marché n'ont été des «places de marchés parfaits» où les échanges s'opèrent dès lors que les valeurs s'équilibrent. Dans l'industrie, même quand l'hégémonie des donneurs d'ordres sur leurs sous-traitants est avérée, l'acheteur n'agit jamais comme s'il déplaçait des pions sur un échiquier. Dans tous les cas, les situations de concurrence sont des scènes d'action singulières, «situées» dans l'espace et dans le temps. Les acteurs qu'on y rencontre sont multiples; les règles à l'œuvre jamais totalement arrêtées. Presqu'inéluctablement, elles sont des *dispositifs politiques ouverts* soumis à des rapports de forces contingents – comme en atteste plaisamment le récit qui nous est fait de ce salon des programme télévisés où les producteurs dominants (vendeurs et non pas acheteurs!) prennent finalement l'affaire en main en la soustrayant à celui qui en était initialement le garant.

On reviendra succinctement sur le constat premier auquel nous mène l'ouvrage: dans nos sociétés, le levier de la concurrence se fait omniprésent. Ramenons cela à trois arguments. D'abord, les places de marché s'élargissent. On n'est pas étonné du contexte dans lequel les collègues ont observé ce salon de programmes télévisés: celui-ci se tient en Europe Centrale; on y voit les Majors américaines en quête d'une extension de leurs affaires au-delà des aires où elles ont déjà leurs entrées. Ce type de circonstances abonde: récit nous est fait des efforts déployés par une enseigne de produits biologiques pour conforter sa stratégie face à l'emprise de la grande distribution, pressée de réintégrer la consommation alternative dans son giron. Moins attendue: l'ardeur avec laquelle les dirigeants de *Business Schools* se sont rués depuis quinze ans sur les systèmes internationaux d'accréditation, s'appliquant pour ainsi dire à eux-mêmes les principes d'expansion compétitive qui sont enseignés chez eux. Un constat presque semblable sera fait à propos des organisations humanitaires: avides de subsides mais aussi de réputation, elles dessinent ensemble les contours d'un marché mondial de la compassion où le poids de chaque *non-profit actor* se mesure aussi à son aptitude à se distinguer des autres.

Deuxièmement, les mécanismes de la concurrence s'infiltrent désormais dans les espaces de l'activité économique qui en étaient précédemment plus ou moins tenus à distance. Selon la tradition institutionnaliste, il fut naguère dans la nature de la firme d'être une *organisation sociale*, confiée à l'initiative de l'entrepreneur et dégagée de ce fait de la sujétion permanente du contrôle des coûts. Mais le temps de la conception strictement hiérarchique de l'entreprise est révolu. Les firmes sont maintenant les maillons de « chaines de valeur » dans lesquelles la sanction instantanée des résultats a repris ses droits. C'est d'ailleurs à ce titre que l'autorité des acheteurs s'est renforcée : agents de la « mise en équivalence », ils sont aussi devenus des agents du marché *dans la firme elle-même*, inspecteurs des rentes de situation internes et de celles dont finissent par jouir les firmes-satellites installées en périphérie. À l'aval, les équipes commerciales – qui démarchent la clientèle et négocient les contrats – font chorus : mues par la nécessité d'alimenter les carnets de commande, elles s'affirment peu à peu au détriment de la production (dans l'industrie : les cadres des usines et des bureaux d'étude). S'ensuivent des « querelles de grandeurs » dont les acteurs industriels font communément les frais, face à des acteurs de marché qui arguent de l'impérieuse nécessité de ne rien céder à la concurrence. L'une des contributions du livre, consacrée aux comportements des équipes commerciales au sein d'un groupe multinational, fait écho à ces tensions, à deux titres au moins. D'abord, on y aperçoit la puissance singulière dont disposent aujourd'hui les « acteurs de marché » dans l'industrie. S'y dessine ensuite l'instabilité de la firme contemporaine – étrange institution provisoire suspendue au bon vouloir des investisseurs, « acteurs de marché » s'il en est.

Pour finir, la concurrence s'est peu à peu invitée dans des arènes qui étaient initialement totalement étrangères aux mécanismes de marché. Ce phénomène est si amplement étayé par l'ouvrage qu'on se gardera ici d'en discuter davantage, si ce n'est pour souligner la portée du propos. Dans l'histoire des sociétés démocratiques, l'une des manifestations emblématiques de ce débordement réside probablement dans la montée des professions. Elle en est de surcroît une expression éminemment paradoxale puisque la prétention originelle des ordres (tels que ceux des médecins ou des avocats, figures obligées) était au contraire de promouvoir des systèmes de juridiction totalement détachés de la régulation marchande ! Andrew Abbott et d'autres ont éclairé ce paradoxe, désormais familier : loin du marché ont en réalité surgi des « luttes de juridiction » par lesquelles plusieurs collectifs briguaient simultanément la faveur de circonscrire les qualités indispensables à l'exercice d'un métier. Cet état endémique de concurrence propre au « système des professions » a bien souvent requis l'intervention des pouvoirs publics : c'est encore la situation qui nous est rapportée ici à propos des restaurateurs d'œuvres d'art, curieux microcosme perclus de divisions et indéfiniment en peine de conclure un accord avec son ministère de tutelle sur les règles d'accès aux musées.

Par-delà ces circonstances, l'autorité publique a en quelque sorte entrepris d'utiliser les mécanismes de la juridiction professionnelle à ses fins propres. Elle a multiplié les techniques d'agrément et d'évaluation des acteurs qui participent à la mise en œuvre de ses missions. Ainsi le modèle de la «place de marché» a-t-il refait surface, incitant même l'État à déléguer certaines de ses tâches régaliennes à des «agences» habilitées à identifier, à comparer et à choisir librement leurs fournisseurs-partenaires potentiels. Plus communément, la propension au «gouvernement par le marché» a diffusé dans la sphère publique elle-même: le recours aux «appels d'offres» et autres «appels à projets» – si bien illustré dans l'ouvrage – s'y est puissamment répandu. Ici cependant, ces méthodes émergentes de *Public Management* n'ont pris effet que selon des conditions très particulières. L'une d'elles, non la moindre, est que les procédés d'évaluation y sont asservis à des règles formelles de pertinence ou d'équité.

Dans les hôpitaux publics nous est-il dit, les référentiels de qualité des soins sont passés sous la toise d'un dispositif national d'étalonnage, établi sous le contrôle de la Haute Autorité de Santé et de diverses sociétés savantes. Dans l'enseignement supérieur et la recherche, les multiples outils de distinction mis en œuvre sous le sceau de «l'excellence» – dont trois contributions du livre traitent sous divers angles – n'ont atteint leur plein régime que quand la garantie fut donnée que tous les membres de la communauté académique y auraient accès et que chaque candidature serait traitée selon des critères «opposables». De même dans le secteur médicosocial, abordé par ailleurs, l'irruption des appels à projets aura obligé les opérateurs à jouer carte sur table, au lieu des arrangements occultes du passé. Ironie au moins apparente des *market-based solutions* dans l'action publique: ce ne serait ici qu'en vertu d'une certaine bureaucratisation des règles que la concurrence aurait acquis droit de cité!

Encore faut-il y voir de plus près. C'est que l'enseignement le plus notable de l'ouvrage est encore ailleurs – dans le second volet de la démonstration, selon lequel les mécanismes de la concurrence ne s'imposent jamais d'eux-mêmes et comme en terrain conquis. À y bien voir, l'hypothèse de la coextension de la concurrence et de la bureaucratie n'y résiste pas, pour une raison décisive et qui corrobore d'ailleurs parfaitement les observations que nous avons nous-même effectuées depuis longtemps. Le fait décisif, nous est-il dit et démontré de page en page, est que dans ce processus étendu de comparaison des qualités à des fins d'évaluation et de sélection, l'évolution de la règle suscite un «travail distribué» entre tous ceux qui ont part au changement, depuis les décisions initiales jusqu'à leur mise en pratique. De ce fait, tout dispositif d'étalonnage est «naturellement» instable, transformé par l'usage et «rendu» pour ainsi dire à ses usagers. Au lieu de courir le risque de redondances abusives par rapport à ce que cet ensemble de contributions empiriques expose excellemment, essayons de dégager, à notre façon, quelques-uns des facteurs qui contribuent aujourd'hui à cette activité collective.

En premier lieu, il faut s'arrêter sur l'une des propriétés caractéristiques des indicateurs qui sont désormais utilisés pour la comparaison des concurrents. Une certaine défiance s'exprime aujourd'hui à l'égard des outils qui ramènent la performance à une mesure simple, comme ces palmarès publiés à tout-va, classant à bon compte toutes sortes d'organismes ou sujets. À ces outils se substituent maintenant des dispositifs sophistiqués visant à appréhender l'aptitude de chaque organisme à atteindre les buts qu'il se fixe ou que lui assignent ses commanditaires. Si les palmarès perdurent, les institutions s'en détournent : le classement de Shanghai est répudié par l'élite universitaire européenne ; les dirigeants des *Business Schools* rejettent le *ranking* des écoles établi par les organes spécialisés ; de même de la hiérarchie hospitalière à l'égard du box-office des établissements… A l'encontre de ces échelles destinées au public, les outils professionnels servent en fait des finalités internes. Le système d'accréditation des *Business Schools* éprouve l'adéquation de chaque école au modèle dont elle se prévaut. Les indicateurs de qualité des soins situent les hôpitaux vis-à-vis des « bonnes pratiques » administratives et sanitaires. Ce mouvement évoque irrésistiblement les méthodes pratiquées dans l'industrie depuis trois décennies pour attester des aptitudes des entreprises à satisfaire aux exigences de leurs clients. Le « manuel qualité » de la firme consigne les procédures par lesquelles celle-ci entend honorer les contrats qu'elle a signés ; l'agence de certification vérifie si l'organisation effective de l'activité permettra ou non à l'entreprise de respecter ses engagements. L'antique « contrôle final » des produits est aboli : l'évaluation remonte dans l'organisation, à la façon d'une place de marché dépourvue de marchandise, devenue « salon » dans lequel les vendeurs attesteraient de leur savoir-faire à l'aide d'une batterie de références et de certificats.

À cette propriété s'en ajoute une autre, très complémentaire. Dès lors que l'évaluation d'un acteur ne s'apprécie plus selon *ce qu'il fait*, mais selon *ce qu'il sait faire*, la mesure change de nature : appliquée à des capacités procédurales, celle-ci sacrifie à son ambition une moindre lisibilité apparente. À la façon dont la grande entreprise s'exonère de la tyrannie du système des prix, l'évaluation qualitative des capacités procède de justifications « ouvertes » dont il serait illusoire d'attendre que la pertinence s'impose immédiatement à tous – pas plus aux évaluateurs qu'aux sujets de l'évaluation. Une bonne partie des contributions éclaire la portée de ce constat : on y vérifie la « contestabilité » notoire des principes de jugement auxquels les dispositifs d'évaluation sont adossés. Par la même occasion, on saisit aisément pourquoi ces dispositifs peuvent devenir par eux-mêmes des objets de compétition concurrentielle. Dans les écoles de management, deux modèles de l'excellence se font face, l'un centré sur la qualité du corps professoral (d'inspiration américaine), l'autre sur l'organisation des formations (accordé aux pratiques de l'Europe continentale), à charge pour le « terrain » de les accommoder. Dans l'université, l'attribution des « labels d'excellence » suscite l'affrontement de deux définitions opposées, l'une visant à distinguer quelques grands sites à vocation internationale, l'autre à permettre que « chaque université trouve sa place dans le dispositif ». Et ainsi de suite.

En définitive, cette « confrontation de grandeurs » n'a d'issue que dans la mesure où les acteurs de terrain s'en mêlent. Bien entendu, les inévitables conflits d'intérêt y contribuent, poussant les uns et les autres à faire entendre leur voix. Toutefois, dans les situations dont il est ici question, aucun acteur n'est indépendant des autres, de sorte que les arrangements et ajustements ne sont jamais très loin. L'inéluctabilité du changement aidant, il n'est pas rare que les plus réticents finissent par composer avec lui, si ce n'est à le soumettre (ne fût-ce qu'à la marge) à leurs propres objectifs. Qu'on en juge par l'attitude des médecins et chirurgiens face à l'instrumentation néo-managériale de la qualité : les plus hostiles en viennent, peut-on lire, à concéder que les bons classements servent la notoriété de leur service ! En l'occurrence, la logique à l'œuvre n'est autre que celle des « apprentissages organisationnels » par lesquels les innovations les moins consensuelles finissent par opérer. La voie par laquelle agissent ces apprentissages est connue : ils altèrent la situation de départ ; simultanément, ils confèrent une certaine légitimité aux dispositifs qui en étaient précédemment dépourvus. Leur effet est enfin que les étalonnages exogènes sont plus ou moins intégrés à l'expérience collective, de sorte que les standards deviennent finalement des leviers de singularité : dans les *Business Schools*, c'est peu à peu l'autoévaluation qui s'impose ; l'enjeu de l'accréditation n'est plus que chaque établissement s'aligne sur ses concurrents mais qu'il affirme sa « cohérence stratégique ». De même dans le secteur médicosocial, la réponse aux appels à projets rapproche les opérateurs jusqu'alors concurrents et les incite à user des « ressources spécifiques » qui en résultent.

On a compris que ce travail collectif autour des règles de la concurrence ne va pas sans épreuve ; il requiert de la patience et du temps. Il affronte souvent des obstacles qui peuvent paraitre infranchissables. C'est notamment le cas quand il met aux prises des « dominants » et des « dominés » : la longue histoire du financement de la recherche publique sur contrat en est un exemple frappant, des décennies ayant été nécessaires pour desserrer l'étau des comités qui œuvraient pour les « laboratoires de référence ». Il arrive aussi que les querelles de grandeurs exigent l'intervention de médiateurs, parfois investis officiellement de cette mission – tels ces « missionnaires de la qualité » à l'hôpital, progressant en terre hostile à l'aide de tableaux de bord et autres « dispositifs prudents » susceptibles de servir « d'objets intermédiaires » sur lesquels chacun puisse prendre prise. Bien entendu, les échecs ne sont pas exclus. S'il arrive que la tension entre coopération et concurrence se mue en apprentissages vertueux (comme il apparait pour les opérateurs associatifs œuvrant pour l'insertion des personnes handicapées), la concurrence peut aussi avoir le dernier mot, comme dans ce groupe multinational mouvant. De même certains dispositifs d'échange qui semblaient pérennes (tel ce salon de programmes installé à Budapest) peuvent entrer en crise, menaçant les professionnels-usagers d'un retour à la jungle. Mais le scénario ordinaire n'est cependant pas celui-là : plutôt celui d'une *création institutionnelle continue*, amortissant tant bien que mal les chocs exogènes, puisant la source de sa légitimité dans les apprentissages internes progressivement accumulés.

Au total, nous ne nous contenterons pas d'écrire que nous acquiesçons aux thèses de cet ouvrage. Nous irons plus avant : nous voyons dans ce « travail de la concurrence » une sorte de métaphore d'une portée extrêmement générale, éclairant selon nous toute la dynamique de la régulation sociale. Sans doute devons-nous cette conviction personnelle au souvenir que nous avons d'avoir, par le passé, porté pour ainsi dire à ses limites cet étonnant mécanisme de réappropriation collective des systèmes normatifs, et d'en avoir ainsi éprouvé la puissance. Ce fut le cas dans un travail dédié à la mise en œuvre des systèmes d'information intégrés dans la grande entreprise. Ces outils avaient explicitement pour ambition de faire table rase de tout localisme au profit d'une structure de contrôle unique et panoptique. Or notre enquête a révélé les capacités insondables des acteurs réels à réintégrer ce fantasme managérial dans un espace de délibération et d'action qui leur soit commun… C'est au fond pour des raisons très proches que le cas des acheteurs, évoqué plus haut, nous fascine. À leur sujet par exemple, les travaux de Thomas Reverdy ont attesté d'un paradoxe tout aussi frappant : s'il est vrai, explique en substance l'auteur, que les acheteurs ont bel et bien réaffirmé le primat de la concurrence sur la coopération dans l'entreprise, ils n'y sont parvenus qu'au prix d'intenses « investissements relationnels » – dans la firme, chez les fournisseurs, dans un cercle professionnel « distant ».

Une certaine sociologie critique revient sans cesse sur l'idée que dans le monde du travail, la distance s'accroitrait continûment entre les « encadrants » armés de dispositifs standardisés d'évaluation et de contrôle et des « encadrés » réduits à subir ces méthodes et à en déplorer le caractère désincarné. Il ne faut pas s'y laisser prendre. La montée des états de concurrence et des techniques de mise en équivalence qui lui sont accolées démontre, à qui sait voir, que ces raccourcis binaires sont trompeurs. Heureusement, si l'on ose dire, les capacités collectives d'action et de création institutionnelle que l'on observe sur le terrain autorisent à passer outre. Ce sont là des capacités que ni l'emprise des forts sur les faibles, ni le « gouvernement par le marché » ne sont en état de neutraliser.

Bibliographie

Abbott, A. (1988). *The system of professions. An essay on the division of expert labor.* Chicago: The University of Chicago Press.

——— (1995). Things of Boundaries. *Social Research* 62(4): 857-882.

——— (2003). Écologies liées : à propos du système des professions, in Menger P.-M. (dir.), *Les professions et leurs sociologies. Modèles théoriques, catégorisations, évolutions*. Paris : Fondation Maison des Sciences de l'Homme : 29-50.

——— (2014). The Problem of Excess. *Sociological Theory* 32(1): 1-26.

Abena-Tsoungui, A. (à paraître). Les enjeux politiques, économiques et professionnels de l'application des instruments de gestion dans l'activité hospitalière : le cas du PMSI et de la T2A. Thèse de doctorat en sociologie, IEP de Paris.

Aghion, P. (2010). *L'excellence universitaire : leçons des expériences internationales.* Rapport d'étape de la mission Aghion à Mme Valérie Pécresse ministre de l'Enseignement supérieur et de la Recherche.

Ahrens, J. et Rudolph, P. M. (2006). The Importance of Governance in Risk Reduction and Disaster Management. *Journal of Contingencies and Crisis Management* 14(4): 207-220.

Ahrne, G. et Brunsson, N. (2011). Organization outside organizations: The significance of partial organization. *Organization* 18(1): 83-104.

Allain, M.-L. et Chambolle, C. (2003). *Économie de la distribution.* Paris : La Découverte.

Anzalone, G. (2014). Militer par l'action commerciale ? Biocoop et l'agriculture biologique française. *Lien social et Politiques* 72: 189-208.

Appel, A. (2000). *Shaping Biology. The National Science Foundation and American Biological Research (1945-1975).* Baltimore/London: The Johns Hopkins University Press.

Aspers, P. et Asaf, D. (2011). Trade shows and the creation of market and industry. *The Sociological Review* 59(4): 758-778.

Aust, J., Crespy, C. et Vézian, A. (2011). Sortir des compétences pour investir dans la connaissance. Les Conseils régionaux face à l'enseignement supérieur et à la recherche, in Barone S. (ed.) *Les politiques régionales en France.* Paris : La Découverte, 117-134.

Aust, J. et Picard, E. (2014). Gouverner par la proximité. Allouer des fonds à des projets de recherche dans les années 1960. *Genèses* 94(1) : 7-31.

Azarian, R. G. (2005). *The General Theory of Harrison C. White. Chaos and Order in Networks.* New York: Palgrave MacMillan.

Baqué, P. (dir.) (2012). *La bio: entre business & projet de société.* Marseille : Agone/Contre-feux.

Barman, E. A. (2002). Asserting Difference: The Strategic Response of Nonprofit organizations to Competition. *Social Forces* 80(4): 1191-1222.

Barnard, C.I. (1971). *The Functions of the Executive.* Cambridge: Harvard University Press.

Barnett, M. (2005). Humanitarianism Transformed. *Perspectives on Politics* 3(4): 723-740.

_______ (2013). Humanitarian Governance. *Annual Review of Political Science* 16: 379-398.

Barral, C., Paterson, F., Sticker, H.-J. et Chauvière, M. (2000). *L'institution du handicap. Le rôle des associations.* Rennes : Presses universitaires de Rennes.

Barrey, S. (2006). Formation et calcul des prix : le travail de tarification dans la grande distribution. *Sociologie du Travail* 48(2): 142-158.

Barrier, J. (2011). La science en projets : financements sur projet, autonomie professionnelle et transformations du travail des chercheurs académiques. *Sociologie du Travail* 53(4): 515-536.

Barrier, J. et Mignot-Gérard, S. (2013). Leadership et changement dans une organisation pluraliste. Les transformations d'une université. In: Vandangeon, I. et D. Autissier (Ed.). *Le changement organisationnel. 10 études de cas commentées.* Paris : Eyrolles, 101-118.

Bathelt, H., Malmberg, A., Maskell, P. (2004). Clusters and knowledge : Local buzz, global pipelines and the process of knowledge creation. *Progress in Human Geography* 28(1): 31-56.

Bathelt, H. et Schuldt, N. (2010). International trade fairs and global buzz, Part I: Ecology of global buzz. *European Planning Studies* 19: 1957-1974.

Baudot, P.-Y. (2014). Le temps des instruments, in Halpern Ch., P. Lascoumes, P. Le Galès (dir.), *L'instrumentation de l'action publique.* Paris : Presses de Sciences Po, 193-236.

Beckert, J. (1999). Agency, Entrepreneurs, and Institutional Change. The Role of Strategic Choice and Institutionalized Practices in Organizations. *Organization Studies* 20(5): 777-799.

Beckert, J. (2010). How Do Fields Change ? The Interrelations of Institutions, Networks, and Cognition in the Dynamics of Markets. *Organization Studies* 31(5): 605-627.

Benamouzig, D. (2005). *La santé au miroir de l'économie.* Paris : Presses universitaires de France.

Benamouzig, D. et Pierru, F. (2011). Le professionnel et le « système » : l'intégration institutionnelle du monde médical. *Sociologie du travail* 53(3): 327-333.

Benhamou, F. (2004). *L'économie de la culture.* Paris : La découverte.

Bergeron, H. et Castel, P. (2014). *Sociologie politique de la santé.* Paris : Presses universitaires de France.

Berman, E. (2006). Before the Professional Project: Success and Failure at Creating an Organizational Representative for English Doctors. *Theory and Society* 35(2): 157-191.

Bernard de Raymond, A. (2013). *En toute saison le marché des fruits et légumes en France.* Presses universitaires de Rennes ; Presses universitaires François-Rabelais de Tours.

Bertillot, H. (2014). La rationalisation en douceur. Sociologie des indicateurs qualité à l'hôpital. Thèse de doctorat en sociologie, IEP de Paris.

Bessy, C. et Marchal, E. (2009). Le rôle des réseaux et du marché dans les recrutements. *Revue française de socio-économie* (1): 121-146.

Bezes, P. (2005). Le renouveau du contrôle des bureaucraties. L'impact du *New Public Management. Informations sociales* 6(126): 26-37.

——— (2009). *Réinventer l'Etat. Les réformes de l'administration française (1962-2008).* Paris : Presses universitaires de France.

Bezes, P. et Demazière, D. (2011). Introduction au dossier-débat « *New Public Management* et professions dans l'Etat : au-delà des oppositions, quelles recompositions ? ». *Sociologie du travail* 53(3): 294-305.

Boltanski, L. (2009). *De la critique. Précis de sociologie de l'émancipation.* Paris : Gallimard.

Boltanski, L. et Thévenot, L. (1991). *De la justification : les économies de la grandeur.* Paris : Gallimard.

Bonaccorsi, A. et Daraio, C. (2005). Exploring size and agglomeration effects on public research productivity. *Scientometrics* 63(1): 87-120.

Bourdieu, P. (1976). Le champ scientifique. *Actes de la recherche en sciences sociales* 2(2/3): 88-104.

——— (2012). *Sur l'Etat. Cours au Collège de France*, Paris : Seuil.

Boussard, V. (2001). Quand les règles s'incarnent. L'exemple des indicateurs prégnants. *Sociologie du travail* 43(4): 533-551.

Bowker, G. C. et Starr, S. L. (1999). *Sorting Things Out. Classification and its Consequences.* Cambridge, MA: MIT Press.

Brailly, J. (2014). *Coopérer pour résister: Interactions marchandes et réseaux multiniveaux dans un salon d'échange de programmes de télévision en Europe Centrale et Orientale.* Thèse de doctorat de sociologie économique, Université de Paris-Dauphine.

Brailly, J. et Coulondre, A. (2016). Le travail de construction de places de marché. Salons de Professionnels et centres commerciaux. *Revue Française de Socio-Economie* 16.

Branciard, A. et Crespy, C. (2007). Des dispositifs d'action publique territorialisés vecteurs de reconfiguration des politiques scientifique et technologique en France. *Communication présentée au 2e congrès de l'Association Française de Sociologie.*

Breton, É. (2014). Répondre à l'appel (à projets). Récits d'un apprentissage silencieux des normes de l'action publique territoriale. *Politix* 27(105): 213-232.

Bruno, I. (2008). *A vos marques, prêts… cherchez! La stratégie européenne de Lisbonne, vers un marché de la recherche.* Paris : Editions du Croquant.

Brunsson, N. et Jacobsson, B. (2000). *A World of standards.* New York: Oxford University Press.

Burt, R. (1992). *Structural Holes.* Cambridge (MA): Harvard University Press.

Cadiou, P., Lefèbvre, A. et Dessau, J. (1975). *L'Agriculture biologique en France : écologie ou mythologie.* Presses Universitaires de Grenoble.

Callon, M. (1991). Réseaux technico-économiques et irréversibilités in Boyer R., B. Chavance et O. Godard (dir.), *Figures de l'irréversibilité en économie.* Paris : Editions de l'EHESS, 195-230.

_______ (1999). La sociologie peut-elle enrichir l'analyse économique des externalités ? Essai sur la notion de cadrage-débordement in Foray D. et J. Mairesse (dir.), *Innovations et performances.* Paris : Editions de l'EHESS, 399-431.

_______ (2002). Pour en finir avec les incertitudes ? *Sociologie du Travail* 44(2): 261-67.

_______ (2013). Qu'est-ce qu'un agencement marchand ? In Callon, M., Akrich, M., Dubuisson-Quellier, S., Grandclément, C., Hennion, A., Latour, B., Mallard, A., Méadel, C., Muniesa, F., Rabeharisoa, V. *Sociologie des agencements marchands. Textes choisis.* Paris : Presses des Mines, 325-440.

Callon, M. et Muniesa, F. (2003). Les marchés économiques comme dispositifs collectifs de calcul. *Réseaux* 122 : 189-233.

Callon, M., Méadel, C. et Rabeharisoa, V. (2000). L'économie des qualités. *Politix* 13(52): 211-239. [Chapitre réédité in *Sociologie des agencements marchands*]

Cambrosio, A., Limoges, C. et Pronovost, D. (1990). Representing Biotechnology: An Ethnography of Quebec Science Policy. *Social Studies of Science* 20(2): 195-227.

Carpenter, D. P. (2004). Protection without Capture: Product Approval by a Politically Responsive, Learning Regulator. *American Political Science Review* 98(4): 613-631.

Carpenter, D. P. et Moss, D. A. (2014). *Preventing regulatory capture. Special interest influence and how to limit it.* New York: Cambridge University Press.

Carter, D. A (1998). *MBA: The first Century.* London: London Associated University Press.

Castel, P. et Robelet, M. (2009). Comment rationaliser sans standardiser la médecine ? Production et usages des recommandations de pratiques cliniques. *Journal d'économie médicale* 27(3): 98-115.

Castel, P. et Friedberg, E. (2010). Institutional Change as an Interactive Process: The Case of The Modernization of the French Cancer Centers. *Organization Science* 21(2): 311-330.

Castile, M. et Davis-Blake, A. (2002). When Accreditation Standards change: factors affecting differential responsiveness of public and private organizations. *The Academy of Management Journal* 45(1): 180-195.

Chamberlin, E. H. (1953). *La théorie de la concurrence monopolistique : une nouvelle orientation de la théorie de la valeur.* Paris : Presses Universitaires de France.

Chapoulie, J.-M. (1973). Sur l'analyse sociologique des groupes professionnels. *Revue française de sociologie* 14(1): 86-114.

Charle, Ch. (1994). *La République des universitaires. 1870-1940.* Paris : Seuil.

Chauvière, M. (2009). *Enfance inadaptée : l'héritage de Vichy.* Paris : L'Harmattan.

Chiapello, È. et Gilbert, P. (2013). *Sociologie des outils de gestion : introduction à l'analyse sociale de l'instrumentation de gestion.* Paris : La Découverte.

Clinton, W. J. (2006). *Lessons Learned from Tsunami Recovery: Key Propositions for Building Back Better.* Office of the UN Secretary General's Special Envoy for Tsunami Recovery.

Cochoy, F. (2002). *Une sociologie du packaging, ou l'âne de Buridan face au marché.* Paris : Presses universitaires de France.

——— (2004). *La captation des publics : c'est pour mieux te séduire, mon client…* Toulouse : Presses universitaires du Mirail.

Cochoy, F. et Dubuisson-Quellier, S. (2000). Introduction. Les professionnels du marché : vers une sociologie du travail marchand. *Sociologie du travail* 42(3): 359-369.

Cole, S., Rubin L., Cole, J. (1977). Peer Review And The Support of Science. *Scientific American* 237(4), 34-41.

Combe, E. (2008). *La Politique de la concurrence.* Paris : La Découverte, coll. Repères.

Cresson, E. (1974). *Etude sur la création d'un institut de restauration.* Paris : Ministère de la culture.

Cret, B. (2007). Stratégies d'établissements, stratégies d'accréditation. *Revue Française de Gestion* 33(178-179): 233-250.

_______ (2013). Les écoles de management face aux accréditations: contrôle et dépendance. *SociologieS*.

Cret, B., Jaubert, G. et Robelet, M. (2013). La (dé)construction politique des associations gestionnaires d'établissements. *Terrains & Travaux* 23(2): 39-58.

Crozier, M. (1963). *Le Phénomène bureaucratique.* Paris : Seuil.

Crozier, M. et Friedberg, E. (1977). *L'Acteur et le système : les contraintes de l'action collective.* Paris : Seuil.

Daly, P. et Brassard, C. (2011). Aid Accountability and Participatory Approaches in Post-Disaster Housing Reconstruction. *Asian Journal of Social Science* 39: 508-533.

Davey, E., Borton, J. et Foley, M. (2013). A History of the Humanitarian System: Western Origins and Foundations. *Humanitarian Policy Group Working Paper, Overseas Development Institute.*

Debril, T. et de Saint-Laurent, A.F. (2003). Clôture d'un marché, mise en forme des échanges, débordement des acteurs. Le cas de l'informatisation des criées au poisson du Pays Bigouden. *Sciences de la société* 59, 53-67.

Desrosières, A. (1993). *La politique des grands nombres. Histoire de la raison statistique.* Paris : La Découverte.

_______ (2012). Est-il bon, est-il méchant ? Le rôle du nombre dans le gouvernement de la cité néolibérale. *Nouvelles perspectives en sciences sociales : revue internationale de systémique complexe et d'études relationnelles* 7(2): 261-295.

_______ (2014). *Prouver et gouverner. Une analyse politique des statistiques publiques.* Paris : La Découverte.

Desrosières, A. et Thévenot, L. (1983). *Les catégories socioprofessionnelles.* Paris : La Découverte, Repères.

Djelic, M. L. (1998). *Exporting the American Model.* New York: Oxford University Press.

Duclert, V. (2006). Pierre Mendès France et la recherche scientifique. Le sens d'une action gouvernementale in Chatriot, A., Duclert, V. (dir.), *Le gouvernement de la recherche*. Paris : La Découverte, 45-61.

Dubuisson-Quellier, S. (1999). Le prestataire, le client et le consommateur. Sociologie d'une relation marchande. *Revue française de sociologie* 40 (4): 671-88.

Dupuy F. et Thoenig, J.-C. (1986). *La loi du marché. L'électroménager en France aux Etats-Unis et au Japon*. Paris : L'Harmattan, Logiques sociales.

Durand, J. et McGuire, R. (2005). Legitimating Agencies in the Face of Selection: The Case of AACSB. *Organization Studies* 26(2): 165-196.

Eccles, R.G. et White, H.C. (1988). Price and Authority in Inter-Profit Center Transactions. *American Journal of Sociology* 94: S17-S51.

Eloire, F. (2010). Une approche sociologique de la concurrence. Le cas des restaurateurs lillois. *Revue française de sociologie* 51(3): 481-517.

Elsbah, K. D. et Kramer, R. M. (1996). Members' Responses to Organizational Identity threats: Encountering and Countering the Business Week Rankings. *Administrative Science Quarterly* 41(3): 442-476.

Engwall, L. et Zamagni, V. (1998). *Management Education in Historical Perspective*. Manchester: Manchester University Press.

Entwistle J. et Rocamora A. (2006). The field of fashion materialized: a study of London Fashion Week. *Sociology* 40(4): 735-751.

——— (2011). Between art and commerce: London Fashion Week as trade fair and fashion spectacle in Moeran B. et Strandgaard Pedersen J. (ed.), *Negotiating Values in the Creative Industries: Fairs, Festivals and Competitive Events*. Cambridge (MA): Cambridge University Press.

Epstein, R. (2005). Les politiques territoriales post-contractuelles : le cas de la rénovation urbaine. *Politiques et Management Public* 23(3): 127-143.

Espeland, W. N. et Stevens, M. L. (1998). Commensuration as a Social Process. *Annual Review of Sociology* 24(1): 313-343.

Eymard-Duvernay, F. (1994). Coordination par l'entreprise et qualité des biens in Orléan A. (dir.) *Analyse économique des conventions*. Paris : Presses Universitaires de France, 307-334.

Eymard-Duvernay, F., Favereau, O., Salais, R., Thévenot, L. et Orléan, A. (2006). Valeurs, coordination et rationalité : trois thèmes mis en relation par l'économie des conventions. In Eymard-Duvernay, F. (dir.). *L'économie des conventions, méthodes et résultats*. Paris : La Découverte, 23-44.

Favereau, O. (1989). Marchés internes, marchés externes. *Revue économique* 40 (2): 273-328.

Favre, G. (2014). *Des rencontres dans la mondialisation. Réseaux et apprentissages dans un salon de distribution de de programmes de télévision en Afrique sub-saharienne.* Thèse de doctorat de sociologie économique, Université de Paris-Dauphine.

Favre, G. et Brailly, J. (2015). Salons et définition de normes marchandes: Le cas de la distribution de programmes de télévision en Afrique sub-saharienne. *L'Année sociologique* 65 (2): 425-456.

Fernando, U. et Hilhorst, D. (2006). Everyday practices of humanitarian aid: tsunami response in Sri Lanka. *Development in Practice* 16(03-04): 292-302.

Fligstein, N. (1996). Markets as Politics: a Political-Cultural Approach to Market Institutions. *American Sociological Review* 61(4): 656-673.

Fligstein, N. et McAdam, D. (2012). *A Theory of Fields.* New York: Oxford University Press.

Foucault, M. (2004). *Naissance de la biopolitique.* Cours au Collège de France 1978-1979. Paris : Seuil-Gallimard.

François, P. (2008). *Sociologie des marchés.* Paris : Armand Colin.

Freidson, E. (2001). *Professionalism, the third logic : on the practice of knowledge.* The University of Chicago Press.

Friedberg, E. (1997). *Le Pouvoir et la règle.* Paris : Seuil.

Gadrey, J. (1994). La modernisation des services professionnels. Rationalisation industrielle ou rationalisation professionnelle ? *Revue Française de Sociologie* 35(2): 163-195.

Gally, N. (2014). Gouverner l'excellence dans l'enseignement supérieur et la recherche. La genèse du Programme Investissements d'Avenir. Séminaire « Enseignement supérieur », Centre de Sociologie des Organisations, 13 mai 2014.

Garcia-Parpet, M.-F. (1986). La construction sociale d'un marché parfait. *Actes de la Recherche en Sciences Sociales* 65 : 2-13.

Gilpin, R. (1970). *La science et l'État en France.* Paris : Gallimard.

Gingras, Y. (2008). La fièvre de l'évaluation. Du mauvais usage de faux indicateurs. *Note de recherche du Cirst*, Uqam.

Goffman, E. (1974). *Frame analysis: An essay on the organization of experience.* Cambridge (MA): Harvard University Press.

Gomez, P.Y. (2009). Qui trace les frontières ? Une interprétation politique du gouvernement des entreprises contemporaines, in Baudry B. et Dubrion B. (dir.) *Analyse et Transformation de la firme.* Paris: La découverte, 93-114.

Goulet, F. et Vinck, D. (2012). L'innovation par retrait. Contribution à une sociologie du détachement. *Revue française de sociologie* 53 (2): 195-224.

Goulet, F. et Le Velly, R. (2013). Comment vendre un produit incertain ? Activités de détachement et d'attachement d'une firme d'agrofourniture. *Sociologie du Travail* 55(3): 369-386.

Gros, F., Lorenzini, D., Revel, A. et Sforzini, A. (2013). Introduction au numéro spécial “Les néolibéralismes de Michel Foucault”. *Raisons politiques* (52): 5-12.

Grossetti, M. (2006). Réseaux sociaux et ressources de médiation dans l'activité économique. *Sciences de La Société* 73: 83-103.

Gumport, P. (1993). The Contested terrain of Academic Program Reduction. *The Journal of Higher Education* 64 (3): 283-311.

Gusfield, J. (1981). *The Culture of Public Problems: Drinking-Driving and the Symbolic Order.* Chicago: University of Chicago Press.

Halpern, Ch. et Le Galès, P. (2011). Pas d'action publique autonome sans instruments propres. Analyse comparée et longitudinale des politiques environnementales et urbaines de l'Union européenne. *Revue française de science politique* 61(1): 51-78.

Halpern, Ch., Lascoumes, P. et Le Galès, P. (2014). *L'instrumentation de l'action publique : controverses, résistances, effets.* Paris : Presses de Sciences Po.

Hassenteufel, P. (1997). *Les médecins face à l'État. Une comparaison européenne.* Paris : Presses de Sciences Po.

Haunschild, P. R. et Beckman, C. M. (1998). When do Interlocks Matter ? Alternate Sources of Information and Interlock Influence. *Administrative Science Quarterly* 43: 815-844.

Havens, T. (2006). *Global television marketplace.* British Film Institute.

——— (2011). Inventing universal television: restricted access, promo-tional extravagance, and the distribution of value at global television markets in Moeran B. et Strandgaard Pedersen J. (ed.), *Negotiating Values in the Creative Industries: Fairs, Festivals and Competitive Events.* Cambridge (MA): Cambridge University Press.

Hedmo, T., Sahlin-Andersson, K. et Wedlin, L. (2004). The Emergence of a European Regulatory Field of Management Education – standardizing through Accreditation, Rankings and Guidelines. In Djelic, M. L. et Sahlin-Andersson, K. (eds), *Transnational Governance: Institutional Dynamics of Regulation.* Cambridge, Cambridge University Press.

Hénaut, L. (2008). *La restauration des œuvres de musées. Transformation d'une activité et dynamique professionnelle.* Thèse de sociologie, Université Paris 8.

_______ (2011). Capacités d'observation et dynamique des groupes professionnels. La conservation des œuvres de musées. *Revue française de sociologie* 52(1): 71-101.

Heugens, P. P. M. A. R. et Lander, M. W. (2009). Structure! Agency! (And Other Quarrels): Meta-Analyzing Institutional Theories of Organization. *Academy of Management Journal* 52(1): 360-378.

Hubert, M. (2014). *Partager des expériences de laboratoires. La recherche à l'épreuve des réorganisations.* Paris : Editions des Archives Contemporaines.

Hubert, M. et Louvel, S. (2012). Le financement sur projet : quelles conséquences sur le travail des chercheurs ? *Mouvements* 3: 13-24.

Hughes, E. (1958). *Men and their work.* Glencoe: The Free Press.

IGAS (Inspection générale des affaires sociales) (1984). La politique sociale et les associations, 1983-1984. Rapport au ministère des Affaires sociales et de la solidarité nationale. Paris.

Imre A., Havens, T. et Lustyik, K. (2013). *Popular television in Eastern Europe during and since socialism.* volume 9. Routledge.

Ingram, P. et Roberts, P. W. (2000). Friendships among competitors in the Sydney Hotel Industry. *American Journal of Sociology* 106: 387-423.

Jouvenet, M. (2011). Profession scientifique et instruments politiques. L'impact du financement "sur projet" dans des laboratoires de nanosciences. *Sociologie du Travail* 53 (2): 234-252.

_______ (2012). Nanosciences et nanotechnologies : une coopération modèle ? Expérience et sens politique des scientifiques, *Terrain* (58): 44-63.

Juven, P. A. (2013). Produire l'information hospitalière. *Revue d'anthropologie des connaissances* 7(4): 815-835.

Karpik, L. (2000). Le Guide rouge Michelin. *Sociologie du travail* 42(3): 369-391.

_______ (2007). *L'économie des singularités.* Paris : Gallimard.

Kent, R. C. (1987). *Anatomy of Disaster Relief: The International Network in Action.* Londres et New York: Pinter Publishers.

Kleinman, D. (2002). *Impure Cultures: University Biology and the World of Commerce.* Madison: University of Wisconsin Press.

_______ (1995). *Politics on the Endless Frontier. Postwar Research Policy in the United States*, Londres: Duke University Press.

Kogan, M. et Hanney, S. (2000). *Reforming Higher Education.* London: Jessica Kingsley Publishers.

Lamine, C. (2008). *Les AMAP : un nouveau pacte entre producteurs et consommateurs ?* Gap : Y. Michel.

Lamont, M. (2009). *How Professors Think. Inside The Curious World of Academic Judgment.* Cambridge (MA): Harvard University Press.

Larédo, P. (2007). Du classement au profil, un choix stratégique pour les universités françaises. *LATTS.doc.*

Larson, M. (1977). *The rise of professionalism. A sociological analysis.* Berkeley : University of California Press.

Lascoumes, P. et Le Galès, P. (dir.) (2004). *Gouverner par les instruments.* Paris : Presses de Sciences Po.

Latour, B. (1985). Les « vues » de l'esprit. *Culture Technique* (14): 4-30.

——— (1989). Pasteur et Pouchet : Hétérogenèse de l'histoire des sciences, in Serres M. (dir.), *Eléments d'histoire des sciences.* Paris : Bordas, 423-445.

Lazega, E. (2009). Théorie de la coopération entre concurrents : Organisation, marché et analyse de réseaux, in Steiner P. et Vatin F. (dir.), *Sociologie et économie.* Paris : Presses universitaires de France, coll. Quadrige, 533-571.

Lazega, E. et Mounier, L. (2002). Interdependent entrepreneurs and the social discipline of their cooperation: The research program of structural economic sociology for a society of organizations, in Favereau O. et E. Lazega (eds), *Conventions and Structures in Economic Organization: Markets, Networks, and Hierarchies.* Cheltenham: Edward Elgar Publishing, 147-199.

Le Galès, P. et Scott, A. J. (2008). Une révolution bureaucratique britannique ? Autonomie sans contrôle ou *"freer market more rules". Revue française de sociologie* 49(2): 301-330.

Le Grignou, B. (2003). *Du côté du public : usages et réceptions de la télévision.* Paris : Economica.

Le Velly, R. (2004). Sociologie du marché. Le commerce équitable : des échanges marchands contre le marché et dans le marché. Thèse de doctorat, Université de Nantes.

Lemaine, G. (1980). Science normale et science hypernormale. Les stratégies de différenciation et les stratégies conservatrices dans la science. *Revue française de sociologie* 21: 499-527.

Lory, B. (1965). L'action sociale et l'enfance handicapée. *Esprit* 11: 600-627.

Louvel, S. (2011). *Des patrons aux managers. Les laboratoires de recherche publique depuis les années 1970*. Rennes : Presses universitaires de Rennes..

Manne, H. G. (1965). Mergers and the Market for Corporate Control. *Journal of Political Economy* 73(2): 110-20

Marchal, E. (1992). L'entreprise associative, entre calcul économique et désintéressement. *Revue Française de Sociologie* 33(3): 365-390.

_______ (2015). *Les embarras des recruteurs Enquête sur le marché du travail.* Paris : Ed. de l'EHESS.

Maréchal, G. (dir.) (2010). *Les circuits courts alimentaires : bien manger sur les territoires.* Dijon : Educagri.

Martin, J. L. (2009). *Social Structures*. Princeton: Princeton University Press.

Massa, S. et Testa, S. (2012). The role of ideology in brand strategy: the case of a food retail company in Italy. *International Journal of Retail & Distribution Management* 40(2): 109-127.

McCarthy, J. D. et Zald, M. N. (1977). Resource Mobilization and Social Movements: A Partial Theory. *American Journal of Sociology* 82(6): 1212-124.

Merton, R. K. (1973). *The Sociology of Science. Theoretical and Empirical Investigations*. Chicago & London: The University of Chicago Press.

Meyer, J. et Rowan, B. (1977). Institutionalized Organizations: Formal Structure as Myth and Ceremony. *American Journal of Sociology* 83(2): 340-363.

Meyer, M. (1994). Measuring Performance in Economic Organizations. In Smelser, N. J. et R. Swedberg (Ed.). *Handbook of Economic Sociology*. Princeton University Press and Russell Sage Foundation, 556-578.

Meyer, M. et Gupta, V. (1994). The Performance Paradox. *Research in Organizational Behavior* 16: 309-369.

Mignot-Gérard, S. (2012). Le gouvernement d'une université face aux 'initiatives d'excellence'. Réactivité et micro-résistances. *Politiques et Management Public* 29(3): 519-539.

Mintzberg, H. (1982). *Structure et dynamique des organisations*. Paris : Éditions d'organisation.

Mizruchi, M. S. (1996). What do interlocks do ? An Analysis, Critique, and Assessment of Research on Interlocking Directorates. *Annual Review of Sociology* 22: 271-298.

Moati, P. (2001). *L'avenir de la grande distribution*. Paris : Odile Jacob.

Moeran, B. (2011). The book fair as a tournament of values in Moeran B. et Strandgaard Pedersen J. (ed.), *Negotiating Values in the Creative Industries: Fairs, Festivals and Competitive Events*. New York: Cambridge University Press.

Moeran, B. et Strandgaard Pedersen, J. (2011) (ed.), *Negotiating Values in the Creative Industries: Fairs, Festivals and Competitive Events*. New York: Cambridge University Press.

Moisdon, J. C. (2000). Quelle est la valeur de ton point ISA ? Nouveaux outils de gestion et de régulation dans le système hospitalier français. *Sociologie du travail* 42(1): 31-49.

——— (dir.) (1997). *Du mode d'existence des outils de gestion*. Paris : Seli Arslan.

Mourey, S. et Mourey, W. (dir.) (1987). *Conservation et restauration des objets archéologiques. Compte rendu de la réunion des laboratoires de conservation-restauration des objets archéologiques tenue à Draguignan les 29-31 mai 1985*. CNRS, Centre de Recherches Archéologiques, Notes et monographies techniques.

Musselin, C. (1990). Structures formelles et capacités d'intégration dans les universités françaises et allemandes. *Revue Française de Sociologie* 31(3): 439-461.

——— (2001). *La longue marche des universités*. Paris : Presses universitaires de France.

Musselin, C. et Paradeise, C. (2009). France. From Incremental Transitions to Institutional Change. In: Paradeise, C., Reale, C., Bleiklie, I. et E. Ferlie (eds), *University Governance. Western European Comparative Perspectives*. Dordrecht: Springer, 21-49.

Musselin, C. (2013). How peer review empowers the academic profession and university managers: Changes in relationships between the state, universities and the professoriate. *Research Policy* 42(5): 1165-1173.

Naiditch, M. (2006). Usage stratégique de l'information par une association de malades, l'exemple du Lien. *Les Tribunes de la santé* 12(3): 83-95.

Natsios, A. S. (1995). NGOs and the UN System in Complex Humanitarian Emergencies: Conflict or Cooperation ? *Third World Quarterly* 16(3): 405-419.

Nouguez, E. (2009). Construire l'équivalence: le medicament générique, in Vatin, F. (Ed.). *Evaluer et valoriser. Une sociologie économique de la mesure*. Toulouse : Presses Universitaires du Mirail, 211-227.

Palier, B. (2004). Les instruments, traceurs du changement. La politique des retraites en France. In: Lascoumes, P. et P. Le Galès (dir.). *Gouverner par les instruments*. Paris : Presses de Sciences Po, 273-300.

Palier, B. (2005). *Gouverner la sécurité sociale*. Paris : Presses universitaires de France.

Paradeise, C. (2011). La profession académique saisie par la nouvelle gestion publique. *Sociologie du Travail* 53(3): 313-321.

Pernin, J.-L. (1994). Réseaux et rendements croissants d'adoption dans l'agriculture biologique en France *Revue d'économie industrielle* 70(1): 49-71.

Picard, J.-F. (1999). *La fondation Rockefeller et la recherche médicale*. Paris : Presses universitaires de France.

Pierru, F. (1999). L'hôpital-entreprise, une self-fulfilling prophecy avortée. *Politix* 12(46): 7-47.

_______ (2004). La Fabrique des palmarès. Genèse d'un secteur d'action publique et renouvellement d'un genre journalistique : les palmarès hospitaliers. In Legrave, J. B. (dir.). *La Presse écrite : objets délaissés*. Paris : L'Harmattan, 247-270.

_______ (2007). *Hippocrate, malade de ses réformes*. Paris : Editions du Croquant.

Piriou, S. (2002). *Institutionnalisation de l'agriculture biologique (1980-2000)*. Thèse de doctorat, Rennes : ENSA.

Podolny, J. M. (1993). A Status-based Model of Market Competition. *American Journal of Sociology* 98(4): 829-872.

Porac, J. F., Thomas, H., Wilson, F., Paton, D. et Kanfer, A. (1995). Rivalry and the Industry Model of Scottish Knitwear Producers. *Administrative Science Quarterly* 40: 203-227.

Poulard, F. (2010). *Conservateurs de musées et politiques culturelles. L'impulsion territoriale*. Paris : La Documentation Française.

Power, D. et Jansson, J. (2008). Cyclical clusters in global circuits: overlapping spaces in furniture trade fairs. *Economic Geography* 84(4): 423-448.

Prigent-Simonin, A.-H. et Hérault-Fournier, C. (2012). *Au plus près de l'assiette : pérenniser les circuits courts alimentaires*. Versailles, Dijon : Quae ; Educagri.

Prost, A. (1990). Les réformes du CNRS 1959-1966. *Les Cahiers pour l'histoire du CNRS*, 9.

Ravinet, P. (2012). La politique d'enseignement supérieur. Réformes pas amplification et rupture dans la méthode. In de Maillard, J. et Y. Surel (dir.). *Les politiques publiques sous Sarkozy*. Paris : Presses de Science Po, 361-380.

Reynaud-Cressent, B. (1982). La dynamique d'un oligopole avec frange : Le cas de la branche d'édition de livres en France. *Revue d'Économie Industrielle* 22(1) : 61-71.

Robelet, M. (2002). Les figures de la qualité des soins : rationalisations et normalisation dans une économie de la qualité. Thèse de doctorat en sociologie, Université Aix-Marseille II.

Robelet, M. et Cret, B. (2015). De l'activisme pédagogique à l'entreprenariat médico-social. Une étude de cas pour analyser les processus de découplage dans les associations gestionnaires. *Alter, Revue européenne de recherche sur le handicap* 9(2): 99-115.

Roca, J. (2004). La structuration du champ de l'enfance et de l'adolescence inadaptées et handicapées depuis 1943 : l'exemple de Marseille. *Le Mouvement Social* 209: 25-51.

Rüling, C.-C. (2011). Event institutionalization and maintenance : The annecy animation festival 1960-2010, in Moeran B. et Strandgaard Pedersen J. (ed.), *Negotiating Values in the Creative Industries: Fairs, Festivals and Competitive Events*. New York: Cambridge University Press.

Rüling, C.-C. et Strandgaard Pedersen, J. (2010). Film festival research from an organizational studies perspective. *Scandinavian Journal of Management* 6(3): 318-323.

Sauder, M. et Espeland, W. N. (2009). The Discipline of Rankings: Tight Coupling and Organizational Change. *American Sociological Review* 74(1): 63-82.

Schultz, E. (2013). Le temps d'un projet. Les temporalités du financement sur projet dans un laboratoire de biophysique. *Temporalités* 18.

Segrestin, D. (1997). L'entreprise à l'épreuve des normes de marché. Les paradoxes des nouveaux standards de gestion dans l'industrie. *Revue Française de Sociologie* 38(3/4): 553-585.

Selznick, P. (1948). Foundations of the Theory of Organization. *American Sociological Review* 13 (1): 25-35.

Setbon, M. (2000). La qualité des soins, nouveau paradigme de l'action collective ? *Sociologie du travail* 42(1): 51-68.

Shapin, S. et Schaffer, S. (1993). *Leviathan et la pompe à air. Hobbes et Boyle entre science et politique*. Paris : La Découverte.

Simmel, G. (2013 [1908]). *Sociologie. Etudes sur les formes de la socialisation*. Paris : Presses universitaires de France.

Skocpol, Th. (1992). *Protecting Mothers and Soldiers. The Political Origins of Social Policy in the United States*. Cambridge, Massachusetts: Harvard University Press.

Skov, L. (2006). The role of trade fairs in the global fashion business. *Current Sociology* 54(5): 764-783.

Spector, M. et Kitsuse, J. (1973). Social Problems: a Re-Formulation. *Social problems* 21(2): 145-159.

Starr, P. (1982). *The social Transformation of American Medicine*. New York: Basic books.

Stein, J. G. (2008). Humanitarian Organizations: Accountable – Why, to Whom, for What, and How? In: Barnett, M. et T. Weiss (eds). *Humanitarianism in Question : Politics, Power, Ethics*. Ithaca (NY): Cornell University Press: 124-142.

Steiner, P. et Vatin, F. (2009). *Traité de sociologie économique*. Paris : Presses universitaires de France.

Steka, V. (2012). From global to (g) local: Changing patterns of television program flows and audience preferences in central and eastern Europe. *Journal of Popular Film and Television* 40(3): 109-118.

Stirrat, J. (2006). Competitive Humanitarianism: Relief and the Tsunami in Sri Lanka. *Anthropology Today* 22(5): 11-16.

Stone, D. (1997). The Doctor as Businessman: the Changing Politics of a Cultural Icon. *Journal of Health Politics, Policy, and Law* 22(2): 533-556.

Thelen, K. (2003). How institutions evolve: Insights from Comparative Analysis. In J. Mahoney et D. Rueschmeyer (Ed.) *Comparative Historical Analysis in the Social Sciences* (208-240). New York: Cambridge University Press.

_______ (2014). *Varieties of Liberalization and the New Politics of Social Solidarity*. New York: Cambridge University Press.

Thévenot, L. (1983). L'économie du codage social. *Critiques de l'Economie Politique* (23-24): 188-222.

Thévenot, L. et Salais, R. (dir.) (1986). *Le travail; marchés, règles, conventions*. Paris : INSEE & Economica.

Toussaint, H. (2006). *Biocoop 1986-2006 : la bio en mouvement*. Saint-Denis : Biocoop.

Trompette, P. (2005). Une économie de la captation : les dynamiques concurrentielles au sein du secteur funéraire. *Revue Française de Sociologie* 46(2): 233-264.

Tuckman, H. P. (1998). Competition, Commercialization, and the Evolution of Nonprofit Organizational Structures. *Journal of Policy Analysis and Management* 17(2): 174-195.

Tullock, G. (1966). Information Without Profit. *Papers on Non-Market Decision Making* 1: 141-159.

Uzzi, B. (1996). The sources and consequences of embeddedness for the economic performance of organizations : the network effect. *American Sociological Review*, 61: 674-698.

Van Lente, H. et A. Rip (1998). The Rise of Membrane Technology: From Rhetorics to Social Reality. *Social Studies of Science* 28(2): 221-254.

Vatin, F. (2008). L'économie comme acte de gestion. Critique de la définition substantive de l'économie. *Sciences de la société* 73: 165-184.

Vézian, A. (2014). À la recherche d'une politique biomédicale en France : chronique d'une réforme inaboutie en cancérologie. *Sociologie du travail* 56(2): 204-224.

Weber, M. (2003 [1921]). *Economie et société*. Paris : Pocket.

Wedlin, L. (2004). Playing the Ranking Game: Field Formation and boundary-work in European Managament Education. Thèse de doctorat, Uppsala University.

White, H. (1981). Where Do Markets Come From? *American Journal of Sociology* 87(3): 517-548.

Wilensky, H. (1964). The professionalization of everyone? *American Journal of Sociology* 70(2): 137-158.

Woll, C. (2008). *Firm Interests: How Governments Shape Business Lobbying on Global Trade*. Ithaca (NY): Cornell University Press.

Younès, D. (2012). Choosing the Industry of an Industrial Cluster in a Globalizing City. *Journal of Change Management* 12(3): 339-353.

Zald, M. N. et Ash, R. (1966). Social Movement Organizations: Growth, Decay and Change. *Social Forces* 44(3): 327-341.

Zafiropoulos, M. (1981). *Les arriérés : de l'asile à l'usine*. Paris : Payot.

Auteurs

Guilhem Anzalone est enseignant-chercheur en sociologie à l'École supérieure d'agricultures d'Angers, et également chercheur associé au Centre de sociologie des organisations (CSO). Ses recherches portent sur les marchés, les organisations et le travail dans le domaine agro-alimentaire.

Jérôme Aust est docteur en science politique, chargé de recherche à Sciences Po et membre du CSO. Spécialiste de sociologie de l'action publique, ses recherches portent actuellement sur le gouvernement des politiques scientifiques en France depuis les années 1960.

Julien Barrier est maître de conférences en sociologie à l'Ecole normale supérieure de Lyon, chercheur au sein de l'UMR CNRS Triangle et à l'Institut français de l'éducation. Ses travaux, qui bénéficient du soutien d'une chaire CNRS, portent sur les recompositions actuelles de l'enseignement supérieur et de la recherche, et notamment l'essor de logiques managériales, les transformations du métier de chercheur, la formation des ingénieurs et les relations universités-entreprises.

Hugo Bertillot est sociologue, chercheur postdoctoral à l'Ecole des hautes études en santé publique et chercheur associé au CSO. Ses recherches portent sur les dynamiques de rationalisation dans des secteurs de l'action publique à forte dimension professionnelle : déploiement de la quantification à l'hôpital et politiques d'intégration dans l'accompagnement des personnes âgées en situation de perte d'autonomie.

Julien Brailly est post-doctorant en sociologie à la *Swinburne university of technology* (Melbourne, Australie) et chercheur associé au CSO. Docteur en sociologie depuis 2014, il est spécialisé en analyse de réseaux sociaux et en sociologie économique. Son travail concerne notamment la dynamique des réseaux sociaux multiniveaux et multimilieux et la gestion collective des ressources communes.

Patrick Castel est chargé de recherche à Sciences Po, membre du CSO et membre du Laboratoire interdisciplinaire d'évaluation des politiques publiques (LIEPP). Privilégiant des terrains d'investigation dans la santé, ses travaux s'intéressent à la coopération professionnelle et au changement organisationnel et institutionnel. Il est l'auteur, avec Henri Bergeron, de *Sociologie politique de la santé* (Puf, Quadrige, 2014).

Mathieu Cloarec a débuté sa carrière comme attaché d'administration à l'Institut régional d'administration de Lille. Il est titulaire depuis 2011 du master Développement et management des universités de l'IAE Gustave Eiffel de l'Université Paris-Est Créteil, dans laquelle il a travaillé dix ans à différents postes sur l'international et le développement. Ingénieur de recherche depuis novembre 2015, il est actuellement secrétaire général de l'École européenne d'ingénieurs en génie des matériaux à l'Université de Lorraine.

Benoit Cret est maître de conférences en sociologie à l'université Jean-Moulin Lyon 3, chercheur au Groupe de recherches appliquées pluridisciplinaires sur l'hôpital et les organisations de santé (Graphos) et chercheur associé au CSO. Spécialisé en sociologie des organisations et en sociologie des marchés, ses travaux analysent l'émergence et la stabilisation des formes concurrentielles entre organisations non-marchandes au sein des secteurs de l'enseignement supérieur, du sanitaire et du médico-social.

Guillaume Favre est maître de conférences en sociologie à l'Université Toulouse-Jean Jaurès. Ses recherches portent sur l'analyse des réseaux sociaux et la sociologie des marchés. Il s'intéresse plus spécifiquement aux phénomènes d'agencements culturels et réglementaires entre les marchés dans le cadre de la mondialisation.

Fabien Foureault est chercheur associé au CSO. Ses intérêts de recherche se situent au croisement de la sociologie économique, de la sociologie des organisations et de la sociologie de la finance. Il s'intéresse plus particulièrement aux transformations du capitalisme français durant les dernières décennies du point de vue des relations entre les marchés financiers, les stratégies d'entreprises et l'organisation du travail.

Léonie Hénaut, chargée de recherche au CNRS, est chercheuse au CSO et membre du Laboratoire interdisciplinaire d'évaluation des politiques publiques (LIEPP) de SciencesPo. Elle étudie la transformation de la division du travail dans deux domaines d'activité : le soin aux personnes âgées et handicapées, d'une part, et la valorisation des collections de musées, d'autre part, dans plusieurs contextes nationaux (France, Angleterre, Etats-Unis).

Emmanuel Lazega est Professeur en sociologie à Sciences Po et membre du CSO. Il a récemment édité, avec Tom Snijders, un ouvrage collectif intitulé *Multilevel Network Analysis for the Social Sciences: Theory, Methods and Applications* (Dordrecht: Springer, 2016).

Emmanuelle Marchal est directrice de recherches CNRS au CSO (Sciences Po) où elle développe des travaux sur le fonctionnement du marché du travail en partant d'une analyse des mises en relation et des jugements de compétence sur le marché. Elle a récemment publié *Les embarras des recruteurs. Enquête sur le marché du travail* (EHESS, 2015).

Stéphanie Mignot-Gérard, titulaire d'un doctorat de sociologie, est maître de conférences à l'Institut de recherche en gestion de l'Université Paris Est Créteil. Ses recherches portent sur les systèmes d'enseignement supérieur en France et à l'étranger, en particulier l'évolution et les effets des réformes sur le gouvernement des universités, la genèse des classements universitaires et l'enseignement supérieur en apprentissage.

Malka Older est doctorante au CSO. Nommée *Senior Fellow for Technology and Risk* du *Carnegie Council of Ethics in International Affairs* en 2015, elle a une dizaine d'années d'expérience dans le champ humanitaire. Elle est notamment intervenue lors des catastrophes ou dans des cas de situations d'urgence (Sri Lanka, Ouganda, Darfur, Indonésie, Japon, Mali...).

Magali Robelet est maître de conférences en sociologie à l'Université Lyon 2 et chercheure au Centre Max Weber. Ses travaux de recherche analysent la genèse et les effets de l'introduction d'outils et de pratiques managériales sur les organisations de travail et les groupes professionnels. Ses terrains d'enquête portent sur le secteur de la santé et le secteur du handicap.

Denis Segrestin est professeur émérite à Sciences Po, membre du CSO. Ses recherches portent essentiellement sur l'évolution des entreprises : quel est l'avenir de l'entreprise comme institution dans l'économie mondialisée ? Il a également travaillé sur le rôle des identités professionnelles dans l'action collective et sur les conditions dans lesquelles les innovations managériales transforment effectivement les grandes organisations.

Audrey Vézian est post-doctorante au sein du laboratoire Triangle (Université de Lyon/CNRS/ENS Lyon), chercheure associée au CSO. Ses domaines de recherche sont la sociologie de la biomédecine et l'action publique dans le domaine de la recherche médicale. Elle travaille en particulier sur les modes d'organisation de la recherche, ainsi que sur les liens entre chercheurs, cliniciens et industriels dans le champ de la cancérologie.

Table des matières

Suite des titres de la collection Sciences Sociales

Madeleine Akrich, Yannick Barthe, Fabian Muniesa, et Philippe Mustar (dir.), *Débordements. Mélanges offerts à Michel Callon*

Madeleine Akrich, Yannick Barthe, Catherine Rémy (dir.), *Sur la piste environnementale. Menaces sanitaires et mobilisations profanes*

Cyril Lemieux, *La Sociologie sur le vif*

Annemarie Mol, *Ce que soigner veut dire. Repenser le livre choix du patient*

Madeleine Akrich, Cécile Méadel et Vololona Rabeharisoa, *Se mobiliser pour la santé. Les associations s'expriment*

Alain Desrosières, *Pour une sociologie de la quantification. L'Argument statistique I*

Alain Desrosières, *Gouverner par les nombres. L'Argument statistique II*

Michel Armatte, *La Science économique comme ingénierie*

Antoine Savoye et Fabien Cardoni (coord.), *Frédéric Le Play, Parcours, audience, héritage*

Frédéric Audren et Antoine Savoye, *Frédéric Le Play et ses élèves La Naissance de l'ingénieur social Anthologie*

Fabien Granjon, *Reconnaissance et usages d'internet. Une sociologie critique des pratiques de l'informatique connectée*

Bruno Latour, *Chroniques d'un amateur de sciences*

Marcel Calvez, avec Sarah Leduc, *Des environnements à risques. Signalements de cancers et mise en cause d'installations industrielles*

Vololona Rabeharisoa et Michel Callon, *Le Pouvoir des malades*

Sophie Dubuisson et Antoine Hennion, *Le Design : l'objet dans l'usage*

Françoise Massit-Folléa, Cécile Méadel et Laurence Monnoyer-Smith, *Normative Experience in Internet Politics*

Madeleine Akrich, Joao Nunes, Florence Paterson & Vololona Rabeharisoa (eds), *The Dynamics of Patient Organizations*

Maggie Mort, Christine Milligan, Celia Roberts & Ingunn Moser (eds.), *Ageing, Technology and Home Care: New Actors, New Responsibilities*